精细化管理

主　编：刘建华

团结出版社
UNITY PRESS

图书在版编目（CIP）数据

精细化管理 / 刘建华主编 . -- 北京：团结出版社，
2021.9（2023.5重印）
ISBN 978-7-5126-9064-6

Ⅰ . ①精… Ⅱ . ①刘… Ⅲ . ①交通运输管理 – 资料 –
汇编 Ⅳ . ① F502

中国版本图书馆 CIP 数据核字 (2021) 第 144505 号

出　版：团结出版社
　　　　（北京市东城区东皇城根南街 84 号，邮编：100006）
电　话：（010）65228880　65244790
网　址：http://www.tjpress.com
E-mail：65244790@163.com
经　销：全国新华书店
印　刷：三河市同力彩印有限公司
装　订：三河市同力彩印有限公司

开　本：168mm×235mm　16 开
印　张：23.5
字　数：176 千字
版　次：2021 年 9 月第 1 版
印　次：2023 年 5 月第 2 版印刷

书　号：978-7-5126-9064-6
定　价：58.00 元

通启处《精细化管理》
编审机构人员名单

编审委员会

主　　编：　刘建华
副 主 编：　王易清
委　　员：　张菊林　　陈伟华　　李春宏　　程雪梅　　毛晓霞
　　　　　　印建军　　秦文峰　　韩　梅　　杨　劼　　周海科
　　　　　　王　琳　　于丽敏　　孙小刚　　施雪飞　　钱　军

编辑办公室

【综合行政类】

主　　编：　陈伟华
编　　辑：　张建兵　　张杰荣　　黄静迁　　吴汉伟　　黄炜妍
　　　　　　王雅培

【财务审计类】

主　　编：　张菊林
编　　辑：　沈　毅　　耿杏娟　　肖菊香

【营运安全类】

主　　编：　程雪梅
编　　辑：　陈　飞　　徐媛辉　　王　烨　　金永南

前　言

"治国者，圆不失规，方不失矩。"为进一步强化制度建设，建立科学、严谨、规范的单位管理体制和运行机制，2020年初，由通启处综合科牵头，其他各部门、各单位积极参与，对目前已经发布且仍在执行的各类管理制度进行"废、改、立、并"及系统性、合法性、合理性审核，最终将32项规章制度收集、修订汇编成册，形成通启高速公路管理处《精细化管理》。

本书从总体层面上把握，是指导各部门、各单位思想行为规范、协调内部关系的纲领性依据。分为行政事务类、人力资源类、党群监督类、财务审计类四个板块，内容全面，翔实具体，实用性强。

本书的编制，力求让广大员工有一本较为实用的工具书，用于指导和规范日常各项工作的流程和手续。

编辑办公室
2021年2月

目 录

一、行政事务类

1. 公文处理办法..01
2. 文件材料编辑排版格式要求..................................12
3. 信息工作管理办法..15
4. 关于进一步强化信息宣传工作通知............................21
5. 江苏省省级行政事业单位部分国有资产配置预算标准..........23
6. 公务出行及公务车辆使用管理规定............................26
7. 关于规范使用苏交控平台"值班"功能模块的通知............31
8. 水电工联合值班方案..38
9. 节能降耗管理办法..42

二、人力资源类

10. 事业性质人员管理暂行规定.................................47
11. 企业性质人员劳动用工管理暂行规定........................85
12. 劳务派遣形式用工管理暂行规定...........................128
13. 关于进一步规范和完善员工工资总额管理建立绩效导向
    的指导意见的实施方案...................................160
14. 综合考核评价实施办法(试行)...........................170
15. 人事档案管理办法(试行).................................203
16. 企业性质员工招聘管理暂行办法...........................218
17. 职工教育培训办法(试行).................................230
18. 工勤技能等级岗位(事业性质)考评暂行办法..............249
19. 关于进一步规范员工应急加班的通知.......................261
20. 请销假管理规定..265

21. 关于重申执行落实职工带薪年休假制度的通知............287

22. 内部培训师管理暂行办法............................290

三、党群监督类

23. 重点工作督查管理办法...........................297

24. 关于发展党员工作的实施细则（试行）.............303

25. 党总支所属党支部标准化建设实施方案（试行）......312

26. 关于规范做好党费收缴工作的通知................339

27. 工会慰问职工管理办法...........................341

28. 工会会员困难补助管理办法（试行）...............349

四、财务审计类

29. 差旅费管理办法................................353

30. 通信费按月补贴标准表...........................362

31. 关于调整精准扶贫专项工作领导小组成员的通知......363

32. 关于印发《江苏省通启高速公路管理处精准扶贫
    专项工作领导小组工作职责》《江苏省通启高速
    公路管理处精准扶贫专项资金管理办法》的通知......364

公文处理办法

（2017 年 11 月 13 日印发）

第一章 总 则

第一条 为规范江苏省高速公路经营管理中心（以下简称中心）公文处理工作,提高公文办理的质量和效率,根据《党政机关公文格式》（中华人民共和国国家标准 GB/T 9704—2012）及交通控股公司《关于进一步规范文书编排格式及有关表单的通知》（详见附件 1）相关规定,结合中心实际,制订本办法。

第二条 公文处理工作是指公文拟制、办理、管理等一系列相互关联、衔接有序的工作。

第三条 公文处理工作应当坚持实事求是、准确规范、精简高效、安全保密的原则。

第四条 除涉密文件外,中心公文处理工作均通过江苏省高速公路经营管理中心综合管理系统（以下简称中心 OA 系统）进行。

中心公文含电子公文,通过中心 OA 系统处理的公文与通过纸质文件形式处理的公文具有同等效力。

第二章 公文种类

第五条 中心制发的公文种类主要有:

（一）决定。适用于对重要事项作出决策和部署、奖惩有关单位和人员、变更或者撤销下级机关不适当的决定事项。

（二）意见。适用于对重要问题提出见解和处理办法。

（三）通知。适用于发布、传达要求下级机关执行和有关单位周知或者执行的事项，批转、转发公文。

（四）通报。适用于表彰先进、批评错误、传达重要精神和告知重要情况。

（五）报告。适用于向上级机关汇报工作、反映情况，回复上级机关的询问。

（六）请示。适用于向上级机关请求指示、批准。

（七）批复。适用于答复下级机关请示事项。

（八）函。适用于不相隶属单位之间商洽工作、询问和答复问题、请求批准和答复审批事项。

（九）纪要。适用于记载会议主要情况和议定事项。

第三章 公文格式

第六条 中心机关各部门，所属各单位拟制各类公文格式均参照《党政机关公文格式》（中华人民共和国国家标准 GB/T 9704—2012）及交通控股公司《关于进一步规范文书编排格式及有关表单的通知》相关规定执行。

第四章 行文规则

第七条 行文应当确有必要，讲求实效，注重针对性和可操作性。属于中心职权范围内的事务，确需发文的，方可行文。

第八条 中心公文主送范围主要是：省各有关部门、交通控股公司,中心所属各单位等。

第九条 中心内部部门未协商一致的事项,不得向外行文。

第十条 除办公室(党群工作处)外,中心其他各部门不得以自身部门名义对外正式行文。

第十一条 向上级机关行文,原则上只主送一个上级机关,根据需要同时抄送相关上级机关和同级机关。一般不得越级报送请示。

所属各单位需中心办理的文件,主送单位务必为高管中心(包括中心党委、纪委、工会、团委),不得主送各职能处室。如需主送中心职能处室的文件,请直接寄送相关处室。

主送中心(包括中心党委、纪委、工会、团委)的文件,由办公室扎口在 OA 系统登记、流转。主送中心各职能处室的文件,由各职能处室办理,办公室不登记,不流转。

第十二条 除上级机关负责人直接交办的事项外,不得以中心名义向上级机关负责人报送公文,不得以中心负责人名义向上级机关报送公文。凡根据上级机关负责人直接交办,向其个人直接报送的公文,需在正文部分说明该负责人是如何批示的,并随文附上其批示复印件。

第十三条 请示应当一文一事。不得在报告等非请示性公文中夹带请示事项。下级单位的请示事项,如需要以中心名义向上级机关请示,应当提出倾向性意见后上报,不得原文转报上级机关。

第十四条 中心向控股系统内相关单位行文时,主送受理单位,根据需要抄送相关单位。重要行文应当同时抄送上级主管单位备案留存。

第十五条 属中心职能部门职权范围内的日常工作事项,各职能部门要认真研究,尽职尽责尽快予以回复,不得推诿、拖延。

第五章 公文拟制

第十六条 公文拟制包括公文的拟稿、审核、签发、排版、用印等程序。

第十七条 公文拟稿应当做到：

（一）符合国家法律法规和党的路线方针政策以及上级机关的指示，完整准确体现发文机关意图，并同现行有关公文规定相衔接。

（二）一切从实际出发，分析问题实事求是，所提政策措施和办法切实可行。

（三）内容简洁，主题突出，观点鲜明，结构严谨，表述准确，文字精练。

（四）文种正确，格式规范。

（五）深入调查研究，充分进行论证，广泛听取意见。

（六）公文涉及其他单位门职权范围内的事项，必须征求相关单位意见，力求达成一致。公文内容涉及中心多个部门的，须经相关部门会办。

（七）中心各部门应加强对公文拟稿工作的重视，不断提高公文拟稿水平。部门负责人应当主持、指导重要公文拟稿工作。

第十八条 公文拟稿完成后，主办部门主要负责人应认真核稿并签署意见。发文内容涉及多个部门的，须提交相关各部门会签。其中，涉及法律法规、规章制度方面的公文，须提交政策法规处会签。涉及经费方面的公文，须提交财务审计处审核、会签。

第十九条 公文文稿（不含机关党委和纪委发文以及涉及干部任免事项的发文）签发前，由办公室进行审核，审核内容包括：文种是否正确，格式是否规范等。经审核不宜发文的公文文稿，应当退回拟稿人并说明理由；符合发文条件但内容需作进一步研究和修改的，由拟稿人修改后重新报送。

第二十条 公文应当经中心领导审批签发。重要公文和上行文由中心主要领导签发。日常业务工作,由中心分管领导签发。

第二十一条 中心领导签发完毕后,由拟稿人提交给中心办公室排版、用印。

第六章 公文办理

第二十二条 公文办理包括收文办理、发文办理和整理归档。

第二十三条 中心公文办理实行 A、B 角制度,即明确两人共同承担公文办理工作。

（一）A 岗为工作岗位主角,并对本岗位的工作内容承担主要责任;B 岗为 A 岗配角,主要职责是 A 岗外出或公务繁忙时,协助或配合 A 岗做好相关工作。

（二）A 岗在休假或者外出离岗期间,必须保持通讯畅通,与 B 岗责任人随时保持联系,确保工作正常开展。

第二十四条 中心机关、所属各单位 OA 系统用户,应每天及时查看 OA 系统中各自的待办事项,切实加快 OA 系统中各类公文的处理进程。

（一）收发文岗位工作人员,每个工作日至少上、下午各查看一次 OA 系统;

（二）其他各岗位工作人员,每个工作日至少查看一次 OA 系统。

如外出离岗期间,应使用各类移动客户端及时查看、处理各自 OA 系统中的待办文件。

第二十五条 公文办理时限：有明确时间要求的,按要求办理。没有明确时间要求的按以下规定办理。

（一）**请示（报告）**。各下属单位出中心书面提交的请示（报告），流转至承办部门后，承办部门应在签收后5日内办结或提出明确意见。

（二）**日常公文**。各类会议通知、通知、通报等日常公文，各承办部门应在签收后10日内办结或提出明确意见。

（三）**信访件**。各类信访件，原则上按信访规定程序和时间由责任部门予以答复，并对办理情况进行跟踪督促。

第二十六条 中心收到的公文，由办公室负责在中心OA系统登记流转。受理的公文范围主要是：省委、省人大、省政府、省政协及省各有关部门，交通控股公司，交通控股系统各单位，中心所属各单位等，主送和抄送中心的公文。

第二十七条 收文办理的主要程序：

（一）**签收登记**。中心收到受理范围内的各类公文，均由办公室统一扫描，并在中心OA系统登记流转。节假日等非办公时间送中心的公文，由值班人员签收，上班后交办公室处理；值班人员收到紧急公文应及时上报值班领导并妥善处理，上班后将处理情况转告办公室。

（二）**初审**。初审的重点是：是否属中心职责范围内的事项、是否符合行文规则，文种、格式是否符合要求，涉及其他地区或者部门职权范围内事项是否已经协商、会签。经初审不符合规定的公文，应当及时退回来文单位并说明理由。

（三）**流转**。所有公文由办公室负责人提出拟办意见，呈中心主要领导批示。公文的流转原则上均通过中心OA系统完成。特殊情况下，也可通过填写办文单以纸质文件的形式完成。

收发文岗位工作人员应密切关注各类紧急公文的流转进度，提醒各级领导及时批示或相关业务部门尽快办理。

（四）**传阅**。通过中心 OA 系统办理公文传批、传阅，由办公室根据主要领导的批示意见，将公文发送给各分管领导、相关部门阅知或办理。承办部门收阅文件后，应当及时查阅中心领导的批阅意见，并在办理过程中落实。

（五）**承办**。公文承办部门和个人应按照中心领导的批示和公文要求认真、及时办理。紧急公文应明确办理时限，在分送中心领导批阅的同时，由办公室送承办部门先行办理。如对公文批分有异议，由部门主要负责人注明意见后，及时退办公室重新批分或酌情处理。

（六）**催办**。办公室应及时了解掌握公文的办理进展情况，督促承办部门按期办结。紧急公文或者重要公文应当由专人负责催办。

（七）**答复**。需要答复的公文办理结果应及时答复来文单位，并根据需要告知相关单位。

第二十八条 发文办理的主要程序：

（一）**拟稿**。拟稿人在中心 OA 系统撰写文稿，填写发文稿的标题、文号、主送、阅读范围等内容，并将文稿提交部门主要负责人审核。核稿通过后，由拟稿人按中心 OA 系统要求，进行会签、签发等流程。

（二）**用印**。中心领导签发结束后，由拟稿人将文稿提交办公室复核、用印。公文用印必须确保质量和时效。校对发现差错，应及时修正，如涉及改变公文原意的修改，须由拟稿人报经签发人同意。正式编号的公文必须由办公室（党群工作处）用印，不得自行用印。用印完毕后，由办公室提交拟稿人发出。

（三）**核发**。拟稿人应当对公文的文字、格式和用印质量进行检查，核准无误后方可提交发送、打印。

（四）无法通过中心 OA 系统流转的发文，由办公室排版完成后打印纸制文件并加盖印章，使用 EMS 快件寄送至相关单位。

（五）通知、函件等其他非正式发文，均按上述流程，由办公室统一排版用印后，提交至拟稿人发送。

第二十九条 公文用印要求：

（一）用印一般在成文日期之上，以成文日期为准居中编排发文机关署名，印章端正、居中下压发文机关署名和成文日期，命名发文机关署名和成立日期居印章中心偏下位置，印章顶端应当上距正文（或附件说明）一行之内。会议纪要不加盖印章。

（二）联合上行文，发文机关署名只有主办机关时，可以只盖主办部门印章；联合平行文和下行文，盖所有联署行文机关印章。

（三）中心主办的联合行文需盖其他单位印章的，公文印制完毕，由承办部门负责送文用印；外单位与中心联合行文时，需盖中心印章的，由中心相关部门协调办理送文用印。联合行文办理流程与中心发文办理流程相同。

（四）拟使用印章（含电子印章）的材料或其他文件，须履行批准用印和登记手续后方可用印。

第三十条 公文归档要求：

（一）中心各部门应当及时对产生和办理完毕的公文进行纸质和电子同步归档，归档范围具体参照《江苏省高速公路经营管理中心文件材料归档范围和档案保管期限规定》执行。各部门要指定专人负责本部门的归档工作，办公室负责对各部门公文归档工作进行督促和指导。

（二）各部门应按季度，将中心 OA 系统中的收、发文稿依据有关档案管理规定进行整理，及时移交档案室集中管理。个人不得保存应归档的公文。其中各类收文应在中心 OA 系统中打印文件阅办单并彩色打印正文各一份用于归档。有原件的收文应尽量使用原件归档。各类发文应 OA 系统中打印发文稿纸单并彩色打印正文及附件各一份用于归档。批复件应与对应的请示件一同收集整理并打印归档。

（三）其他需归档的各类公文,由公文形成部门、主办部门打印出纸质文件后,与发文稿纸单、有修改痕迹的定稿一并归档。

第七章 公文督办

第三十一条　办公室负责全中心公文督办工作的组织、指导和协调；对督办公文明确承办部门,进行跟踪督办；牵头负责贯彻落实情况的汇总、报告和通报。涉及多个部门承办的督办事项,由主办部门负责对协办部门进行督办,并汇总反馈贯彻落实情况。

第三十二条　下列公文需列入督办：

（一）省委、省政府交办的公文,省委、省政府领导同志批示办理的公文。

（二）省人大代表建议和省政协委员提案,省信访局送交的省委、省政府领导批示办理的信件。

（三）交通控股公司及其他上级单位,作出的重大决策和重要工作部署,需发文得以执行、落实或请示、报告的。

（四）其他根据中心领导批示列入督办的。

第三十三条　督办公文有明确办理时限的,承办部门应按照要求时限完成。逾期未能办结的,应及时向分管领导说明情况和原因,提出处理意见和延期办理时限的建议。

第八章 公文管理

第三十四条 中心公文由办公室统一管理,建立完善公文管理制度。

第三十五条 公文的印发、传达范围应按照发文机关的要求执行；需要变更的,须经发文机关批准。

第三十六条 公文的撤销和废止,由发文机关、上级机关或者权力机关根据职权范围和有关法律法规决定。公文被撤销的,视为自始无效；公文被废止的,视为自废止之日起失效。

第三十七条 不具备归档和保存价值的公文,经批准后可以销毁。

第三十八条 工作人员调离工作岗位时,应当将本人暂存、借用的公文按照有关规定移交、清退。

第九章 其 他

第三十九条 中心 OA 系统推荐软硬件配置环境详见附件 2。

第四十条 本办法由办公室负责解释。

第四十一条 本办法自发布之日起施行。

高管中心 OA 系统推荐软硬件配置环境

硬件环境	
配 置	型 号
CPU	酷睿 I5 7500
内存	8G
机械硬盘	500G
或固态硬盘	120G
软件环境	
操作系统	Windows7 64 位
文字处理软件	OFFICE 2010
浏览器	IE 浏览器（10.0 以上版本）
手机环境	
苹果、安卓系统均推荐使用 QQ 浏览器	

文件材料编辑排版格式要求

(2016 年 12 月 19 日印发)

一、字体、字号要求

标 题
（居中，方正大标宋简体，二号字）

（空一行）

正文（仿宋_GB2312，三号字）

一、一级标题（黑体，三号字）

正文（仿宋_GB2312，三号字）

（一）二级标题（楷体_GB2312，三号字加粗）

正文（仿宋_GB2312，三号字）

1. 三级标题（楷体_GB2312，三号字）

正文（仿宋_GB2312，三号字）

（1）四级标题（仿宋_GB2312，三号字加粗）

正文（仿宋_GB2312，三号字）

转发、印发各类通知、讲话、文件等类型的文件，或需要在正文前编发摘要、编者按等内容的，导语、摘要、编者按等部分的内容，以"楷体_GB2312，三号字"排版，正文部分的内容按上述要求排版。

领导讲话，标题下一行为副标题，居中，仿宋_GB2312，三号字；副标题下一行标注领导姓名，居中，楷体_GB2312，三号字；领导姓名下一行标注讲话日期,用阿拉伯数字,用中文格式下的全角字符括号"()"括入,居中,楷体 _GB2312,三号字;空一行后接正文内容。

全文数字、符号等均为 Times New Roman 字体。

注意各级标题的数字标示方式。一级标题为中文数字后加中文格式下的"、";二级标题为中文数字,用中文格式下的全角字符括号"()"括入;三级标题为阿拉伯数字后加中文格式下的全角字符".",不得使用"、"及英文格式下的半角字符".";四级标题为阿拉伯数字,用中文格式下的全角字符括号"()"括入。

发文字号中年份、发文顺序号用阿拉伯数字标注;年份应标全称,用六角括号"〔〕"括入,不得使用"〖〗"、"【】"、"[ ]"等符号;发文顺序号不加"第"字,不编虚位(即 1 不编为 01),在阿拉伯数字后加"号"字。如"苏交控办〔2016〕80 号"。

文末应有发文单位署名,并在其下一行标注成文日期,并盖公章。发文单位署名应为全称,一般不使用简称,也不得以盖公章代替署名。成文日期一律用阿拉伯数字将年、月、日标全,年份应标全称,月、日不编虚位(即 1 不编为 01),如"2016 年 12 月 8 日";不得使用中文数字标注成文日期,如"二〇一六年十二月八日"。

二、版面编排要求

纸张大小:A4

纸张方向:纵向(表格等页面,可以选择横向)

页边距:上 3.6 厘米,下 3.4 厘米,左 2.8 厘米,右 2.6 厘米,装订线 0 厘米,装订线位置左。

版式:距边界页眉 1.5 厘米,页脚 2.8 厘米。

文档网络:指定行和字符网络,字符数每行 41,行数每页 20。

段前间距:0 行

段后间距：0 行

行间距：固定值 29 磅

页码：Times New Roman 字体，四号字，页码格式"1，2，3，……"，在数字前后分别加全角字符"—"，消除页码前后空行。双面打印的，奇数页页码在页面底端右侧，偶数页在页面底端左侧；单面打印的，页码在页面底端右侧。12

三、其他事项

请各单位、各部门文书、档案工作人员认真研读《党政机关公文格式》（国家标准：GB/T 9704—2012），掌握公文格式规范。各单位、各部门文件材料报送前，请文书档案人员对公文编排格式的规范性予以把关。

信息工作管理办法

（2017 年 5 月 1 日印发）

第一条 信息工作是各级领导了解工作情况、掌握工作动态的重要渠道，是推动工作落实、进行科学决策的重要手段，也是促进文化建设、增进员工交流的重要途径。及时准确向上级领导机关报送信息，向各级领导全面汇报江苏省通启高速公路管理处（以下简称"通启处"）改革发展情况，是通启处各部门、各单位的重要职责。为进一步加强通启处信息工作，促进信息工作的规范化、制度化、常态化，根据交通控股公司和省高管中心关于加强信息报送工作的有关要求以及《江苏省高速公路经营管理中心信息工作办法》，结合我处实际，制定本方法。

第二条 通启处综合科归口负责全处政务类信息工作；相关职能部门负责各自分管工作职责范围内微视频、微图册、微图文信息工作；道管科归口负责道管类、安全类信息工作。以上相关部门具体负责各自分管的信息工作的规划、组织、实施；负责搜集、汇总、加工整理全处信息，并及时上报省高管中心和交通控股公司；负责实施对相关单位信息工作的指导、考核和业务培训。

第三条 建立通启处信息工作网络和队伍。通启处所属各部门、各单位至少要明确一名信息工作人员，具体负责组织、协调和开展信息工作。各部门、各单位要高度重视信息报送工作，加强对信息工作的领导，明确信息工作负责人，支持和指导信息工作人员做好信息工作。

第四条 信息报送的主要内容：

（一）政务类信息。

一是上级领导视察工作和贯彻上级各项工作部署情况；二是围绕供给侧结构性改革要求，综合管理、指挥调度、工程建设、道路养护、通行费征收等营运管理工作中出现的热点难点和新情况新问题，及结合实际情况提出的建议性解决措施；三是党的建设工作动态、创新做法、具体成效及面临的困难问题及意见建议；新时期思想政治工作的特点、难点及对策建议；推进人才队伍建设的经验做法、具体成效及面临的问题；四是治理超载、打击逃费的有力措施和对突发事件、重大事故等紧急情况的有效处置；务实有效开展的安全生产活动，以及安全隐患查处情况；五是单位经营管理理念、思路、方法、措施、创新等；六是务实有效开展的安全生产活动，以及安全隐患查处情况；机关作风建设开展情况；管理处开展的各类活动、比赛等情况；七是工作经验总结或心得体会等。

（二）微视频、微图册、微图文等公众号信息。

一是交通控股公司重要工作部署的落实情况，高管中心阶段性重点工作、重大决策事项推进落实情况。二是强化道路经营、提升公共服务水平的主要做法、经验体会。三是一线典型人物、活动亮点、优秀班组、经验做法等身边人身边事。

（三）道管类、安全类信息。

一是当月道路质量状况；二是当月维修保养工作开展情况；三是当月专项工程开展情况；四是其他养护工作开展情况；五是次月关注重点及养护工作计划；六是通启高速公路 G40 养护质量评定表（一个季度一次）；七是江苏交通控股系统企业安全生产月报表。

各归口负责部门不定期印发信息报送参考要点，各单位要认真对照报送要点组织开展信息采编和报送工作。

第五条 信息报送要保证质量,符合全面、及时、准确、规范的要求。要反映事物的全貌和发展的全过程,喜忧兼报,防止以偏概全。情况、问题、数据真实、客观,不夸大、不缩小,有时效性和可比性;举措、经验要有新意和参考性,对策、建议要有针对性和可操作性。信息内容要重点突出,文法规范,逻辑严谨,言简意赅,要素齐全,可读性强。

根据工作需要,针对领导关心的重点、难点、热点问题,综合科将向有关部门或单位进行重要政务信息约稿,各部门、各单位要认真组织编写,确保质量,按时完成。政务信息报送采用统一格式,必要时在文本相应位置附图,文末署明信息采写者姓名(格式附后)。

第六条 信息报送程序:

(一)**政务类信息。**

1. 报送信息一事一报。非涉密信息通过 QQ 传文件的形式发送至综合科专职信息员。如报送时效性较强的信息,请同时电话联系综合科。

2. 各部门报送的信息须经部门负责人审签;各单位报送的信息须单位行政管理员审核,并经单位负责人审签。报送问题信息,须由部门或单位主要负责人审签。

3. 各部门、各单位政务信息统一报送到综合科,不得越级上报信息。信息员对各部门、各单位报来的信息及时进行处理、编辑、充实,按期编发《江苏省通启高速公路管理处政务信息专报》。

4.《江苏省通启高速公路管理处政务信息专报》由处综合科统一扎口,经综合科负责人审核、报主要领导审批后报送。

(二)**微视频、微图册、微图文等公众号信息。**

由处相关业务部门负责人审核,报分管领导审批,经主要领导审批后,向上级公众号推送。

（三）道管类、安全类信息。

1. 道管月报、安全月报于次月 5 日前报至高管中心道管处总监办邮箱。

2. 通启高速公路 G40 养护质量评定表每季度末报至高管中心道管处总监办邮箱。

第七条 信息工作考核办法：

（一）信息工作实行量化评分考核，月度得分由基础工作得分、信息采用得分相加组成。

（二）基础工作得分，基本分为 100 分，采取扣分制，直至扣为 0 分。细则如下：

1. 各收费站每月报送政务类信息不得少于 4 条（每少 1 条扣 2 分）；微视频、微图册、微图文等公众号信息每两个月不得少于 1 条（每少 1 条扣 2 分）。

2. 对处相关职能部门的约稿信息，推诿或不按时报送或报送内容不符合要求的单位或部门，经沟通提醒后仍未按要求完成的，每出现一次扣 5 分。

3. 对信息稿件把关不严，出现严重差错的，每出现一次扣 5 分；造成严重不良影响的扣 10 分。

（三）信息采用得分，采取加分制。细则如下：

1. 被《通启简报》录用的每条加计 0.5 分；被《通启高速公路管理处政务信息专报》采用的，每条计加 1 分。获处领导批示的每条加计 2 分。

2. 被省高管中心采用的每条加计 2 分，获高管中心领导批示的每条加计 2 分。

3. 经省高管中心推荐报送，被交通控股公司采用的每条计 5 分，获交通控股公司领导批示的每条加计 5 分。

4. 经交通控股公司推荐报送，被省国资委网站或内刊采用的每条计 10 分，获省国资委领导批示的每条加计 10 分。

5. 经省国资委推荐报送，被省政府、国务院国资委网站采用的每条计 20 分；被省委办公厅、省政府办公厅简报类信息刊物整篇采用的每条计 20 分，综合来稿采用的每条计 10 分；被省委办公厅、省政府办公厅综合类刊物整篇采用的每条计 20 分，综合来稿采用的每条计 10 分；被省委办公厅、省政府办公厅推荐报送中办、国办的信息，每条计 20 分；被中办、国办采用的每条计 40 分。

6. 获省委、省政府、国务院国资委领导批示的每条加计 40 分；获中央、国务院领导批示的每条加计 60 分。

7. 同一信息被多次采用的，原则上只记最高得分，不重复计分。获各级领导批示的可累计加分；同级有多位领导批示的，原则上不重复加分。

8. 若录用信息为微视频，则按 1～7 条计分标准的 2 倍计加分。

（四）处相关职能部门负责及时传达交通控股公司和省高管中心关于信息工作的相关要求，并对各自归口负责的信息工作进行考核评分。综合科每月向各部门、各单位通报信息工作计分结果。

（五）根据各部门、各单位信息工作情况，每年评选一次信息工作先进集体、先进个人和信息工作优秀个人，并给予适当奖励。

（六）所属各单位信息工作考核情况计入"通启高速公路管理处综合考核评价"结果。

第八条 本办法由处综合科组织实施，并负责解释、修订。

第九条 本办法自 2017 年 5 月 1 日起执行。《通启高速公路管理处信息工作管理暂行办法》（通启〔2005〕88 号）同时废止。

（单位／部门全称）

信息专报

第　期

签发人：

单位简称或通启处部门名称　　　　　　年　月　日

（标题居中，方正大标宋简体，二号字）

（正文仿宋_GB2312，三号字）

如需配图，在文本相应位置插入
如图片大小适度
图片格式：板式－环绕方式－紧密型

（作者签名）

关于进一步强化信息宣传工作通知

（2020 年 4 月 20 日印发）

各部门，各单位：

2020 年是江苏交控"改革创新 持续发展"主题年，也是"十三五""十四五"更迭的关键之年。为更好地服务领导决策、更好地凝聚干群合力、更好地激发干事热情，切实推进党建引领、营运安全、道路管养、内部管控、队伍建设、文化建设、品牌建设各项工作落地生根，现将强化管理处信息宣传工作的有关事项通知如下：

一、进一步明确各单位（部门）信息宣传主体责任

1. 各单位（部门）负责人为信息宣传工作第一责任人，对本单位（部门）信息宣传工作负总责，处机关综合科扎口管理全处信息宣传工作；

2. 各单位行政管理员（指挥调度中心同步明确一名管理人员）为信息宣传工作直接责任人，具体负责本单位信息宣传工作的任务分配、采集整编、审核报送工作；

3. 信息宣传工作要注重时效，重要事项、突发事件、集体活动要做到随时发生随时报送（4 小时内）；

4. 各单位要注重对思维缜密、逻辑严谨、有一定基础且对信息宣传工作充满热情的生产岗位人员培养，为管理处信息宣传工作队伍建设提供人才保障。

二、进一步树立信息宣传量质并举的鲜明导向

1. 各单位每月上报的信息宣传篇目不得少于 4 篇，同时注重信息宣传工作的延续性、连贯性，基本保障最少每周一报；

2. 各单位（部门）负责人要注重政策研究类、业务探讨类、规划发展类信息的采写，每年度不少于 1 篇单独署名文章在高管中心政务信息、党建公众号刊发；

3. 各单位管理员每月不少于 1 篇单独署名文章在通启高速微信公众号刊发；

三、对管理处信息宣传稿费调整的有关事宜

管理处级：

1. 被管理处政务信息采用的，发放 60 元 / 篇的稿费；

2. 被通启高速微信公众号采用的，不属政务信息的，发放 50 元 / 篇的稿费；

中心级：

3. 被高管中心政务信息采用的，发放 130 元 / 篇的稿费；

4. 被高管中心党建公众号采用的，发放 120 元 / 篇的稿费；

5. 被高管中心营运、团建公众号采用的，发放 90 元 / 篇的稿费；

交控级：

6. 被交控党建公众号采用的，发放 200 元 / 篇的稿费；

7. 被交控营运、团建公众号采用的，发放 180 元 / 篇的稿费。

本通知自印发之日起实施，与本通知要求冲突相悖的，以本通知为准。

江苏省省级行政事业单位部分
国有资产配置预算标准

项目		价格上限标准	实物量标准	最低使用年限标准
办公家具	一、办公室家具			
	1、厅级干部办公室	正厅 18000 元／间，副厅 16000 元／间	办公桌椅 1 套，桌前椅 2 张；文件柜 1 套，书柜 1 套；沙发茶几 1 套，及其他各项。	15 年
	2、处级干部办公室	正处 8000 元／人，副处 6000 元／人	办公桌椅 1 套，桌前椅 2 张；文件柜 1 套，书柜 1 套；沙发茶几 1 套，及其他各项。	15 年
	3、处级以下人员办公室	3000 元／人	办公桌椅每人 1 套，客人座椅每室 2 张；文件柜每室 1 套，书柜每室 1 套；茶几每室 1 张及其他各项。	15 年
	二、会议室家具	600 元／平方米	按使用面积配置	15 年
	三、接待室家具	700 元／平方米	按使用面积配置	15 年
空调设备	一、中央空调	10000 元／冷吨	专业标准	15 年
	二、多联机空调	400 元／平方米	按使用面积每平方米不超过 0.2 千瓦	15 年
	三、分体空调			
	1、使用面积 15 平方米以下房间	2500 元／台	1 匹挂机 1 台	10 年
	2、使用面积 15 至 25 平方米房间	3000 元／台	1.5 匹挂机 1 台	10 年
	3、使用面积 25 至 30 平方米房间	5000 元／台	2 匹机	10 年
	4、使用面积 30 至 40 平方米房间	7000 元／台	3 匹机	10 年
	5、使用面积 40 至 60 平方米房间	10000 元／台	4 匹机	10 年
	6、使用面积 60 至 80 平方米房间	12000 元／台	5 匹机	10 年
	7、使用面积超过 80 平方米房间		按实际情况综合考虑	

办公设备	**一、计算机**			
	1、台式电脑	6000 元／台	按编制内实际人数每人 1 台；另可按编制内实际人数的 20% 配置单位公用台式电脑	5 年
	2、笔记本电脑	10000 元／台	处级以上（含处级）干部每人 1 台；另可按编制内实际人数的 30% 配置单位公用笔记本电脑	5 年
	3、保密电脑	6000 元／台	根据岗位需要另行配置	5 年
	二、打印机			
	1、A3 网络打印机	15000 元／台	每个处室可配 2 台	5 年
	2、A4 普通激光打印机（可带网卡）	4500 元／台	每间办公室可配 1 台	5 年
	3、其他打印机		主要为票据打印机，彩色打印机，根据需要配备	5 年
	三、复印机			
	1、高档复印机	50000 元／台	每个 50 人以上（含 50 人）的单位可配 1 台	6 年
	2、中档复印机	22500 元／台	每个处室可配 1 台	6 年
	四、速印机	46500 元／台	每个 50 人以上（含 50 人）的单位文印室可配 1 台	6 年
	五、扫描仪			
	1、高速双面扫描仪	35000 元／台	每个 50 人以上（含 50 人）的单位可配 1 台	8 年
	2、便携式扫描仪	2500 元／台	每个处室可配 1 台	8 年
	六、传真机	2200 元／台	每个处室 1 台	6 年
	七、碎纸机	1500 元／台	每个处室 1 台	6 年
	八、投影仪			
	1、可移动投影仪	20000 元／台	每个单位可配 1 台，编制内实有人数 100 人以上可增配 1 台	8 年
	2、固定投影仪	28000 元／台	每个 80 平方米以上的会议室可配 1 台	8 年
	九、数码摄录设备			
	1、高档相机	25000 元／台	每个单位可配 1 台	8 年

办公设备	2、数码相机	4000 元／台	每个处室可配 1 台	6 年
	3、数码摄录机	7000 元／台	每个单位可配 1 台，编制内实有人数 50 人以上可增配 1 台	8 年
	十、会议室音响设备			
	1、大型会议室音响设备	130000 元／套	每个 100 平方米（含 100 平方米）以上的大型会议室 1 套	10 年
	2、中型会议室音响设备	80000 元／套	每个 50 至 100 平方米的中型会议室 1 套	10 年
	十一、电视机	5000 元／台	按实际情况综合考虑	6 年
办公用房装修	**一、外墙**	按照建筑面积：外墙面不超过 150 元／㎡，外窗不超过 220 元／㎡，不锈钢防盗网不超过 200 元／㎡。	装修内容包括：外墙面、外窗、不锈钢防盗网。	10 年
	二、公用部分（大厅和公共走道）	按照建筑面积，大厅装修费用不超过 1200 元／㎡，公共走道不超过 900 元／㎡	装修内容包括：地面、墙面、门窗、天花板、水电管线、灯具等	10 年
	三、会议室、接待室	按照建筑面积装修费用不超过 1000 元／㎡	装修内容包括：地面、墙面、门窗、窗帘、天花板、电路管线、灯具、网络线路等。	10 年
	四、办公室	按照建筑面积装修费用不超过 900 元／㎡	装修内容包括：地面、墙面、门窗、窗帘、天花板、电路管线、灯具、网络线路等。	10 年
	五、卫生间、茶水间	卫生间按照建筑面积装修费用不超过 800 元／㎡，茶水间按照建筑面积装修费用不超过 450 元／㎡。	装修内容包括：地面、墙面、门窗、窗帘、天花板、水电路管线、灯具、卫生洁具等	10 年

公务出行及公务车辆使用管理规定

（2018 年 10 月 19 日印发）

第一章 总 则

第一条 为深化公务车辆制度改革,进一步严明公务车辆使用纪律,规范公务车辆管理,提高公务出行效率,减少经费支出,保证行车安全,根据交通控股公司、高管中心公务车辆改革有关要求,结合工作实际,制定本规定。

第二条 本规定适用于江苏省通启高速公路管理处（以下简称"管理处"）机关及所属单位的公务出行和公务车辆（不含清排障车辆）使用管理。管理处综合科为处公务出行和公务车辆使用管理职能部门,并具体负责处机关公务车辆使用管理。管理处计划财务科为公务车辆使用经费的核算部门。各基层单位负责责任公务车辆的日常使用及管理。

第三条 公务车辆继续实行集中管理、统一调度及定点维修、定点加油、定点保险的管理模式。公车改革涉及取消的车辆,严格按照高管中心有关规定执行。

第四条 管理处对公务车辆的购置（租赁）、更新、保养、维修以及日常使用等由综合科集中管理,统一调配,统筹调度。

第五条 各类公务车辆因使用年限、行驶里程、排放标准、综合车况等原因及因营运管理需要新购车辆的,严格按高管中心有关规定执行。

第二章 公务出行管理

第六条 管理处公务出行保障主要有公务车辆、公共交通、公务交通补助、租赁社会车辆等方式。公务出行要坚持"节约环保、经济便捷、保障有力、管理规范"的原则,严格执行有关规定。

第七条 公共交通保障方式包括:乘坐公共汽车、火车(含高铁、动车、全列软席列车)、轮船(不包括旅游船)、飞机等城市间公共交通工具,以及乘坐地铁、轻轨、公交车、有轨电车、出租车(不含专车、顺风车,且须经派车程序批准)等市内公共交通工具。因营运管理需要,租赁社会车辆保障的,所租车辆视同公务车辆进行管理。

第八条 务车辆保障主要用于:应急公务(执行重大抢险救灾、事故处理、突发事件处置、管理处员工因伤因病需紧急送医),处领导公务,特殊公务(商务接待、处理紧急公务、参加上级单位等紧急召集的会议和活动、到公共交通无法保障的省内兄弟单位执行公务、财务部门取送大额现金公款、取送数量较多的公务用品),职能部门执行道路管养、征收管理、安全检查等营运管理公务活动,且公共交通无法保障的。涉及管理处集体外出的公务出行,视情租赁社会车辆保障。

第九条 处工作人员(包括机关部门和所属单位负责人)到南通市内的普通公务出行,在处公务车辆运力充足的情况下,可采取公务车辆保障;运力不足时,尽量调剂运力送至就近的公交、车站站点,而后根据情况自行合理选择经济、便捷的公共交通保障方式,公务办结返回管理处,公务车辆可至就近的公交、车站站点接回单位。通过公共交通出行的,在公务结束后,凭合法有效的票据据实报销公务交通费用。

第十条 省内以及上海、浙江、安徽、山东等相邻省份的公务出差，原则上由公共交通保障方式，按照高管中心《差旅费管理办法》规定报销交通费用；在公务车辆运力许可的情况下，确有需要的，经批准可使用公务车辆保障。其他省份的公务出行，一律由公共交通保障，不再提供公务车辆保障，按照高管中心《差旅费管理办法》规定报销交通费用。

第十一条 建立应急公务用车保障机制。鉴于通启高速公路的地理位置和站区分布特点，为确保突发重大事件应急处置，保障处领导、职能部门负责人、总值班能第一时间赶赴现场指挥，管理处安排一台公务车辆，将根据工作实际由处机关驾驶员轮流驻处机关值班，实行 24 小时待命保障，随叫随到。应急公务车辆的当班驾驶员执行应急公务时，须有管理处带班领导或值班领导的指令后方可出车，并由处总值班人员录入应急值班记录，以便备查。管理处应急值班仍按原规定执行行。

第十二条 使用公务车辆须严格履行审批手续。管理处范围内（九华收费站至启东北收费站区间路段及所属站区）公务用车，由申请用车部门填写《外出审批单》（详见 OA 系统），经用车部门负责人同意后，提交综合科车管员派车；南通市内公务用车，由申请用车部门填写《外出审批单》，经用车部门负责人同意及综合科负责人审批后，提交车管员派车；省内公务出差用车，需分管领导审批；省外公务出差用车，需经管理处主要领导审批。处领导需要使用公务车辆的，原则上由综合科提出申请，部门人员一同出行的，由用车部门提出申请；多部门（单位）联合用车的，由主办职能部门提出申请；特殊情况用车的，须经管理处领导签署意见。

第十三条 所有公务出行用车原则上应提前 1 个工作日，通过

OA 系统提出出车（出差）申请，以便统筹安排车辆。因应急处置等紧急公务用车的，可于事后及时通过 OA 系统补办相关手续。管理处所属单位公务用车管理参照此规定执行。

公务外出（出差）人员提出申请时，外出（出差）时间须精确到时分，外出地点（目的地）须写明具体公务地点，外出（出差）人员须写全用车人员姓名，外出（出差）事由须写清具体公务事项。

第十四条 处综合科应遵循"先应急后日常、先必需后一般、先远程后近距"的原则，依据行车里程、乘坐人员、用车时长等情况，结合公务车辆运力、整体用车需求，合理、统筹调度安排车型和车辆。同一任务、同一线路的公务出行，原则上应"拼车"前往。随处领导公务出行的，同车前往。

第十五条 公务用车驾乘人员不得乘公务用车之机办个人私事。非公务活动一律不得使用公务车辆、公款租用社会车辆，不得报销非公务活动的交通费用。

第三章 公务车辆监督和管理

第十六条 处综合科指定专人负责全处公务车辆维修审核和定点加油、保险办理、成本结算及处机关车辆的调度使用等工作。所属单位负责本单位责任车辆的使用调配、日常维修保养及安全运行管理等工作。

第十七条 建立健全公务车辆档案，"一车一档"，按月汇总车辆行驶公里数和加油、停车、维修（保养）等成本费用，并定期结算支付相关费用。继续实行 IC 卡加油、高速公路通行费 ETC 卡缴费。车辆维修（保养）及保险严格执行政府定点或比价采购制度。

第十八条 公务驾驶员要妥善做好责任车辆的管理,无公务保障任务,车辆一律停放于单位,职工班车停放于指定位置。未经管理处批准,驾驶员不得擅自将公务车辆停放在外过夜;擅自停放在外过夜的,车辆发生事故、被损、被盗等,由责任驾驶员承担全部责任和损失。

第十九条 公务车辆日常监管由管理处综合科及所属单位,采取 GPS、行车记录仪等资料数据定期、不定期抽查及日常安全检查等方式,防范安全隐患及违规使用行为,维护安全行车稳定局面,确保符合公务使用规定。

第二十条 加强公务车辆使用成本的汇总核算及审核支付制度,确保使用成本符合规定及要求。

第二十一条 公务车辆原则上不予外借,上级机关、兄弟单位因保障公务需要等临时商借公务车辆的,须经管理处领导批准后派车。

第二十二条 管理处纪检、综合、财务等职能部门要加强对公务车辆使用管理、费用开支等情况的稽核、监督、检查、审计,及时查处违规违纪行为。

第二十三条 本规定自印发之日起执行。管理处原有规定精神凡与本规定不符的,以本规定为准。本规定经管理处党总支会议研究通过后印发实施。

关于规范使用苏交控平台
"值班"功能模块的通知

（2020 年 8 月 18 日印发）

根据江苏交控《关于启用苏交控平台"值班"功能模块的通知》（苏交控笺〔2020〕237 号）及高管中心《关于启用苏交控平台"值班"功能模块的通知》（苏高管办〔2020〕17 号）文件精神，在苏交控平台启用"值班"功能模块（以下简称"线上"）。为进一步规范全处值班管理工作，提升应急处置管理水平，现对值班工作提出如下要求：

一、线上"值班"工作的重要性

启用线上"值班"模块，对于江苏交控系统畅通特情处置、强化人员履职、保障运营平稳有序具有重要意义。各单位、各部门要站在讲政治、促稳定、顾大局的高度，充分认识线上"值班"工作的重要性、严肃性和紧迫性。各单位的负责同志要以身作则，层层贯彻落实江苏交控、高管中心及管理处的相关要求，切实做好线"值班"的各项工作。

二、线上"值班"模块的功能、流程

线上"值班"模块包含了排班管理、交接班、应急事件报告流转、值班日志等内容，实现了线上交接班管理、应急事件处置进程掌控、值班信息统计等功能，可有效提升信息流转速度，提高应急处置效率。值班人员可采取电话点名、视频巡检、终端定位等多种形式，进一步加大对值班期间人员、车辆及运营情况的督查、检查力度，及时发现工作中的薄弱环节并加以整改完善，同时须做好相关记录。全体值班人员要认真学习此前转发的线上"值班"模块操作手册和操作视频,熟练掌握线上"值班"模块操作流程,确保线上、线下值班工作职责明晰、交接有序、处置规范、流转顺畅、记录完整。

三、严格落实值班工作责任制

全体值班人员要严格按照江苏交控、高管中心及管理处相关值班工作规定要求,节假日期间,带班领导、职能部门值班负责同志和值班员须 24 小时坚守值班岗位,并确保联络畅通。所有值班人员均应在规定的时间打卡交接,交接工作要紧密衔接,接班人员未到,交班人员不得离开岗位;因擅自离岗发生的问题由交班人负责。要提高值班日志报送的质量,杜绝迟报、漏报、瞒报情况的发生。值班日志只有当班值班人员可以对其进行各项操作,交班后无法操作,所有值班人员均可浏览日志内容。值班人员需认真填写值班日志和交班记录,无突发情况,线上和《值班记录本》须填写"无"。根据相关要求,线上值班记录和《值班记录本》须同步记录,《值班记录本》停止记录时间另行通知。

四、切实做好值班工作保障

值班工作要求高、任务重、责任大,各单位(部门)要加强对值班员工的关心、培养和使用;要积极改善值班条件,优化硬件设施,主动关心一线值班员工的生产和生活,妥善解决就餐、住宿、通勤等实际困难,切实做好各项值班保障工作。值班工作中遇有问题可及时联系值班管理员。联系人:张建兵,电话:713526(内线),15190869020。

特此通知。

附件:1. 高管中心线上"值班"模块操作方法
2. 交通控股系统突发事件信息报送范围

附件1

江苏省高速公路经营管理中心
"线上"值班模块操作方法

为进一步规范值班管理,提升应急处置管理水平,根据江苏交控要求,自6月1日起,启用江苏交控平台"值班"模块(以下简称"线上")值班,主要包含排班管理、交接班、应急事件报告流转、值班日志等功能。具体操作方法如下:

一、交接班

接班人员提前10分钟到岗,与交班人进行交接。交班人要向接班人通报当班接报、处理的重要事项、信息,交接需由接班继续跟踪和处理的未办结事项,移交《值班记录本》及其他相关物品和文件。值班工作交接完成后,交班人、接班人在《值班记录本》上签字确认,并按值班规定的时间打卡。

线上打卡方法:可通过"江苏交控"企业微信或"江苏交控"微信公众号进入"值班"模块。通过企业微信进入后,点击"工作台"——"值班"——"我的值班"——"值班日志"进入打卡界面;通过微信公众号进入后,点击"值班"——"我的值班"——"值班日志"进入打卡界面。交班后点击"值班日志"——"准备下班",填写完交班日志后点击"下班啦"结束值班。

二、线上值班

1. 未办结事项处置

未办结事项由交班人在"交班日志"中填写,交接班后,接班人须对未办结事项进行跟踪督办,尽快处置完毕,如有疑问接班人要及时联系协调处理。

未办结事项采用对日志增加评论的方法进行更新。线上当天日志可直接增加评论,操作方法如下: 点击日志中的双圆点图标,选择追加日志,填写处理情况。隔天日志需先导入后再增加评论,方法如下: 点击"历史"——"选择历史事件"(值班日志)——"加入当前日志",把往期历史日志导入后,即采用可追加评论的方式更新事件处置最新进展。

2. 突发事件处置

发生属于《交通控股系统突发事件信息报送范围》(见附件)内的重大突发事件以及涉及疫情防控或影响稳定的上访、群体事件时,值班员、总值班员须在接报后第一时间形成值班日志,并及时提醒所在单位带班领导在接报后 5 分钟内向上级单位报告,30 分钟内将详细情况向上级单位报告。报告采用线上报告与电话报告同时进行,同时在《值班记录本》同步做好记录。线上操作方法如下: 本单位带班领导审核后选择需报送的值班日志点击"报送上级"报至上级单位值班室; 如有需要,带班领导可对值班日志以增加评论的方式提出批示要求,选择"下达下级"发至所属单位; 如事件紧急,可选择"紧急事件通告"转至其他领导班子成员,或在本单位通讯录全部人员中选择接收通告人员,不限当班人员。如突发事件有必要向同级单位通告,选择"推送平级"推送至同级单位的值班室。其他值班信息也可参照操作。值班员、总值班员可根据领导要求,选择使用值班日志中"下达下级"按钮发至所属单位值班室,也可对日志增加评论,记录处置情况。

3. 公文、电话记录及舆情处置

值班期间接到各类公文、电话记录,应对发生可能引发重大舆情及其他无须上报上级单位的突发事件时,值班员、总值班员均应及时形成值班日志,并根据带班领导要求及时妥善处置。

4. 投诉咨询处置

投诉、咨询来电及一般营运类事件,由值班员按照相关工作要求妥善处置,并及时形成值班日志（记录）。

5. 工作检查

值班员、总值班员在值班期间要做好对所属单位值班情况的检查、指导,并将检查情况整理后形成值班日志（记录）。

三、调班

值班人员如需调班,需报同级值班职能管理部门同意后使用"值班"模块——"我要调班",选择需调班的值班人员,点击"和他调班",再选择本人需调换班次后申请调班。申请结束后须及时查看值班表是否已调整成功。所属二级单位值班人员调整后需向中心办公室和中心总值班室报备。

附件 2

交通控股系统突发事件信息报送范围

交通控股系统突发事件是指具有下列五大类情形的事件,与此相关的信息均需及时、准确地向控股总值班室报告。地方单位发生重特大突发事件,可能需要控股系统所属单位提供应急救援、

通行便利、服务保障的,相关单位应主动介入了解情况,随时掌握相关信息,并及时向控股总值班室报告。

1. 自然灾害

因大雾、洪水、暴雨、冰雹、龙卷风、大雪、冰冻、寒潮、大风、台风、地震、塌方等造成高速公路网线路连续封闭或中断 1 小时以上。

因有害生物流行,致高速公路全线大面积成灾并造成经济损失。

2. 事故灾害

致企业员工死亡和重伤,或财产重大损失的安全生产责任事故。

火灾、爆炸等企业安全生产责任事故。

致人死亡或财产重大损失的责任性交通事故。

重大被盗、被抢案件。

路桥施工作业管理不当造成人员死亡、重伤或重大财产损失的责任性安全事故。

船舶运输企业按照《水上交通事故统计办法》为"一般"及以上事故。

发电设备受到破坏性损伤导致减供,影响供电稳定的。

所辖高速公路发生重大及以上的交通事故或造成高速公路网线路连续封闭或中断 1 小时以上。

所辖高速公路发生危险化学品泄漏事故。

因其他穿（跨）越工程施工，或遭受车辆、轮船撞击等，造成高速公路路面、桥梁、管道被破坏、沉降或导致严重安全隐患的。

因工程施工，或遭受重压、撞击等，造成加油设备、储油设施、输油管道被破坏、泄漏或导致严重安全隐患的。

铁路机车、航空器受到破坏性损伤，造成重大损失的。

所辖加油站发生断供 3 小时以上的。

所辖汽渡发生重大事故或造成汽渡停运 1 小时以上的。

在企业管辖区域发生严重刑事案件的。

3. 公共卫生事件

企业所辖区域发生群体性传染疾病。

企业所辖区域发生食物中毒责任性事故。

4. 社会安全事件

严重影响高速公路、过江大桥、收费站、服务区、ETC 网点、加油站、加气站、汽车轮渡、酒店、客运班车等正常运营秩序，或严重影响各单位正常工作秩序，或妨碍国家重点建设工程

施工、造成停工的群体性事件。

参与人员冲砸企业所辖区域，扰乱工作秩序，造成财产损失和人员伤亡的。

其他造成恶劣影响的群访事件。

五、经济安全事件

不能按时偿还大额款项，严重影响企业信用等级，发生财务危机。

发生经济诈骗事件。

全国或全省性的金融事件即将对本企业产生重大影响的。

其他导致企业重大损失的经济行为。

水电工联合值班方案

（2020 年 4 月 9 日印发）

为认真贯彻落实江苏交控部署和高管中心相关安排，优化人员配置，推动降本增效，管理处结合日常管理需要，特制定本方案。

一、背景

新冠疫情期间免收高速公路车辆通行费政策的实施，对高速公路运营管理单位营收造成了巨大冲击，江苏交控制定了"三保、三压、三调、一争取"积极应对疫情免放期的 30 条举措，对人力资源降本增效提出了明确要求。管理处结合实际情况，在充分论证可行性的基础上，实施相邻站点水电工联合值班制度，减少加班费支出。

二、联合值班原则

1. 相邻站点经过沟通，确定联合关系，建立联勤联保机制，工作日白班期间，联合站点安排 1 名水电工值班，兼顾两站点的应急保障工作，另 1 站点的水电工安排年休假。

2. 联合值班的时间段为工作日的 8:30 至 16:30。其他时间段，各站点均须有水电工在岗值守。联合值班次数根据上级相关规定及水电工剩余年休假天数确定。

3. 雷雨、台风易发季节，结合气象预报情况，或其他特殊情况，取消联合值班，恢复原有水电工值班制度，确保快速处置供电简易故障。

4. 联合值班期间，值班水电工及其所在站点的驾驶员须同时在岗，确保联合站点遇有突发供电故障时，能迅速前往，及时处置或提前分析故障原因，为后续的工作提供有力支撑。

5. 联合值班期间，无水电工在岗的站点，由行政管理员代为完成水电工的巡查、记录等工作。

三、相关人员工作职责

（一）联合值班水电工

1. 每天4次（8:00、11:00、16:00、21:00）对本站点的"配电房、水房、站区主楼、主楼外围、收费区域"进行巡查,并填写《值班电工巡查记录表》。

2. 每天按照管理要求对本站点配电房内的 ETC 供电升压柜（或供电抽屉）进行巡查,并记录巡查情况。

3. 每天按照管理要求对本站点机房内 UPS 的工作状况进行巡查,并记录巡查情况。

4. 联合值班水电工既要负责本站的值守任务,也要负责联合站点与用电相关的应急处置。

5. 完成本站点安排的其他工作任务。

（二）行政管理员代理工作职责

1. 每天2次（11:00、16:00）对本站点的"配电房、水房、站区主楼、主楼外围、收费区域"进行巡查,并填写《值班电工巡查记录表》。

2. 每天按照管理要求对本站点配电房内的 ETC 供电升压柜（或供电抽屉）进行巡查,并记录巡查情况。

3. 每天按照管理要求对本站点机房内 UPS 的工作状况进行巡查,并记录巡查情况。

4. 本站点突发供电故障或影响正常供电的其他情况时,须及时联系联合站点予以协助处置。

（三）驾驶员

联合值班水电工所在站点的驾驶员须做好出车备勤工作,在接到指令时,及时接送值班水电工赶赴联合站点。

四、实施准备

1. 站内培训。各站挑选业务能力强、熟悉本站情况、处置经验丰富的水电工,对本站管理员、班长进行包含巡查、故障简易判断、楼层开关、UPS 运行保障、防护用品、日常安全注意事项等内容的培训。

2. 站间培训。联合站点须组织双方水电工提前熟悉保障站点的供配电设施、机房设施、UPS、开关、防护用品,熟悉工作环境,确保工作衔接有序。

3. 值班计划。联合站点沟通后按月排定《水电工联合值班表》,并及时告知水电工、行政管理员、驾驶员等相关人员,做好巡查、应急保障、交接等工作。当日白班水电工休息的站点须报备管理处总值班。

五、实施时间

水电工联合值班自 2020 年 4 月开始实施,结束时间将根据上级免费放行相关政策、规定或水电工年休假结余天数适时确定。

六、其他保障

1. 联合站点结合水电工的年休假存量,合理排定月度《水电工联合值班表》,并报备综合科、调度中心。

2. 联合值班期间,行政管理员、水电工、驾驶员围绕一个工作目标,同心协力,确保营运生产秩序良好。

3. 各站及时关注气象预报、停电通知等,围绕保障生产、生活秩序,合理、有序地排定、调整《水电工联合值班表》。

4. 各站及时反馈联合值班过程中遇到的困难、解决方法等,确保降本增效工作能顺利推进。

综合后勤类台账（内业资料）目录

类别	分项	目录内容	
		内业资料	台账
行政办公	管理制度	综合后勤类管理制度	
	计划总结		年度、半年度工作计划与总结
			月度工作计划与完成情况表
	会议学习		站务会议（学习）记录
			班组会议（学习）记录
	印章管理		收费站印章使用登记簿
	信息报送		信息专报
后勤管理	资产管理		固定资产（含账外资产）登记表
	车辆管理		车辆管理手册
	仓库管理		入库及领用记录、月度盘点台账
	节能降耗		水电气油消耗记录
	其他工作	收费站维修维护资料等	
	食堂管理	食堂从业人员花名册及健康证	
			安全卫生（食堂食品安全卫生检查记录、食品留样记录）
			经费核算（经费收支明细表、月度经费使用公示表）
			民主管理（伙管会记录、满意度测评表、菜谱公示）
			采购领用（每日采购公示表、索证留存、领用记录）
		满意食堂创建台账	

节能降耗管理办法

（2020 年 3 月 31 日印发）

为深入贯彻江苏交控"三保、三压、三调、一争取"部署安排和开源节流、降本增效的工作要求,进一步收紧钱袋子、过好紧日子,管理处研究制定了节能降耗管理办法,具体如下:

一、深入宣传教育,增强节约意识

开展节能宣传活动,明确节能降耗工作的目标、任务和要求。全员要统一思想,提高认识,自觉养成节约习惯,从节约每一滴水、每一滴油、每一度电,每一张纸,每一支笔开始,真正做到节能降耗入脑入心、落实落地。

二、完善节约措施,合理使用能源

各单位（部门）负责人为节能降耗第一责任人,要严格执行节能降耗工作要求,建全、完善节能降耗管理制度,切实提升节能运行管理水平; 要做好责任传导,层层压实,明确各班组（岗位）主体责任,形成倒逼落实机制,营造"人人讲节约、事事讲节约、时时讲节约"的良好氛围。

（一）加强用电管理

1. 空调管理

（1）生活、办公区域内冬季室外温度低于为 5℃、夏季室外温度高于 32℃时方可使用空调,空调开启式,禁止与油汀同时使用。功能室（如会议室、接待室等）根据会议或接待需要,提前 30 分钟开启空调,会议或接待结束后,参会业务部门（单位）及时关闭照明。（生活区域责任人:宿舍当班值日人员; 办公区域责任人:办公室

使用人员；功能室责任人：业务部门或单位）

（2）收费区域内冬季室外温度低于10℃、夏季室外温度高于28℃时方可使用空调或油汀，不可同时使用。（责任人：当班班长）

（3）根据季节和气候变化合理使用空调，夏季空调温度设置不低于26℃,冬天空调温度设置不高于20℃,原则上春季和秋季不开空调。（生活区域和收费区域责任人：当班班长；办公区域责任人：办公室使用人员）

（4）无人时不开空调，开空调时需关闭门窗；非工作时间、节假日不开空调，并提倡每天少开空调1小时。定时开关空调，定期清洗空调系统、滤网等装置，提高空调能效。（责任人：当班电工）

2. 照明管理

（1）生活、办公区域内亮度足够时不开灯，公共区域的照明灯要由专人管理，确保随手关灯。功能室（如会议室、接待室等）根据会议或接待需要，提前20分钟开启，会议或接待结束后，业务部门（单位）及时关闭。（公共区域责任人：当班电工；功能室责任人：业务部门或单位）

（2）提倡购买、使用环保节能型照明产品或电器。

（3）定期检查用电线路及配电房里所有电器元件，排除事故隐患。（责任人：当班电工）

3. 办公设备管理

办公室电脑、打印机、传真机和复印机等设备要随用随开或调为自动节能状态，避免电器设备长时间处于待机状态，下班后要自觉关闭所有电器。（责任人：办公室使用人员）

4. 其他设备管理

（1）定时开关小厨宝和热水器电源。气温低于15摄氏度时方可使用小厨宝,工作日开启时间为 7：00 － 17:00；宿舍区电热水器关闭时间为 00:00 － 09:00、10:30 － 15:00 和 17:00 － 21:30,空气能热水器根据实际情况可适当调整关闭时间。(责任人：当班电工)

（2）职工餐厅空调、照明灯等设施设备,餐前 15 分钟开启,用餐过程中根据用餐人数合理开关照明,全部用餐结束后及时关闭。(责任人：当班厨师或帮厨)

（3）收费区域照明,由各单位根据现场情况,科学合理设置开关时间和开启数量。(责任人：当班电工)

（二）加强用水管理

1. 加强节约用水宣传,卫生间等公共用水场所设置节约用水标志,提醒员工节约用水。

2. 用水时,尽量不将水量开到最大,以不将水花溅到水槽外为准,避免长时间开启水龙头冲洗。使用完毕,及时关闭水龙头。

3. 卫生间,便后应及时冲洗,并应等到冲水结束后再离开。

4. 公共浴室开放时间为 9:00 － 10:30、15:00 － 17:00 和 21:30 － 24:00。如有排障人员驻点的单位,可根据户外作业情况适当调整开放时间。(责任人：当班电工)

5. 食堂用水尽量使用浸泡,避免长时间流动水冲洗。(责任人：当班厨师或帮厨)

6. 加强用水管理,坚持经常检查,维修水管、接头、龙头,杜绝跑、滴、渗等浪费现象。(责任人：当班电工)

7. 通过控制阀门,控制水龙头出水量,减少水资源浪费。(责任人：当班电工)

8. 加强对供用水设施的监测、管理和维护,降低管网漏损率。

（三）加强车辆管理

1. 严格执行公务用车各项管理规定,认真落实公务出行 OA 系统审批制度。

2. 所有公务出行原则上需提前 1 个工作日通过 OA 系统提出申请,以便统筹、合理安排出行方式、使用车型。同一任务、同一线路的公务出行,原则上合并用车前往。

3. 公务外出（出差）人员提出 OA 申请时,须填写外出（出差）时间,外出地点（目的地）须写明具体公务地点及途经点,外出（出差）人员须写全人员姓名,外出（出差）事由须写清具体公务事项。

4. 省内以及上海、浙江、安徽、山东等相邻省份的公务出差,原则上选择公共交通出行；确有需要的,或同一方向（城市）乘坐人员 3 人（含）以上的,在公务车辆运力许可的情况下,经批准可安排公务车辆保障；其他省份的公务出行,一律选择公共交通保障。选择公共交通出行的,按照规定报销相关费用。

5. 采取公务车辆出行的,用车结束后,车管部门结合车载 GPS 定位系统每周进行复查,杜绝违规行为发生。

6. 根据管理处及所属单位布局及职工住点分布,合理统筹调整职工通勤班车,全处至少整合减少 1-2 条班车线路。

7. 严格执行定点加油制度,准确做好加油登记,车管员每月进行油耗核算,横向同车型每月对比,纵向同车前后月度对比,油耗偏高的及时提醒,共同查找分析原因,降低车辆油耗。

8. 加强公务车辆维修保养费用管控,原则上汽油车保养运行里程不得少于 5000 公里,柴油车不得少于 8000 公里；严格执行车辆维修保养审批制度,从严维保项目、费用审批,强化维保过程监督,注重维保费用审核,每季度对全部车辆的维保费用结合车型、使用年限进行综合比较、分析,有效降低维保成本。

（四）其他

1. 建全、完善办公用品按计划领用制度。

2. 节约通信费用。接打电话要言简意赅,杜绝电话聊天。

3. 加强对各种设备的管理,制定设备配置方案,优化配置,提高利用率和使用效率。

4. 积极推进办公自动化、网络化、无纸化,尽量以电子文件、电子信箱等方式做好工作台账、工作联系,以降低印刷费用,减少纸张消耗。

5. 完善仓库生活、办公资源管理制度,严格做好出入库登记台账。严格管控生活、办公用品使用量,提倡办公用纸张双面用,作废纸张反复利用,加强公用打印和复印设备的管理。妥善保管清洁工具、废纸篓等设施,延长使用寿命。

6. 复印纸、打印纸、报表纸、硒鼓由管理处统一采购,各单位（部门）按规定申领。

7. 各部门（含调度中心）办公、生活低值易耗品由管理处统一采购；各单位除复印纸、打印纸、报表纸、硒鼓外,其他办公、生活低值易耗品自行采购。各单位（部门）要做好物品出入库记录、审核、盘点等工作。

三、加强督促检查,确保工作实效

综合科扎口管理全处节能降耗工作。各单位（部门）要高度重视,密切配合,结合实际情况,落实有效措施,加强内部督促检查,提高能源利用率。领导干部要率先垂范,切实发挥表率作用,以充分调动广大干部职工厉行节约的积极性,确保节能降耗工作扎实有序开展,并取得成效。

本《办法》由综合科负责解释,自下发之日起执行。

事业性质人员管理暂行规定

（2018 年 2 月 27 日印发）

第一章 总 则

第一条 为进一步健全和规范江苏省高速公路经营管理中心（以下简称"高管中心"）人力资源管理，保障高管中心和事业人员（以下简称员工）双方的合法权益，构建和谐稳定的人事关系，根据《事业单位人事管理条例》（国务院令第 652 号）、《国务院办公厅转发人事部关于在事业单位试行人员聘用制度意见的通知》（国办发〔2002〕35 号）、《事业单位工作人员处分暂行规定》（人力资源和社会保障部、监察部令 第 18 号）《省政府办公厅关于印发江苏省事业单位人员聘用制暂行办法的通知》（苏政办发〔2005〕123 号）等国家、省相关规定，以及江苏交通控股有限公司（以下简称控股公司）相关要求，结合高管中心实际，制定本暂行规定。

第二条 事业性质人员管理的总体原则

（一）坚持党管干部、尊重人才的原则；

（二）坚持平等自愿、协商一致的原则；

（三）坚持责权明晰、依法规范的原则；

（四）坚持科学管理、提高效能的原则。

第三条 本暂行规定适用于高管中心事业性质进编人员、与高管中心签订人事代理聘用合同的员工。

第二章 员工基本条件及聘用程序

第四条 为贯彻民主、公开、竞争、择优的方针,建立双向平等选择、促进工作效能的机制,坚持依法聘用、规范聘用和按需聘用,为高管中心事业科学持续发展提供人才支撑。

第五条 在岗员工应当具备以下基本条件:

(一)**思想品德:** 具有优良的思想政治素质,拥护党的路线、方针、政策,遵守国家法律、法规和高管中心各项规章制度;具有良好的职业道德和集体荣誉感;具有高度的责任意识、服从意识与忠诚意识。

(二)**能力水准:** 具备适应本岗位所需的专业知识技能和工作水平,熟悉了解与本岗位相关的法律法规和其他知识,能够胜任本职岗位工作;善于思考,勤于学习,注重新知识、新技术的吸收应用;具有较好的执行能力、业务能力与学习能力。

(三)**工作作风:** 爱岗敬业,作风务实;认真履行岗位职责;廉洁从业,诚实守信,无刑事犯罪记录;尊重领导,团结同事,作风正派,举止文明;具有良好的敬业精神、团队精神和拼搏精神。

(四)**工作业绩:** 优质高效地完成本职岗位工作内容和合理的其他工作任务。

(五)**学历资历:** 管理(专业)岗位人员一般须具备大专以上(含大专)学历;技能岗位人员须具备高中(中专、中技)及以上学历。其中:从事管理(专业)、技能工作的人员,如国家有强制规定的,必须持有符合规定的相应等级职业资格证书。

(六)**身体素质:** 身体健康,具有正常履行岗位职责的身体条件。

第六条 新招聘录用的员工应当符合以下基本条件:

(一)年满十八周岁;

（二）遵守国家法律法规，弘扬社会主义核心价值观，认同高管中心企业文化；

（三）具有良好的道德品行；

（四）具有正常履行职责的身体条件，心理健康；

（五）具有符合岗位要求的文化程度；

（六）参加高管中心组织的岗前培训并通过考核（试），具备符合岗位要求的素质能力；

（七）法律规定要求的其他条件。

第七条 有下列情形之一的人员不得录用：

（一）曾因犯罪受过刑事处罚的；

（二）曾被开除公职的；

（三）曾因严重失职或严重违纪受到行政处分的；

（四）所持相关证件属于伪造或提供虚假个人信息资料的；

（五）曾在高管中心范围内工作主动辞聘（职）或被辞退、解除聘用合同关系的；

（六）岗位有特殊规定不得录用的。

第八条 应聘人员应当提供本人真实有效的身份证、学历证书等证件，如国家有强制规定的，还应当持有符合规定的相应等级职业（执业）资格证书；如实说明与工作相关的身体状况、工作经历、知识技能以及就业现状等情况。

第九条 应聘人员必须已经与其他用人单位依法解除或终止劳动关系。如有竞业限制的，须确认已经解除竞业限制条件，并提供真实有效的书面证明。

第十条 高管中心须认真查验应聘人员提供的个人相关证件、资料信息的真实性和准确性。

第十一条 高管中心有义务如实告知应聘人员用工性质、工作内容、工作条件、工作地点、职业危害、工时休假、安全生产状况、工资报酬、考核奖惩、社会保险、住房公积金、职业年金等相关情况。

第十二条 高管中心应当组织应聘人员进行医学体格检查,并负责支付医学体格检查费用。

第十三条 高管中心不应收取应聘人员的保证金、抵押金(物);不得扣留新录用员工的身份证、学历证明、职(执)业资格证书等证件。

第十四条 高管中心应当及时以电话或书面形式通知拟录用人员,对方应当在约定的时间内予以明确答复;逾期无明确答复的视为自动放弃录用机会。

第十五条 招聘录用员工的基本程序

(一)成立聘用工作领导小组,下设办公室承担具体日常工作;

(二)按照有关规定公布招聘岗位及其职责、聘用条件、工作地点、工资待遇、社会保障等相关信息;

(三)应聘人员书面申请;

(四)聘用工作领导小组办公室对应聘人员的资格、条件等进行初审;

(五)聘用工作领导小组办公室对通过初审的应聘人员进行考试(核)和医学体格检查,并根据结果择优提出拟聘人员建议名单;

(六)聘用工作领导小组讨论决定拟聘人员并公示;

(七)对拟聘人员进行岗前培训和岗上实习;

(八)高管中心法定代表人或者其委托代理人与岗前培训(实习)合格的人员签订聘用合同。

第三章 聘用合同签订与登记

第十六条 高管中心应当与员工以书面形式签订聘用合同。

第十七条 聘用合同的签订应当遵循合法、公平、平等自愿、协商一致、诚实守信的原则。

第十八条 聘用合同必须具备下列条款：

（一）聘用合同期限；

（二）岗位及其职责要求；

（三）岗位纪律；

（四）岗位工作条件；

（五）工资待遇；

（六）聘用合同变更和终止的条件；

（七）违反聘用合同的责任。

第十九条 除上述必备条款外，经双方协商一致，可以在聘用合同中约定试用期、培训和继续教育、知识产权保护、解聘提前通知时限以及纠纷解决办法等条款。

第二十条 聘用合同分为短期合同、中期合同和长期合同。为维护员工队伍的相对稳定，根据高管中心运营管理工作实际，订立首次聘用合同的期限一般为 4 年（即中期合同）。聘用合同的期限最长不得超过员工达到国家规定的退休年龄的年限。

第二十一条 在高管中心连续工作已满 10 年且年龄距国家规定的退休年龄不足 10 年的员工，本人提出订立聘用至退休的长期合同的，高管中心应当与其订立。

第二十二条 高管中心与新进人员签订聘用合同，可以约定试用期。试用期一般不超过 3 个月；情况特殊的，可以延长，但最长不得超过 6 个月。被聘人员为初次就业的,试用期为 12 个月。试用期包括在聘用合同期限内。员工续订聘用合同时,不得约定试用期。

第二十三条 聘用合同订立时,一般不得与员工约定由员工承担违约金,下列情形除外:

(一)单位为员工提供专项培训费用,对其进行专业培训,与其订立协议约定服务期,但其违反服务期约定的;

(二)员工违反保密和竞业限制约定的;

(三)法律、行政法规规定的其他情形。

第二十四条 高管中心与员工的聘用合同一式三份,高管中心和其本人各执一份,另一份存入其人事档案。

第二十五条 高管中心对签订聘用合同的员工应及时登记造册,员工的管理工作应接受政府人事部门及上级人事主管部门的指导与监督。

第四章 权利与义务

第二十六条 员工享有下列权利:

(一)获得履行岗位职责应当具有的工作条件和技能培训;

(二)依法取得工资报酬、休息休假、劳动卫生保护,依法享受福利、保险待遇;

(三)拒绝危害生命安全和身体健康的违章指挥和强令冒险作业;

(四)提出申述和控告;

(五)申请辞职;

(六)法律规定的其他权利。

第二十七条 员工应当履行下列义务:

(一)严格遵守国家法律、法规和高管中心各项规章制度;

（二）认真履行岗位职责，严格遵守工作规范，及时高效地完成工作任务；

（三）团结互助，和谐友爱，尊重他人，服从管理；

（四）廉洁从业，恪尽职守，自觉遵守职业道德和社会公德；

（五）依法维护单位利益，保守单位及工作秘密；

（六）及时向单位告知本人获取的学历、专业证书，变更后的家庭住址、联系电话等相关信息；

（七）法律规定的其他义务。

第二十八条　高管中心具有向员工依法支付工资报酬、提供劳动及安全条件、保护其合法劳动权益等义务，同时享有运营管理决策权、劳动用工和人事管理权、工资奖金和福利分配权、依法制定规章制度权等权利。

第五章　工作内容、地点、时间

第二十九条　工作内容

员工应当完成其岗位职责规定的工作内容及要求履行的劳动义务，按照质量标准及时完成规定的工作任务。

第三十条　工作地点

一般为高管中心机关、高管中心所属二级机构（管理处、应急中心等）以及各基层单位（调度中心、收费站、服务区排障大队、养排、养护中心等）。

第三十一条　工作时间

（一）管理（专业）岗位员工一般实行标准工时制，每日工作时间不超过8小时、平均每周工作不超过40小时，每周休息2天。其中：

所属各基层单位负责人及以上层级人员,经过本单位报经行政审批后,可以实行不定时工作制。

（二）技能岗位员工一般实行标准工时制,但由于运营管理的需要,实行 24 小时轮班运转工作制（一般为四班三运转）。其中：排障人员因属于机动作业,经过本单位报经行政审批后,可以实行不定时工作制。

第三十二条 根据工作需要,高管中心机关、所属各管理处在不违背国家法律的前提下,可以适当安排员工延长工作时间或加班,但必须从严控制,员工应当服从安排。对怀孕 7 个月以上或哺乳未满 1 周岁婴儿的女员工,不得安排其延长工作时间和夜班劳动。

第三十三条 高管中心机关各部门、所属各管理处如安排员工加班的,应当至少提前 1 天履行下列程序：

（一）高管中心机关,由需要安排员工加班的处室负责人提出书面申请,征得员工本人同意签字后,报经中心分管领导审批,并报考勤部门备案;

（二）各管理处机关部门和处属单位,由需要安排员工加班的部门或单位负责人提出书面申请,征得员工本人同意签字后,报经管理处负责人审批,并报考勤部门备案;

（三）员工加班时间纳入日常考勤记录,对符合补休条件的应当尽量安排补休；对确实不能安排补休,且符合加班工资法定支付条件的,应当按照相关规定支付加班工资。未经批准加班的,一律不得纳入日常考勤记录、安排补休或支付加班工资。

第三十四条 高管中心根据运营管理需要以及员工的身体状况、工作能力、现实表现、考核结果等,向其说明情况后,可以调整其工作岗位、工作地点、工作时间,员工无正当理由应当服从安排。

第六章 工作规范、行为准则

第三十五条 员工应当认真执行以下基本工作规范：

（一）时刻牢记岗位职责、工作程序和质量要求，爱岗敬业，操作规范，服务诚信；

（二）严格执行高管中心依法制定的各项规章制度；

（三）实行按级管理和责任追究制，按岗履职，逐级负责，一般不得越级反映情况；

（四）遇有超出岗位职责范围以外的紧急事项时，应及时、准确地向直接领导请示汇报，并提供准确的联系方式，确保信息渠道联络畅通；

（五）严格遵守国家和省有关安全及保密工作法律法规、单位安全及保密规章制度和岗位安全操作规程，主动参加各类安全学习和培训活动，确保不发生责任性安全（泄密）事故（件）；

（六）自觉养成良好的节约习惯，杜绝一切浪费行为，严禁侵占公物，严格控制运营生产成本；

（七）按照管理权限和有关规定，及时处理投诉事件；不能及时处理或超出职责范围的，应对当事人说明情况，并记录好联系方式，迅速、准确地向直接领导请示汇报。

第三十六条 员工应当自觉遵守以下基本行为准则：

（一）工作期间按规定统一着工装，做到仪容得体大方，衣着整洁干净，不得有污损和混装，下班离岗后，应自觉换装；

（二）举止端庄文明，服务优质规范，实行首问负责制，坚持使用普通话和文明用语，并在不同场合运用适当语言及称谓；

（三）员工之间应保持团结、坦诚、友好和互助的关系，不得因个人感情而违背工作原则，不得拉帮结派、搞小团体等；

（四）自觉维护工作场所环境卫生,爱护公物和集体财产;

（五）不得参与一切违法乱纪活动。

第七章 工作纪律

第三十七条 员工应当严格遵守以下基本劳动纪律:

（一）严格执行岗位工作纪律,遵章守纪,按规操作,保质保量按时完成工作内容;

（二）严格执行准军事化管理制度,自觉养成雷厉风行、严谨细致的工作作风;

（三）严格执行单位作息制度,因事、因病需要请假的,必须按照规定程序履行请销假手续;

（四）严格执行考勤考核制度,严禁弄虚作假;

（五）严格执行安全规章制度,严禁违规操作,严禁发生责任性安全事故（件）。

第三十八条 员工有下列情形之一的视为旷工:

（一）故意隐瞒实情,编造理由不上班的;

（二）上班期间未经批准擅自离开工作岗位的;

（三）假期满后,未经批准超假不归的;

（四）未按规定程序履行请假手续而不到岗工作的;

（五）口头请假经同意后,上班后五个工作日内未补办书面请假手续的;

（六）当班期间未经上级同意擅自与他人调班的;

（七）其他应当认定为旷工的情形。

第三十九条 严重违反单位规章制度,严重失职,营私舞弊,造成重大损害：

（一）严重违反单位规章制度，指高管中心经民主程序制定的规章制度规定的严重违反的情形，而员工拒不遵守或者多次重复违反，给单位管理造成重大妨碍或者造成重大损害的情节。

（二）严重失职，是指员工非因自身能力原因，故意或因过失违反国家法律法规、不履行岗位职责或履行岗位职责不到位，或相互推诿，或超越权限，或违反单位规定的工作程序和操作规程等，给单位造成重大损害的行为。

（三）营私舞弊，是指利用高管中心资源、个人职务和工作之便，或弄虚作假，为自己或他人非法牟利。

（四）重大损害，是指员工严重违反单位规章制度、严重失职或营私舞弊，一次性或累计给单位造成以下后果之一的：

1. 直接且实际的经济损失超过 10000 元人民币的；

2. 一般及以上等级安全事故的；

3. 丢失重要业务单位的；

4. 丢失重要文件的；

5. 无法收回合同款项或丧失合同机会，经济损失在 20000 元以上的；

6. 严重影响单位正常工作秩序的；

7. 严重影响单位声誉、形象，包括但不限于被省市级新闻媒体曝光经查属实的、被控股公司及以上单位通报批评等；

8. 擅自接受新闻媒体采访，或擅自以单位名义对外发布信息，给单位带来严重负面影响的；

9. 其他经高管中心研究认为给单位造成重大损害的其他情形。

（五）员工有以下情形之一的，视为严重违反高管中心规章制度，或严重失职、营私舞弊，给单位造成重大损害的行为：

1. 擅自更改、删除车辆计重收费数据,或擅自更改车型降低收费标准,或擅自转换计重(车型)收费方式等,营私舞弊,导致车辆通行费流失的;

2. 擅自推杆放行车辆,或非军车按军车放行,或利用职务便利以其他方式协助车辆偷逃车辆通行费,或利用职务便利与逃费人勾结偷逃车辆通行费的;

3. 侵吞、挪用、擅自截留车辆通行费、通行费票据、清障费、清障费票据的;

4. 出售回笼票或使用其他非法票据的;

5. 发生多款、长款、弃票款未及时足额上缴或未按规定及时解缴通行费造成较严重负面影响的;

6. 侵吞、擅自截留、利用各种方式套取通行卡或不及时上交其他途经获得的通行卡的;

7. 违反高管中心网络安全管理规定,或因管理不到位造成维护不力,致使三大系统感染病毒、瘫痪,影响路网联网正常运行的;

8. 发生重大事故清障处理完毕后,因收费、调度措施不力,进一步导致道路继续堵塞,造成财产严重损失或人员伤亡的;

9. 因工作落实执行不到位,延误警卫或重要保障任务等,对高管中心造成严重负面影响的;

10. 因工作严重失职,现场处置不力,调度指挥失误,导致收费区域发生免费放行的;

11. 发生公路"三乱"行为、被上级通报批评或新闻媒体曝光,经查属实的;

12. 连续旷工超过 15 个工作日,或者 1 年内累计旷工超过 30 个工作日的,或因公外出或请假期满无正当理由逾期不归连续超过

10 个工作日的;

13. 全年累计请事假时间超过法定工作时间 30% 以上,或采取不正当手段,骗取事假病假累计 15 天及以上的;

14. 因寻衅滋事、打架斗殴、无理取闹等,严重扰乱所在单位正常工作秩序的;

15. 在岗喝酒或酒后上岗的;

16. 无正当理由不服从单位工作安排,或未按规定要求完成工作任务,严重影响所在单位或高管中心整体工作的;

17. 严重违反国家法律法规,受到行政拘留以上处罚的;

18. 故意损坏高管中心财物,造成 2000 元及以上直接经济损失的;

19. 因工作作风、服务质量、工作程序等发生问题,被群众投诉、新闻媒体曝光或上级通报批评,造成恶劣影响,经查属实的;

20. 严重违反国家安全法律法规及高管中心安全生产管理制度,发生较大及以上责任性安全事故或车辆通行费被盗事件等;

21. 严重违反单位保密规定,因个人泄密行为给高管中心和所在单位造成严重负面影响或重大经济损失的;

22. 伪造变造各类收据、发票、凭证、账册、证书证件,或以不正当手段骗取单位财物、私设小金库等;

23. 严重违反党风、行风和廉洁从业规定,利用工作之便为自己或者他人谋取私利、行贿受贿的;

24. 滥用职权、弄虚作假,严重违反国家财经纪律,使国家和单位财产遭受重大损失的;

25. 其他影响单位运营管理和单位声誉的严重违规违纪行为,经教育不改的。

注:一般及以上等级安全事故口径按国家、江苏省有关规定执行。

第八章 工资报酬

第四十条 工资报酬及支付方式按照《高管中心薪酬管理暂行规定》执行。总体遵循"以岗定薪,岗变薪变"、"市场导向、注重绩效"的原则;坚持"部门预算管理、总额计划调控";实行以岗位绩效薪酬(工资)为主体,多层次、多形式的分配体系。

第四十一条 经协商委托,下列款项可以从员工薪酬中由高管中心代为扣缴(除):

(一)应当代扣代缴个人所得税;

(二)个人应当缴纳的社会保险费用、住房公积金、职业年金;

(三)人民法院判决、裁定由个人承担的抚养费、赡养费等;

(四)依据法律、法规及高管中心依法规定的应当扣缴(除)的其他款项。

第四十二条 高管中心根据国家、省有关政策规定、经济来源和物价水平等宏观因素的影响,结合控股公司关于行业总体水平的指导意见,以及员工所受聘的具体岗位、考核结果、工作年限等,按照规定程序,适时调整工资报酬。

第四十三条 员工档案工资的套改、核定和晋升等,按照国家、省关于事业性质人员收入分配规定执行,不与高管中心薪酬分配暂行规定相挂钩。

第九章 社会保障及福利

第四十四条 高管中心和员工严格遵守国家和省、市社会保险的有关事业性质人员社会保障的规定和支付标准,养老保险和职业年金按照省有关政策执行,医疗、工伤、失业、生育保险和住房公积金等按属地化管理的原则执行。

第四十五条 高管中心可根据有关政策规定,对个别地区参加医疗和生育保险条件暂不成熟的,建立内部医疗费用报销或补贴制度,以及女同志符合计划生育政策规定的生育费用报销制度。

第四十六条 高管中心应当为员工提供符合国家规定的劳动安全卫生条件和必要的劳动防护用品,定期组织身体健康检查。

第四十七条 高管中心可依据相关政策规定,研究和制定员工的福利标准和分配办法。

第十章 员工休假

第四十八条 员工依法在国家规定的年节及纪念日休假。休假期间,正常享受工资报酬、福利待遇以及各类津补贴。

第四十九条 员工依法享有下列政策性休假:

(一)年休假

1. 累计工作已满 1 年不满 10 年的,年休假 5 天;已满 10 年不满 20 年的,年休假 10 天;已满 20 年的,年休假 15 天。国家法定休假日、休息日及探亲假、婚丧假、产假、护理假的假期不计入年休假的假期。

2. 员工有下列情况之一的,当年度不再享受年休假:

(1)员工请事假累计 20 天以上且单位按照规定不扣工资的;

(2)累计工作满 1 年不满 10 年的员工,请病假累计 2 个月以上的;

(3)累计工作满 10 年不满 20 年的员工,请病假累计 3 个月以上的;

(4)累计工作满 20 年以上的员工,请病假累计 4 个月以上的。

（5）当年享受过年休假后，再出现上述（2）、（3）、（4）情形之一的，不享受下一年度的年休假。

3. 员工年初应向单位提出当年度带薪年休假计划；单位根据生产、工作的具体情况，并考虑员工本人意愿，统筹安排员工年休假；年休假在1个年度内可以集中安排，也可以分段安排；根据高管中心生产、工作特点，一般不跨年度安排。

4. 年休假期间，享受与正常工作期间相同的工资收入及福利待遇。

5. 各单位应确保员工年休假制度的保障落实，采取书面通知形式安排或批准员工年休假；个别员工当年不能休完年休假的，应在每年度10月底前向单位书面说明，单位应当协助员工做好休假计划的安排并确保员工年休假计划的全面落实。

6. 各单位（部门）负责人须带头执行年休假制度，以实际行动带动和支持年休假制度的落实。每年年初，中心机关处室负责人和所属管理处、公司负责人应将当年度年休假计划安排报高管中心，经相关程序批准后执行。休假前的报备手续按高管中心相关要求办理。

7. 各单位应定期加强对本单位员工年休假制度及休假计划的落实情况进行督促检查，每年上半年和下半年，应向中心书面报告本单位带薪年休假计划落实情况。

8. 员工带薪年休假相关制度执行情况纳入所属单位年度考核，对未能保障员工年休假计划落实完成的单位，追究相应人员责任。

（二）婚假

1. 法定婚假时间为3天。依法办理结婚登记的夫妻，在享受国家规定婚假的基础上，延长婚假10-12天（执行结婚登记所在地规定）。国家法定休假日不计入婚假。

2. 婚假期间，员工正常享受工资报酬及福利待遇，各类津补贴、奖励按有关规定执行。

（三）丧假

1. 员工直系亲属（父母、配偶或子女）去世,可享受 3 天丧假；岳父母、公婆、兄弟姐妹、祖父母、外祖父母去世的,视情可给予丧假 1 至 3 天。丧事在外地料理的,可根据路程的远近,给予一定天数的路程假。

2. 丧假期间,员工正常享受工资报酬及福利待遇,各类津补贴、奖励按有关规定执行。

（四）产假、护理假

1. 女员工的产假为 98 天,其中:含产前假 15 天。对符合《江苏省人口与计划生育条例》规定生育子女的,女方可享受产假 128 天（含法定产假 98 天）,男方可享受护理假 15 天。女员工如果是难产的,增加产假 15 天；多胞胎生育的,每多生育 1 个婴儿,增加产假 15 天。国家法定休假日不计入产假与护理假假期。

2. 经过二级甲等以上医疗单位开具证明,女员工怀孕 3 个月（含）以内流产的,给予 20 至 30 天的产假；怀孕满 3 个月至 7 个月（含）以内流产的,给予 42 天的产假；怀孕 7 个月以上流产的,给予 90 天的产假。

3. 参加生育保险的女员工,产假期间按照属地生育保险规定和支付标准享受生育津贴,由生育保险基金支付；享受的生育津贴低于其产假或者休假前工资的标准的,由用人单位予以补足,高于其产假或者休假前工资的标准的,用人单位不得截留；未参加生育保险的,高管中心按当事人月基础薪酬（岗位工资）与绩效薪酬（工资）两项之和计发工资报酬,正常享受福利待遇,各类津补贴、奖励按有关规定执行。

4. 男员工在护理假期间, 正常享受工资报酬和福利待遇, 各类津补贴、奖励按有关规定执行。

5. 怀孕女员工在劳动时间内进行产前检查, 应当算作劳动时间。

6. 女员工在怀孕及生育期间产生的生育医疗费, 参加生育保险的, 按照生育保险规定执行; 未参加生育保险的, 按照有关规定和标准执行。

7. 参加生育保险的男性员工, 其配偶未列入生育保险范围, 也不能在其所在单位享受生育有关待遇的, 由生育保险基金按照规定的支付标准报销生育医疗费的 50%。

8. 员工符合计划生育政策规定的, 方可享受上述待遇。

（五）哺乳假

1. 女员工有不满 1 周岁婴儿的, 每班劳动时间内给予两次哺乳（含人工喂养）时间, 每次 30 分钟。多胞胎生育的, 每多哺乳 1 个婴儿, 每次哺乳时间增加 30 分钟。女员工每班劳动时间内的两次哺乳时间, 可以合并使用。哺乳时间和在本单位内哺乳往返途中的时间, 算作劳动时间。婴儿满周岁后, 经医疗单位诊断为体弱儿的, 可延长哺乳期, 但以不超过半年为限。

2. 女员工在哺乳期内上班有困难的, 经本人申请, 单位批准, 可休半年的哺乳假。哺乳假期间按月发放本人基础薪酬或岗位工资, 如低于当地社会在岗职工最低工资标准 80% 的, 则按当地社会在岗职工最低工资标准 80% 计发, 正常享受福利待遇, 各类津补贴、奖励按有关规定执行。

（六）探亲假

1. 凡工作年限满 1 年的员工, 如与配偶或父母不住在一起, 又不能在公休假日团聚的, 可以享有一定天数的探亲假期。

2. 探亲假期标准

（1）员工探望配偶的，每年仅一方享有探亲假一次，假期为 30 天；

（2）未婚员工探望父母的，原则上每年给假一次，假期为 20 天；如果因工作需要，本单位当年不能给予假期或者员工自愿两年探亲一次的，可以两年给假一次，假期为 45 天；

（3）已婚员工探望父母的，每四年给假一次，假期为 20 天；

（4）员工探亲假期包括公休假日和法定节日在内。

3. 员工探望配偶和未婚员工探望父母的往返路费，由所在单位负担。已婚员工探望父母的往返路费，在本人月基础薪酬或岗位工资的 30% 以内的，由本人自理，超过部分由所在单位负担。

4. 单位按照规定合理安排员工探亲，不应妨碍运营管理和生产工作的正常进行。员工应当服从单位的统筹安排。

5. 休假期间，员工正常享受工资报酬及福利待遇，各类津补贴、奖励按有关规定执行。

（七）工伤假

员工因工作原因负伤或致伤残，符合国务院《工伤保险条例》第十四条、第十五条规定的应当认定为工伤或视同工伤的下列情形之一的，持劳动保障行政部门出具的工伤鉴定证明，经单位研究，确实不能出勤的，核给工伤假：

1. 应当认定为工伤的情形

（1）在工作时间和工作场所内，因工作原因受到事故伤害的；

（2）工作时间前后在工作场所内，从事与工作有关的预备性或者收尾性工作受到事故伤害的；

（3）在工作时间和工作场所内，因履行工作职责受到暴力等意外伤害的；

（4）因工外出期间,由于工作原因受到伤害或者发生事故下落不明的;

（5）在上下班途中,受到非本人主要责任的交通事故或者城市轨道交通、客运轮渡、火车事故伤害的（须提交行政主管部门的事故证明）;

（6）法律、行政法规规定应当认定为工伤的其他情形。

2. 视同工伤的情形

（1）在工作时间和工作岗位,突发疾病死亡或者在 48 小时之内经抢救无效死亡的;

（2）在抢险救灾等维护国家利益、公共利益活动中受到伤害的;

（3）原在军队服役,因战、因公负伤致残,已取得革命伤残军人证,到单位后旧伤复发的。

伤情较轻,本人愿意放弃工伤鉴定,但确实不能正常上班的,经单位指定医院复查或人力资源部核查,按医院病假建议书或视伤情轻重核给工伤假。

员工发生工伤,须及时向本单位报告,并一般应在 7 个工作日内提交书面经过材料和必要的旁证材料；由于工伤职工本人不按时申报或者延期申报,致使工伤认定的证据缺失从而导致无法认定工伤的,由职工本人承当相应后果。

工伤员工停工留薪期间,工资福利待遇不变,按月计发。工伤假期期满,应主动复职,仍然不能上班的,应办理续假手续,否则按旷工处理。

员工符合上述认定工伤或视同工伤情形的规定,但是有下列情形之一的,不得认定为工伤或视同工伤:

1. 故意犯罪的;

2. 醉酒或者吸毒的;

3. 自残或者自杀的。

第五十条 事假期间待遇

（一）每月事假3天（含）以内的,按比例或分值扣除本人绩效薪酬（工资）的相应部分,正常享受福利待遇。

（二）每月事假超过3天（不含）的,除扣除绩效薪酬（工资）的相应部分外,每超1天扣除本人基础薪酬或岗位工资的相应部分,但扣除上述工资后,事假当事人工资收入不应低于当地社会在岗人员最低工资标准80%；高管中心不承担事假员工个人缴纳的社会保险费、住房公积金、职业年金。

（三）员工因加班产生的补休天数可以冲抵事假天数,事假天数超过补休天数的,按本条第（一）（二）项规定执行。

第五十一条 病假

（一）医疗期

员工因患病或非因工负伤,需要停止工作医疗时,根据本人实际参加工作年限和在本单位工作年限,给予三个月到二十四个月的医疗期：

1. 实际工作年限十年以下的,在高管中心工作年限五年以下的为三个月；五年以上的为六个月。

2. 实际工作年限十年以上的,在高管中心工作年限五年以下的为六个月；五年以上十年以下的为九个月；十年以上十五年以下的为十二个月；十五年以上二十年以下的为十八个月；二十年以上的为二十四个月。

3. 医疗期3个月的按6个月内累计病休时间计算；6个月的按12个月内累计病休时间计算；9个月的按15个月内累计病休时间计算；12个月的按18个月内累计病休时间计算；18个月的

按 24 个月内累计病休时间计算；24 个月的按 30 个月内累计病休时间计算。

（二）按医疗期管理的病假期间待遇

1. 病假在 2 个月（含）以内的，按其基础薪酬或岗位工资的 100% 计发，正常享受福利待遇，各类津补贴、奖励按有关规定执行。

2. 病假超过 2 个月不满 6 个月（含），从第 3 个月起，工作年限不满 10 年的，按其基础薪酬或岗位工资的 90% 计发；工作满 10 年及其以上的，按其基础薪酬或岗位工资的 100% 计发。期间，正常享受福利待遇，各类津补贴、奖励按有关规定执行。

3. 病假超过 6 个月，从第 7 个月起，工作年限不满 10 年的，按其基础薪酬或岗位工资的 70% 计发；工作年限满 10 年不满 20 年的，按其基础薪酬或岗位工资的 80% 计发；工作年限满 20 年及其以上的，按其基础薪酬或岗位工资的 90% 计发。期间，福利待遇按 50% 发放，各类津补贴、奖励按有关规定执行。

4. 医疗期内，员工病假工资待遇如低于当地社会在岗人员最低工资标准 80% 的，可按当地社会在岗人员最低工资标准 80% 计发病假工资或疾病救济费，高管中心承担患病员工个人缴纳的社会保险费、住房公积金、职业年金。员工在病假期间从事有偿收入活动的，停发病假期间的一切工资、福利。

5. 病假超过 6 个月的，从第 7 个月起，病假人员各项社会保险、住房公积金和职业年金原则上以上一年度本人月平均工资为缴纳基础。

第五十二条 休假程序手续相关规定

（一）法定年节和纪念日，高管中心根据国家和省有关规定统一安排放假。技能岗位员工（不定时工作制除外）因班次运转等特殊情况，在法定年节和纪念日上班的，可按加班计算，不再履行相关手续。

（二）其余政策性休假和事、病假,应按照以下程序报批:

1. 休假2天（含）以下的,本人需在1天前提出书面请假申请,由所在部门或单位负责人批准同意;

2. 休假3天（含）及以上的,本人需在2天前提出书面请假申请,由所在单位或部门分管领导和主要领导批准同意;

3. 确因特殊情况不能履行书面请假申请手续的,可先电话请假,并在两日内或销假时完善相应手续。

4. 申请病假的,除按上述程序履行请假手续外,一般还需提供由二级甲等及以上级别医院出具的相关证实有效材料:

（1）就诊病历和疾病诊断报告（疾病诊断证明）等;

（2）医院病休建议;

（3）病理检查单、报告单、化验单;

（4）用药明细清单;

（5）就诊用药、检查费发票等。

员工单次请休病假一般连续不超过15天,超过15天原则上应重新履行上述续假手续。

（三）员工应当按照审批的时间和天数休假,休假结束后应及时销假,必要时还需提供真实有效的休假期间的书面证明。

（四）因周末（休息日）加班及其他情形产生的补休天数,员工原则上应在六个月内补休完。员工补休应当服从本单位的统筹安排。

（五）政策性休假和病假的天数应当连续计算（法律法规另有规定的从其规定）。

（六）女员工按计划怀孕,经过二级甲等以上医疗单位开具证明,需要保胎休息的,或怀孕7个月（含）以上上班确有困难的,本人可书面申请休假,一般按照病假处理。

第十一章 教育与培训

第五十三条 高管中心重视员工的教育和培训,根据员工素质和岗位要求,实行岗前培训、职业技能培训或在岗继续教育,着力提高员工的职业技能水平和道德水平。

第五十四条 员工享有接受继续教育、岗前培训、在岗培训、专业技术职务资格培训、技术等级考核、专项业务培训等权利。同时负有正确处理工学矛盾,保障岗位工作正常开展,服从单位教育培训安排,完成规定课时学业并通过相应考试、考核等义务。

第五十五条 员工参加单位组织或送培的各类学习、考试(核)的天数按出勤计算。员工个人申请并经单位同意的其他学习、考试(核)时间,如与本人工作时间有冲突的,应及时履行请假手续或自行调班,单位应当批准。

第五十六条 员工按规定程序经单位批准同意,参加更高层次的学历教育且取得毕业证书的,单位可按照专科2000、本科4000元、研究生6000元,博士8000元的标准予以一次性奖励。

第五十七条 单位举办与生产密切相关的教育培训活动,或选派人员参加社会培训机构的各类培训,原则上不向员工收取任何费用。但因个人原因未能完成教育培训任务的或考试(核)不合格者,相应费用应当由员工本人承担。

第五十八条 高管中心及所属各管理处有义务为员工提供岗位必需的专项培训,对其进行专业技术培训(岗前培训和转岗培训除外),应当与员工订立培训协议,约定服务期限和违约处理方式。

第五十九条 员工按规定程序经单位批准同意,参加专业技术职务任职资格、职业资格考前培训等,其通过考试(核)取得相应证书后,所需考试（核）费用可以报销（同类专业、等级只能报销一次）; 未经单位批准自行参加的各类学习培训与考试,费用由员工个人承担。

第六十条 员工按规定程序经单位批准同意参加各类教育培训,完成学业或通过考核后,符合国家及省关于工资晋升或专业技术职务聘任条件的,可按有关规定执行。

第十二章 考核与奖惩

第六十一条 考核目的

高管中心对员工进行岗位考核,调动和激发员工的工作积极性,强化按岗分配、绩效优先、奖优罚劣、兼顾公平,为员工聘任、奖励、晋升和聘用合同管理提供依据。

第六十二条 考核原则

岗位考核坚持客观公正、实事求是的原则;坚持民主公开、人人参与的原则;坚持综合考察,注重实绩的原则;坚持定期考核、长效管理的原则。

第六十三条 考核组织

高管中心机关及各管理处、调度中心、收费站、服务区、应当建立相应的岗位考核领导小组,研究确定对员工的岗位考核和奖惩。各级人力资源部门负责本单位考核工作的汇总、审核、登记和上报工作。

第六十四条 考核对象

与高管中心建立人事聘用关系的员工均参加岗位考核。其中,参加月度考核的,在高管中心连续工作需满 1 个月;参加年度考核的,在高管中心连续工作需满 6 个月。不参加月度及年度考核的人员范围按有关规定执行。

第六十五条 考核内容

岗位考核以员工的月度、年度工作目标和所承担的工作任务的完成情况为基本内容,主要从思想品德、能力水准、工作作风、履职实绩等四个方面进行考核评价。

(一)**思想品德:** 具有优良的思想政治素质,拥护党的路线、方针、政策,自觉遵守国家法律、法规和高管中心各项规章制度;具有良好的职业道德和集体荣誉感;具有高度的责任意识、服从意识与忠诚意识。

(二)**能力水准:** 具备适应本岗位所需的专业知识技能和工作水平,熟悉了解与本岗位相关的法律法规和其他知识,能够胜任本职岗位工作;善于思考,勤于学习,注重新知识、新技术的吸收应用;具有较好的执行能力、业务能力与学习能力。

(三)**工作作风:** 爱岗敬业,作风务实,保持良好的出勤率,认真履行岗位职责;廉洁从业,诚实守信,无刑事犯罪记录;尊重领导,团结同事,作风正派,举止文明;具有良好的敬业精神、团队精神和拼搏精神。

(四)**工作业绩:** 优质高效地完成本职岗位工作内容和合理的其他工作任务。

第六十六条 考核程序

(一)**月度考核的一般程序:** 个人自我鉴定—部门主管建议意见—人事部门汇总—单位分管领导审定或签署建议意见—高管中心主管领导审定。根据员工岗位分类和分级管理原则,考核程序应有所不同。

(二)**年度考核的一般程序:** 以当年各月度考核结果为基础,按照省委组织部、省人力资源与社会保障厅关于事业单位工作人员年度考核相关精神执行,由高管中心统一组织实施。

（三）被考核员工需在月度、年度考核表上签字确认。

第六十七条 考核等次

（一）月度考核等次分为：合格、基本合格和不合格。

1. 月度考核等次的基本标准：

（1）合格：能够完全达到或符合本暂行规定第六十四条所列德、能、勤、绩等四个方面的基本标准；完全达到或符合各部门、各单位岗位考核实施细则中的相应标准要求。

（2）基本合格：思想政治素质和业务素质一般，能基本完成本职工作。工作作风方面存在明显不足，工作积极性、主动性不够，完成工作的质量和效率不高或在工作中有某些失误。基本达到或符合本暂行规定第六十四条所列德、能、勤、绩等四个方面的基本标准；基本达到或符合各部门、各单位岗位考核实施细则中的相应标准要求。

有下列情况之一的，可以直接定为基本合格：

①无正当理由不服从单位工作安排的，且情节较重、部分影响本部门、本单位工作的；

②因主观原因发生一般性工作失误、延误，导致本部门、本单位工作受到不良影响的；

③无正当理由未按时完成当月主要工作内容，导致本部门、本单位某项工作滞后的；

④员工本人或本人所分管的工作受到上级领导机关通报批评的；

⑤当月无正当理由迟到或早退累计达到 2 次的；

⑥当月事假超过应出勤天数三分之一的。

（3）不合格：政治、业务素质较低，组织纪律性较差，工作责任心不强，难以适应岗位工作要求，严重违反高管中心各项规章制度或工作规范。

有下列情形之一的, 可以直接定为不合格:

①发生本暂行规定第三十九条情形之一的;

②当月无正当理由迟到或早退累计达 3 次及以上的;

③旷工 1 天及以上的;

④当月事假超过应出勤天数二分之一的, 可直接定为不合格。

(4) 技能岗位员工月度考核采取分值与等次评定相结合的方法, 凡考核分值在 70 分以上的, 定为合格等次; 在 70 分 (含) 以下、50 分 (不含) 以上的, 定为基本合格等次; 在 50 分 (含) 以下的, 定为不合格等次。

(二)年度考核等次分为: 优秀、合格、基本合格、不合格四个等次。各等次评定结合月度考核情况进行评价:

1. 全年月度考核有 1 次为基本合格的, 其年度考核不能参加优秀等次评选;

2. 全年月度考核有 1 次为不合格的, 或连续 2 次为基本合格的, 或累计 3 次为基本合格的, 其年度考核可定为基本合格;

3. 全年月度考核累计 2 次及以上不合格的, 或连续 3 次为基本合格的, 或累计 4 次及以上为基本合格的, 其年度考核可定为不合格;

4. 全年在岗检查累计 4 次 (含) 以上的, 其年度考核可定为不合格。

第六十八条 考核结果

(一)月度、年度考核等次与月度绩效薪酬 (工资)、年度奖金 (励) 兑现挂钩。

1. 年度考核为优秀等次的:

除高管中心另行制定相应的奖励标准外, 可以参加" 先进个人" 的评选。对工作表现特别优异, 对高管中心或所在单位工作作出重大贡献的员工，高管中心还可考虑给予"主任特别奖"。

2. 月度、年度考核为合格等次的：

月度绩效薪酬（工资）= 月度绩效薪酬（工资）计划标准数 × 考核得分百分比；

年度奖金（励）= 年度奖金（励）计划标准数。

3. 月度、年度考核为基本合格的：

月度绩效薪酬（工资）= 月度绩效薪酬（工资）计划标准数 ÷2；

年度考核奖金（励）= 年度奖金（励）计划标准数 ÷2。

4. 月度、年度考核为不合格等次的：

月度绩效薪酬（工资）=0；

年度考核奖金（励）=0。

5. 不参加月度、年度考核的：

月度绩效薪酬（工资）=0；

年度考核奖金（励）=0。

（二）年度考核等次除与年度奖金（励）兑现和先进评选挂钩外，还将作为员工岗位（职务）聘任、工资档级晋升以及合同续订、解除的重要依据。年度考核不合格，或不参加年度考核的，其本人事业性质档案工资根据国家、省有关规定执行，内部薪酬根据控股公司及高管中心有关规定执行。

（三）年度考核等次为不合格等次的，以及年度未结束但已出现本暂行规定第六十七条（二）第 3、4 款情形的，视同为该员工不能胜任本职工作。

员工不能胜任本职工作的，高管中心根据实际情况，可以调整其工作岗位或给予其一年观察期，根据员工在新的工作岗位上或观察期内的实际表现，确定是否存续或解除聘用合同（辞退）。

第六十九条 根据员工不同的违规违纪情形和性质, 高管中心可以采取适当形式的处理（分）方式。

（一）处理（分）种类

处理（分）分为：口头批评、考核扣分、在岗检查、基本合格、不合格、通报批评、警告、记过、调离原岗位、降低岗位等级、撤职、解除合同（开除）等。上述处理（分）种类可同时实施两种以上。

（二）处理（分）时间

1. 在岗检查, 1-3 个月；

2. 警告, 6 个月；

3. 记过, 12 个月。

（三）处理（分）实施

1. 员工发生一般违规违纪行为的处理（分）

（1）情节较轻的, 可由所在单位领导进行口头批评、考核扣分；

（2）情节较重的, 可由所在单位将当月考核等次定为基本合格或给予在岗检查。

2. 员工发生较重违规违纪行为的处理（分）

（1）通报批评由所在单位实施, 必要时也可由高管中心实施；

（2）月度考核定为不合格的, 报备高管中心人事教育处；

（3）年度考核定基本合格或不合格的, 报高管中心审批；

（4）警告、记过、降低岗位等级、撤职、解除劳动合同（辞退）由所在单位提出初步意见, 依次报管理处和高管中心研究审批。

3. 处理（分）待遇

（1）口头批评：当事人当月工资待遇一般不受影响；

（2）考核扣分、基本合格、不合格：按本暂行规定第六十八条规定执行；

（3）在岗检查：处分时效期间，当事人基础考核奖减半发放、不参与优质优勤奖评选。

（4）警告、记过：处分时效期间，当事人不参与基础考核奖、优质优勤奖评选，绩效工资发放50%。处分时效期间，当事人不得参加本专业（技术、技能）领域专业技术职务任职资格或者工勤技能人员技术等级考试（评审）。

（5）降低岗位等级、撤职：执行新岗位等级的工资待遇。

4. 员工发生严重违反用人单位的规章制度，或者严重失职，营私舞弊，给用人单位造成重大损害的处理（分）。

（1）出现第三十九条情形之一的，高管中心可与当事人解除聘用合同或开除；

（2）对涉及违反国家法律法规的，交由国家行政司法机关进行处理。

第七十条　员工对岗位考核结果和奖惩决定有异议的，有权按照有关规定和程序进行投诉或申述。

第十三章　聘用合同管理

第七十一条　依法订立的聘用合同具有法律约束力，高管中心和员工双方应当全面、实际地履行合同约定的义务，依法实现合同约定的权利。

第七十二条　合同变更

聘用合同在实际履行过程中，合同双方在平等自愿、协商一致的基础上，可以对合同部分条款予以变更，并按原签订程序完成变更手续，签订《聘用合同变更书》。

（一）出现下列情形之一的，聘用合同应当及时予以变更：

1. 员工患病致使不能完成岗位职责所规定的工作内容，要求变更工作岗位的；

2. 员工患病或者非因工伤，在规定的医疗期满后不能从事原工作，高管中心调整其工作岗位的；

3. 员工不能胜任原工作，高管中心调整其工作岗位的；

4. 员工外借、脱岗学习（进修）三个月（含）以上的或服兵役的；

5. 员工因家庭发生重大变故确实无法坚持原岗位及工种劳动的；

6. 高管中心与员工约定的工作条件如工作内容、工作时间、工作地点、工作岗位、薪酬等发生重大变化的；

7. 所在单位发生改制等客观情形的；

8. 发生影响原合同继续履行的其他情形、经变更后能继续履行的。

（二）以下情况不影响聘用合同的法律效力：

1. 高管中心名称或者法定代表人（主要负责人）发生变更；

2. 因国家政策的调整，导致高管中心与其他单位合并、分立或撤销等情形；

3. 高管中心部分或全部人事管理业务调整，委托给人才中介服务机构代理。

（三）双方未达成一致意见的，原聘用合同继续有效。不能继续履行的，双方应当协商解除聘用合同，但不得从事有损对方的任何行为。

第七十三条 聘用合同续订

（一）高管中心与聘用员工订立的聘用合同到期前 1 个月，经平等协商，如双方愿意继续保持聘用关系，则续订聘用合同。

（二）续订聘用合同时，具有本暂行规定第二十一条有关情形时，应当订立相应期限的聘用合同。

（三）续订聘用合同的，应当重新签订新的聘用合同书。

第七十四条 聘用合同解除

（一）员工有下列情形之一的，高管中心可以随时单方面解除聘用合同，且不需要支付经济补偿金：

1. 在试用期内被证明不符合岗位要求，或岗前培训不合格的；

2. 连续旷工超过 15 个工作日或者 1 年内累计旷工超过 30 个工作日的；

3. 违反工作规定或者操作规程，发生责任事故；或者失职、渎职，营私舞弊，造成严重后果的；

4. 同时与其他用人单位建立聘用关系、劳动关系或从事其他职业，对完成本人岗位职责造成严重影响，或者经本单位提出但拒不改正的；

5. 以欺诈、胁迫的手段或者乘人之危，导致高管中心在违背真实意思的情况下订立或者变更聘用合同的；

6. 严重扰乱工作秩序，致使所在单位（部门）及其他相关单位（部门）工作不能正常进行，受到治安行政处罚的；

7. 被依法判处管制以上刑事处罚的；

8. 因严重违纪违法被处以开除处分的。

（二）员工有下列情形之一的，高管中心可单方面解除聘用合同，但应当提前 30 天书面通知拟被解聘的当事人：

1. 员工患病或非因工负伤，在规定的医疗期满后，不能从事原工作，也不能从事高管中心另行安排的其他工作的；

2. 员工年度考核或者聘期考核不合格，又不同意高管中心调整其工作岗位的；或者虽同意调整工作岗位，但到新岗位后考核仍不合格的；

3. 聘用合同订立时所依据的客观情况发生重大变化，致使原聘用合同无法履行，经高管中心与当事人协商不能就变更聘用合同达成协议的。

（三）有下列解除聘用合同情形之一的,高管中心应当根据被解聘人员在本单位的实际工作年限向其支付经济补偿:

1. 高管中心提出解除聘用合同,员工同意解除的;

2. 员工患病或者非因工负伤,医疗期满后,不能从事原工作,也不能从事由高管中心安排的其他工作,高管中心单方面解除聘用合同的;

3. 员工因考核不合格而被高管中心单方面解除聘用合同的;

4. 高管中心及所属各单位因分立、合并、撤销,员工不能安置到相应单位就业而解除聘用合同的。

注:1."经济补偿"以被解聘人员在高管中心每工作1年,支付其本人1个月的上年月平均工资为标准（不满1年的按1年计算）。被解聘人员月平均工资高于当地上年职工月平均工资3倍以上的,按当地上年职工月平均工资的3倍计算;2.试用期内被解聘的,不给予经济补偿。

（四）有下列情形之一的,员工可以随时解除聘用合同:

1. 在试用期内的;

2. 考入普通高等院校的;

3. 被录用或者选调到国家机关工作的;

4. 依法服兵役的。

除上述情形外,员工解除聘用合同,应当提前30日以书面形式通知高管中心,否则,当事人应向高管中心赔偿因此造成的损失。

（五）单位有下列情形之一的,员工可以随时解除聘用合同,高管中心须依法支付经济补偿金:

1. 未按照聘用合同约定提供劳动保护或者劳动条件的;

2. 未及时足额支付工资报酬的；

3. 未依法为员工缴纳社会保险费的；

4. 单位规章制度违反法律、法规的规定，损害员工合法权益的；

5. 以欺诈、胁迫的手段或者乘人之危，导致员工在违背真实意思的情况下订立或者变更聘用合同的；

6. 法律、行政法规规定员工可以解除聘用合同的其他情形。

（六）员工提出解除聘用合同未能与高管中心协商一致的，应当坚持正常工作，继续履行聘用合同；6个月后再次提出解除聘用合同，仍未能与聘用单位协商一致的，即可单方面解除聘用合同。

（七）有下列情形之一的，高管中心不得终止或解除聘用合同：

1. 员工患病或者负伤，在规定的医疗期内的；

2. 女职工在孕期、产期和哺乳期内的；

3. 员工因工负伤，治疗终结后经劳动能力鉴定机构鉴定为1至6级丧失劳动能力的；

4. 员工患职业病以及现有医疗条件下难以治愈的严重疾病或者精神病的；

5. 员工正在接受纪检监察审查尚未作出结论的；

6. 属于国家法律法规规章规定的不得解除聘用合同的其他情形的。

（八）有下列情形之一的，员工不得提出解除聘用合同：

1. 在涉及国家秘密岗位上工作，处在规定保密期限内的；

2. 承担国家和地方重点项目的主要技术负责人和技术骨干，其工作任务尚未完成的；

3. 正在接受纪检监察审查尚未结案的。

（九）发生经济性裁员聘用合同解除的，按照国家法律、法规和省、控股公司相应规定执行。

（十）高管中心单方面解除聘用合同的,应当事先将解除理由告知高管中心工会。

第七十五条 聘用合同终止

（一）聘用合同期满;

（二）高管中心与员工双方约定的合同终止条件出现;

（三）员工已开始依法享受基本养老金保险待遇;

（四）员工死亡或被人民法院宣告失踪、死亡的;

（五）法律、法规、规章规定的其他情形。

第七十六条 聘用合同解除、终止应当及时履行以下书面告知手续（书面告知的送达形式可以采取:1.本人送达;2、挂号信件函达;3、委托他人转达;4、公告送达等）。否则一方承担因此给另一反造成的损失:

（一）协商解除聘用合同,以及高管中心单方面解除聘用合同的,高管中心除应向员工送达《解除聘用通知书》以外,在员工解除聘用合同手续时,还需为员工出具《解除聘用合同证明书》。

（二）员工单方面解除聘用合同的,需向高管中心递交《辞聘通知书》。

（三）聘用合同终止的,高管中心应向员工送达《聘用合同终止通知书》。

第七十七条 聘用合同解除、终止后,高管中心和解聘（辞聘）人员应当在15日内办理以下手续:

（一）高管中心与当事人办理工作交接;

（二）当事人归还高管中心物品、清理文件资料和清偿所欠单位债务;

（三）结算经济补偿金、违约金和剩余工资报酬,当事人如有拖

欠单位债务的应清偿完毕;

(四)办理人事档案转移手续;

(五)根据社会保险和公积金转接有关规定做好转移事宜;

(六)完成其他有关工作。

高管中心不得以任何理由扣留解聘人员的人事档案或不及时办理社会保险和公积金转接;解聘(辞聘)人员不得无故不办理人事档案、社会保险和公积金转接手续。

如因一方责任未及时办理上述手续的给另一方造成损害的,应当承担赔偿责任。

第七十八条 聘用合同争议及解决

(一)聘用合同当事人违反聘用合同约定的,应当承担相应的责任。给对方造成经济损失的,应当承担赔偿责任。

(二)聘用合同当事人对违反聘用合同约定均有过错的,应当根据过错的大小,各自承担相应的责任。

(三)聘用合同当事人应当本着合法、公平、平等自愿、协商一致、诚实守信的原则,共同解决争议。

(四)经协商双方不能取得一致解决意见的,可根据国家和省关于人事争议调解和仲裁的有关规定提请人事调解或人事仲裁。

(五)聘用合同当事人任一方对调解结果或仲裁裁定不服的,可在收到书面通知 15 日内依法向人民法院提起诉讼。

第七十九条 员工解除聘用合同后违反规定使用或者允许他人使用高管中心的商业秘密、技术秘密、科研成果的,依法承担相应的法律责任。

第十四章 附 则

第八十条 高管中心根据工作需要,与员工在协商一致的基础上所签订的岗位协议书、专项协议书、变更合同书等,可作为聘用合同的附件,与聘用合同具有同等的法律效力。

第八十一条 高管中心机关各处室、各管理处应当根据各岗位(工种)工作规范和运营管理的实际,制定各岗位职务说明书和岗位考核实施细则,报高管中心审查并经过相关民主程序后实施。

第八十二条 本暂行规定中有关条款在实施过程当中如与国家、省现行法律法规不一致的,按国家、省法律法规的规定执行。

第八十三条 本暂行规定由高管中心负责解释,人事教育处具体办理。

第八十四条 本规定自印发之日起执行,原《江苏省高速公路经营管理中心事业性质人员管理暂行规定》(苏高管人〔2007〕54号)同时废止。

企业性质人员劳动用工管理暂行规定

（2018 年 2 月 7 日印发）

第一章 总 则

第一条 为进一步健全江苏省高速公路经营管理中心（以下简称"高管中心"）人力资源管理机制，规范企业性质人员劳动用工管理制度，维护高管中心与员工的合法权益，构建和谐稳定的劳动关系，根据中华人民共和国《劳动法》、《劳动合同法》等国家、省法律法规相关规定，以及江苏交通控股有限公司（以下简称控股公司）相关要求，结合高管中心实际，制定本暂行规定。

第二条 企业性质人员劳动用工管理的基本原则：

（一）坚持主体平等、依法规范的原则；

（二）坚持责权明晰、提高效能的原则；

（三）坚持诚实守信、公平协商的原则；

（四）坚持分类管理、统筹协调的原则。

第三条 本暂行规定适用于与高管中心（含高管中心授权的单位）订立劳动合同的员工。

第二章 劳动用工条件

第四条 贯彻民主、公开、竞争、择优的方针，建立双向自主选择、促进工作效能的机制，坚持依法用工、规范用工和按需用工，为高管中心事业科学持续发展提供人才支撑。

第五条 在岗员工应当具备以下基本条件：

（一）**思想品德：** 具有优良的思想政治素质，拥护党的路线、方针、政策，遵守国家法律、法规和高管中心各项规章制度；具有良好的职业道德和集体荣誉感；具有高度的责任意识、服从意识与忠诚意识。

（二）**能力水准：** 具备适应本岗位所需的专业知识技能和工作水平，熟悉了解与本岗位相关的法律法规和其他知识，能够胜任本职岗位工作；善于思考，勤于学习，注重新知识、新技术的吸收应用；具有较好的执行能力、业务能力与学习能力。

（三）**工作作风：** 爱岗敬业，作风务实，认真履行岗位职责；廉洁从业，诚实守信，无刑事犯罪记录；尊重领导，团结同事，作风正派，举止文明；具有良好的敬业精神、团队精神和拼搏精神。

（四）**工作业绩：** 优质高效地完成本职岗位工作内容和合理的其他工作任务。

（五）**学历资历：** 管理（专业）岗位人员一般须具备大专及以上（含大专）学历；技能岗位人员须具备高中（中专、中技）及以上学历。其中：从事管理（专业）、技能工作的人员，如国家有强制规定的，必须持有符合规定的相应等级职业（执业）资格证书。

（六）**身体素质：** 身体健康，具有正常履行岗位职责的身体条件。

第六条 新招聘录用的员工应当符合以下基本条件：

（一）年满十八周岁；

（二）遵守国家法律法规，弘扬社会主义核心价值观，认同高管中心企业文化；

（三）具有良好的道德品行；

（四）具有正常履行职责的身体条件，心理健康；

（五）具有符合岗位要求的文化程度；

（六）参加高管中心组织的岗前培训并通过考核（试），具备符合岗位要求的素质能力；

（七）法律规定要求的其他条件。

第七条 有下列情形之一的人员不得录用：

（一）曾因犯罪受过刑事处罚的；

（二）曾被开除公职的；

（三）曾因严重失职或严重违纪受到行政处分的；

（四）所持相关证件属于伪造或提供虚假个人信息资料的；

（五）曾在高管中心范围内工作主动辞职或被解除劳动合同关系的；

（六）岗位有特殊规定不得录用的。

第八条 应聘人员应当提供本人真实有效的身份证、学历证书等证件，如国家有强制规定的，还应当持有符合规定的相应等级职业（执业）资格证书；如实说明与工作相关的身体状况、工作经历、知识技能以及就业现状等情况。

第九条 应聘人员必须已经与其他用人单位依法解除或终止劳动关系。如有竞业限制的，须确认已经解除竞业限制条件，并提供真实有效的书面证明。

第十条 高管中心须认真查验应聘人员提供的个人相关证件、资料信息的真实性和准确性。

第十一条 高管中心有义务如实告知应聘人员用工性质、工作内容、工作条件、工作地点、职业危害、工时休假、安全生产状况、劳动报酬、考核奖惩、社会保险、住房公积金、企业年金等相关情况。

第十二条 高管中心应当组织应聘人员进行医学体格检查，并负责支付医学体格检查费用。

第十三条　高管中心不应收取应聘人员的保证金、抵押金（物）；不得扣留新录用员工的身份证、学历证明、职（执）业资格证书等证件。

第十四条　高管中心应当及时以电话或书面形式通知拟录用人员，对方应当在约定的时间内予以明确答复；逾期无明确答复的视为自动放弃录用机会。

第三章　劳动合同订立与登记

第十五条　劳动合同的订立应当遵循合法、公平、平等自愿、协商一致、诚实守信的原则。

第十六条　高管中心应当与员工以书面形式订立劳动合同。其中：与新录用人员应当自用工之日 30 日内订立劳动合同；如因其本人主观原因，30 日内劳动合同不能依法订立的，视为其自动放弃录用机会。

第十七条　江苏东方高速公路经营管理有限公司、江苏东方路桥建设养护有限公司借用至高管中心从事管理（专业）、技能岗位的员工，本人均与所在公司订立劳动合同。

第十八条　劳动合同应当具备以下必备条款：

（一）用人单位全称、住所和法定代表人（或者主要负责人）或者经高管中心法定代表人授权的具体人员的基本信息；

（二）员工的姓名、住址和居民身份证或者其他有效身份证件号码；

（三）劳动合同期限；

（四）工作内容和工作地点；

（五）工作时间和休息休假；

（六）劳动报酬；

（七）社会保险；

（八）劳动保护、劳动条件和职业危害防护；

（九）法律、法规规定应当纳入劳动合同的其他事项。

第十九条 劳动合同除前款规定的必备条款外，劳动合同内可以约定试用期、培训、保守秘密、补充保险和福利待遇等其他事项。

第二十条 固定期限劳动合同一般为 3 至 5 年，第一个合同期限为 4 年；对工作保密性强、技术复杂及岗位需要长期保持稳定的人员，高管中心可以视情与其订立更长期限的固定期限劳动合同或无固定期限的劳动合同。劳动合同有明确期限约定的从其约定。

第二十一条 试用期按照有关规定执行。劳动合同期限包括试用期限。

第二十二条 劳动合同订立时，一般不得与员工约定由员工承担的违约金，下列情形除外：

（一）单位为员工提供专项培训费用，对其进行专业培训，订立协议约定服务期，员工违反服务期约定的；

（二）员工违反保密和竞业限制约定的；

（三）法律、行政法规规定的其他情形。

第二十三条 试用期内，员工的工资不得低于高管中心相同岗位最低档级工资或者劳动合同约定工资的 80%，并不得低于用人单位所在地的最低工资标准。

第二十四条 用人单位与员工双方经协商一致，在劳动合同文本上签字或者盖章生效，劳动合同一式三份，用人单位和其本人各执一份，另一份存入其人事档案。

第二十五条 高管中心所属各单位要对授权建立劳动关系的员工及时登记造册，并按有关规定向：劳动行政部门提交劳动合同实施情况的书面报告。

第四章 权利与义务

第二十六条 员工享有下列权利：

（一）获得履行岗位职责应当具有的工作条件和技能培训；

（二）依法取得劳动报酬、休息休假、劳动卫生保护，依法享受福利、保险待遇；

（三）拒绝危害生命安全和身体健康的违章指挥和强令冒险作业；

（四）提出申述和控告；

（五）申请辞职；

（六）法律规定的其他权利。

第二十七条 员工应当履行下列义务：

（一）严格遵守国家法律、法规和高管中心各项规章制度；

（二）认真履行岗位职责，严格遵守工作规范，及时高效地完成工作任务；

（三）团结互助，和谐友爱，尊重他人，服从管理；

（四）廉洁从业，恪尽职守，自觉遵守职业道德和社会公德；

（五）依法维护单位利益，保守单位及工作秘密；

（六）及时向单位告知本人获取的学历、专业证书，变更后的家庭住址、联系电话等相关信息；

（七）法律规定的其他义务。

第二十八条 高管中心具有向员工依法支付劳动报酬、提供劳动及安全条件、保护其合法劳动权益等义务，同时享有运营管理决策权、劳动用工和人事管理权、工资奖金和福利分配权、依法制定规章制度权等权利。

第五章 工作内容、地点、时间

第二十九条 工作内容

员工应当完成其岗位职责规定的工作内容及要求履行的劳动义务,按照质量标准及时完成规定的工作任务。

第三十条 工作地点

一般为高管中心机关、高管中心所属二级机构（管理处、应急中心、公司等）以及各基层单位（调度中心、收费站、服务区、排障大队、养排、养护中心、公司等）。

第三十一条 工作时间

（一）管理（专业）岗位员工一般实行标准工时制,每日工作时间不超过8小时、平均每周工作不超过40小时,每周休息两天。其中:所属各基层单位负责人及以上层级人员,经过本单位报经行政审批后,可以实行不定时工作制。

（二）技能岗位员工一般实行标准工时制,但由于运营管理的需要,实行24小时轮班运转工作制（一般为四班三运转）。其中: 排障员（养护员）因属于机动作业,经过本单位报经行政审批后,可以实行不定时工作制。

第三十二条 根据工作需要,高管中心机关、所属各管理处在不违背国家法律的前提下,可以适当安排员工延长工作时间或加班,但必须从严控制,员工应当服从安排。对怀孕7个月以上或哺乳未满1周岁婴儿的女员工,不得安排其延长工作时间和夜班劳动。

第三十三条 高管中心机关各部门、所属各管理处如安排员工加班的,应当至少提前1天履行下列程序:

（一）高管中心机关,由需要安排员工加班的处室负责人提出书面申请,征得员工本人同意签字后,报经中心分管领导审批,并报考勤部门备案。

(二)各管理处机关部门和处属单位,由需要安排员工加班的部门或单位负责人提出书面申请,征得员工本人同意签字后,报经管理处负责人审批,并报考勤部门备案。

(三)员工加班时间纳入日常考勤记录,对符合补休条件的应当尽量安排补休;对确实不能安排补休的,且符合加班工资法定支付条件的,应当按照相关规定支付加班工资。未经批准加班的,不得纳入日常考勤记录、安排补休或支付加班工资。

第三十四条 高管中心根据运营管理需要以及员工的身体状况、工作能力、现实表现、考核结果等,向其说明情况后,可以调整其工作岗位、工作地点、工作时间,员工无正当理由应当服从安排。

第六章 工作规范、行为准则

第三十五条 员工应当认真执行以下基本工作规范:

(一)时刻牢记岗位职责、工作程序和质量要求,爱岗敬业,操作规范,服务诚信;

(二)严格执行高管中心依法制定的各项规章制度;

(三)实行按级管理和责任追究制,按岗履职,逐级负责,一般不得越级反映情况;

(四)遇有超出岗位职责范围以外的紧急事项时,应及时、准确地向直接领导请示汇报,并提供准确的联系方式,确保信息渠道联络畅通;

(五)严格遵守国家和省有关安全及保密工作法律法规、单位安

全及保密规章制度和岗位安全操作规程,主动参加各类安全学习和培训活动,确保不发生责任性安全(泄密)事故(件);

(六)自觉养成良好的节约习惯,杜绝一切浪费行为,严禁侵占公物,严格控制运营生产成本;

(七)按照管理权限和有关规定,及时处理投诉事件;不能及时处理或超出职责范围的,应对当事人说明情况,并记录好联系方式,迅速、准确地向直接领导请示汇报。

第三十六条 员工应当自觉遵守以下基本行为准则:

(一)工作期间按规定统一着工装,做到仪容得体大方,衣着整洁干净,不得有污损和混装。下班离岗后,应自觉换装;

(二)举止端庄文明,服务优质规范,实行首问负责制,坚持使用普通话和文明用语,并在不同场合运用适当语言及称谓;

(三)员工之间应保持团结、坦诚、友好和互助的关系,不得因个人感情而违背工作原则,不得拉帮结派、搞小团体等;

(四)自觉维护工作场所环境卫生,爱护公物和集体财产;

(五)不得参与一切违法乱纪活动。

第七章 劳动纪律

第三十七条 员工应当严格遵守以下基本劳动纪律:

(一)严格执行岗位工作纪律,遵章守纪,按规操作,保质保量按时完成工作内容;

(二)严格执行准军事化管理制度,自觉养成雷厉风行、严谨细致的工作作风;

(三)严格执行单位作息制度,因事、因病需要请假的,必须按照规定程序履行请销假手续；

（四）严格执行考勤考核制度，严禁弄虚作假；

（五）严格执行安全规章制度，严禁违规操作，严禁发生责任性安全事故（件）。

第三十八条 员工有下列情形之一的视为旷工：

（一）故意隐瞒实情，编造理由不上班的；

（二）上班期间未经批准擅自离开工作岗位的；

（三）假期满后，未经批准超假不归的；

（四）未按规定程序履行请假手续而不到岗工作的；

（五）口头请假经同意后，上班后五个工作日内未补办书面请假手续的；

（六）当班期间未经上级同意擅自与他人调班的；

（七）其他应当认定为旷工的情形。

第三十九条 严重违反单位规章制度，严重失职，营私舞弊，造成重大损害。

（一）严重违反单位规章制度，指高管中心经民主程序制定的规章制度规定的严重违反的情形，而员工拒不遵守或者多次重复违反，给单位管理造成重大妨碍或者造成重大损害的情节。

（二）严重失职，是指员工非因自身能力原因，故意或因过失违反国家法律法规、不履行岗位职责或履行岗位职责不到位，或相互推诿、或超越权限、或违反单位规定的工作程序和操作规程等，给单位造成重大损害的行为。

（三）营私舞弊，是指利用高管中心资源、个人职务和工作之便，或弄虚作假，为自己或他人非法牟利。

（四）重大损害，是指员工严重违反单位规章制度、严重失职或

营私舞弊, 一次性或累计给单位造成以下后果之一的:

1. 直接且实际的经济损失超过 10000 元人民币的;

2. 一般及以上等级安全事故的;

3. 丢失重要业务单位的;

4. 丢失重要文件的;

5. 无法收回合同款项或丧失合同机会, 经济损失在 20000 元以上的;

6. 严重影响单位正常工作秩序的;

7. 严重影响单位声誉、形象, 包括但不限于被省市级新闻媒体曝光经查属实的、被控股公司及以上单位通报批评等;

8. 擅自接受新闻媒体采访, 或擅自以单位名义对外发布信息, 给单位带来严重负面影响的;

9. 其他经高管中心研究认为给单位造成重大损害的其他情形。

(五) 员工有以下情形之一的, 视为严重违反高管中心规章制度, 或严重失职、营私舞弊, 给单位造成重大损害的行为:

1. 擅自更改、删除车辆计重收费数据, 或擅自更改车型降低收费标准, 或擅自转换计重 (车型) 收费方式等, 营私舞弊, 导致车辆通行费流失的;

2. 擅自推杆放行车辆, 或非军车按军车放行, 或利用职务便利以其他方式协助车辆偷逃车辆通行费, 或利用职务便利与逃费人勾结偷逃车辆通行费的;

3. 侵吞、挪用、擅自截留车辆通行费、通行费票据、清障费、清障费票据的;

4. 出售回笼票或使用其他非法票据的;

5. 发生多款、长款、弃票款未及时足额上缴或未按规定及时解

缴通行费造成较严重负面影响的;

6. 侵吞、擅自截留、利用各种方式套取通行卡或不及时上交其他途经获得的通行卡的;

7. 违反高管中心网络安全管理规定,或因管理不到位造成维护不力,致使三大系统感染病毒、瘫痪,影响路网联网正常运行的;

8. 发生重大事故清障处理完毕后,因收费、调度措施不力,进一步导致道路继续堵塞,造成财产严重损失或人员伤亡的;

9. 因工作落实执行不到位,延误警卫或重要保障任务等,对高管中心造成严重负面影响的;

10. 因工作严重失职,现场处置不力,调度指挥失误,导致收费区域发生免费放行的;

11. 发生公路"三乱"行为、被上级通报批评或新闻媒体曝光,经查属实的;

12. 连续旷工超过 15 个工作日,或者 1 年内累计旷工超过 30 个工作日的,或因公外出或请假期满无正当理由逾期不归连续超过 10 个工作日的;

13. 全年累计请事假时间超过法定工作时间 30% 以上,或采取不正当手段,骗取事假病假累计 15 天及以上的;

14. 因寻衅滋事、打架斗殴、无理取闹等,严重扰乱所在单位正常工作秩序的;

15. 在岗喝酒或酒后上岗的;

16. 无正当理由不服从单位工作安排,或未按规定要求完成工作任务,严重影响所在单位或高管中心整体工作的;

17. 严重违反国家法律法规,受到行政拘留以上处罚的;

18. 故意损坏高管中心财物,造成 2000 元及以上直接经济损失的;

19．因工作作风、服务质量、工作程序等发生问题，被群众投诉、新闻媒体曝光或上级通报批评，造成恶劣影响，经查属实的；

20．严重违反国家安全法律法规及高管中心安全生产管理制度，发生较大及以上责任性安全事故或车辆通行费被盗事件等；

21．严重违反单位保密规定，因个人泄密行为给高管中心和所在单位造成严重负面影响或重大经济损失的；

22．伪造变造各类收据、发票、凭证、账册、证书证件，或以不正当手段骗取单位财物、私设小金库等；

23．严重违反党风、行风和廉洁从业规定，利用工作之便为自己或者他人谋取私利、行贿受贿的；

24．滥用职权、弄虚作假，严重违反国家财经纪律，使国家和单位财产遭受重大损失的；

25．其他影响单位运营管理和单位声誉的严重违规违纪行为，经教育不改的。

注：一般及以上等级安全事故口径按国家、江苏省有关规定执行。

第八章　劳动报酬

第四十条　劳动报酬及支付方式等按照《高管中心薪酬管理暂行规定》执行。总体遵循"以岗定薪，岗变薪变"、"市场导向、注重绩效"的原则；坚持"部门预算管理、总额计划调控"。实行以岗位绩效薪酬（工资）为主体，多层次、多形式的分配体系。

第四十一条　经协商委托，下列款项可以从员工薪酬中由高管中心代为扣缴（除）：

（一）应当代扣代缴的个人所得税；

（二）个人应当缴纳的社会保险费用、住房公积金和企业年金；

（三）人民法院判决、裁定由个人承担的抚养费、赡养费等；

（四）依据法律、法规及高管中心依法规定的应当扣缴（除）的其他款项。

第四十二条　高管中心根据国家、省有关政策规定、经济来源和物价水平等宏观因素的影响，结合控股公司关于行业总体水平的指导意见，以及员工的具体岗位、考核结果、工作年限等，按照规定程序，适时调整劳动报酬。

第九章　社会保障及福利

第四十三条　高管中心和员工严格遵守国家和省、市社会保险的有关规定及支付标准，按照属地管理的原则，缴纳养老、医疗、工伤、失业、生育保险和住房公积金。

第四十四条　高管中心根据有关政策规定，为员工建立并办理企业年金、并适时建立并办理补充医疗保险。

第四十五条　高管中心应当为员工提供符合国家规定的劳动安全卫生条件和必要的劳动防护用品，定期组织进行健康检查。

第四十六条　高管中心可依据相关政策规定，研究和制定单位员工的福利标准和分配办法。

第十章　员工休假

第四十七条　员工依法在国家规定的年节及纪念日休假。休假期间，正常享受工资报酬、福利待遇以及各类津补贴。

第四十八条 员工依法享有下列政策性休假：

（一）年休假

1. 累计工作已满 1 年不满 10 年的, 年休假 5 天；已满 10 年不满 20 年的, 年休假 10 天；已满 20 年的, 年休假 15 天。国家法定休假日、休息日及探亲假、婚丧假、产假、护理假的假期不计入年休假的假期。

2. 员工有下列情况之一的, 当年度不再享受年休假：

（1）员工请事假累计 20 天以上且单位按照规定不扣工资的；

（2）累计工作满 1 年不满 10 年的员工, 请病假累计 2 个月以上的；

（3）累计工作满 10 年不满 20 年的员工, 请病假累计 3 个月以上的；

（4）累计工作满 20 年以上的员工, 请病假累计 4 个月以上的。

（5）当年享受过年休假后, 再出现上述（2）、（3）、（4）情形之一的, 不享受下一年度的年休假。

3. 员工年初应向单位提出当年度带薪年休假计划；单位根据生产、工作的具体情况, 并考虑员工本人意愿, 统筹安排员工年休假；年休假在 1 个年度内可以集中安排, 也可以分段安排；根据高管中心生产、工作特点, 一般不跨年度安排。

4. 年休假期间, 享受与正常工作期间相同的工资收入及福利待遇。

5. 各单位应确保员工年休假制度的保障落实, 采取书面通知形式安排或批准员工年休假；个别员工当年不能休完年休假的, 应在每年度 10 月底前向单位书面说明, 单位应当协助员工做好休假计划的安排并确保员工年休假计划的全面落实。

6. 各单位（部门）负责人须带头执行年休假制度, 以实际行动带动和支持年休假制度的落实。每年年初, 中心机关处室负责人和所属管理处、公司负责人应将当年度年休假计划安排报高管中心, 经相关程序批准后执行。休假前的报备手续按高管中心相关要求办理。

7. 各单位应定期加强对本单位员工年休假制度及休假计划的落实情况进行督促检查，每年上半年和下半年，应向中心书面报告本单位带薪年休假计划落实情况。

8. 员工带薪年休假相关制度执行情况纳入所属单位年度考核，对未能保障员工年休假计划落实完成的单位，追究相应人员责任。

（二）婚假

1. 法定婚假时间为 3 天。依法办理结婚登记的夫妻，在享受国家规定婚假的基础上，延长婚假 10-12 天（执行结婚登记所在地规定）。国家法定休假日不计入婚假。

2. 婚假期间，员工正常享受工资报酬及福利待遇，各类津补贴、奖励按有关规定执行。

（三）丧假

1. 员工直系亲属（父母、配偶或子女）去世，可享受 3 天丧假；岳父母、公婆、兄弟姐妹、祖父母、外祖父母去世的，视情可给予丧假 1 至 3 天。丧事在外地料理的，可根据路程的远近，给予一定天数的路程假。

2. 丧假期间，员工正常享受工资报酬及福利待遇，各类津补贴、奖励按有关规定执行。

（四）产假、护理假

1. 女员工的产假为 98 天，其中：含产前假 15 天。对符合《江苏省人口与计划生育条例》规定生育子女的，女方可享受产假 128 天（含法定产假 98 天），男方可享受护理假 15 天。女员工如果是难产的，增加产假 15 天；多胞胎生育的，每多生育 1 个婴儿，增加产假 15 天。国家法定休假日不计入产假与护理假假期。

2. 经过二级甲等以上医疗单位开具证明,女员工怀孕 3 个月（含）以内流产的,给予 20 至 30 天的产假；怀孕满 3 个月至 7 个月（含）以内流产的,给予 42 天的产假；怀孕 7 个月以上流产的,给予 90 天的产假。

3. 参加生育保险的女员工,产假期间按照属地生育保险规定和支付标准享受生育津贴,由生育保险基金支付；享受的生育津贴低于其产假或者休假前工资的标准的,由用人单位予以补足,高于其产假或者休假前工资的标准的,用人单位不得截留；未参加生育保险的,高管中心按当事人月基础薪酬（岗位工资）与绩效薪酬（工资）两项之和计发工资报酬,正常享受福利待遇,各类津补贴、奖励按有关规定执行。

4. 男员工在护理假期间,正常享受工资报酬和福利待遇,各类津补贴、奖励按有关规定执行。

5. 怀孕女员工在劳动时间内进行产前检查,应当算作劳动时间。

6. 女员工在怀孕及生育期间产生的生育医疗费,参加生育保险的,按照生育保险规定执行；未参加生育保险的,按照有关规定和标准执行。

7. 参加生育保险的男性员工,其配偶未列入生育保险范围,也不能在其所在单位享受生育有关待遇的,由生育保险基金按照规定的支付标准报销生育医疗费的 50%。

8. 员工符合计划生育政策规定的,方可享受上述待遇。

（五）哺乳假

1. 女员工有不满 1 周岁婴儿的,每班劳动时间内给予两次哺乳（含人工喂养）时间, 每次 30 分钟。多胞胎生育的,每多哺乳 1 个婴儿,每次哺乳时间增加 30 分钟。女员工每班劳动时间内的两次哺乳时间,可以合并使用。哺乳时间和在本单位内哺乳往返途中的时间,算作劳动时间。婴儿满周岁后,经医疗单位诊断为体弱儿的,可延长哺乳期,但以不超过半年为限。

2. 女员工在哺乳期内上班有困难的,经本人申请,单位批准,可休半年的哺乳假。哺乳假期间按月发放本人基础薪酬或岗位工资,如低于当地社会在岗职工最低工资标准 80% 的,则按当地社会在岗职工最低工资标准 80% 计发,正常享受福利待遇,各类津补贴、奖励按有关规定执行。

（六）探亲假

1. 凡工作年限满 1 年的员工,如与配偶或父母不住在一起,又不能在公休假日团聚的,可以享有一定天数的探亲假期。

2. 探亲假期标准

（1）员工探望配偶的,每年仅一方享有探亲假一次,假期为 30 天;

（2）未婚员工探望父母的,原则上每年给假一次,假期为 20 天;如果因工作需要,本单位当年不能给予假期或者员工自愿两年探亲一次的,可以两年给假一次,假期为 45 天;

（3）已婚员工探望父母的,每四年给假一次,假期为 20 天;

（4）员工探亲假期包括公休假日和法定节日在内。

3. 员工探望配偶和未婚员工探望父母的往返路费,由所在单位负担。已婚员工探望父母的往返路费,在本人月基础薪酬或岗位工资的 30% 以内的,由本人自理,超过部分由所在单位负担。

4. 单位按照规定合理安排员工探亲,不应妨碍运营管理和生产工作的正常进行。员工应当服从单位的统筹安排。

5. 休假期间,员工正常享受工资报酬及福利待遇,各类津补贴、奖励按有关规定执行。

（七）工伤假

员工因工作原因负伤或致伤残,符合国务院《工伤保险条例》第十四条、第十五条规定的应当认定为工伤或视同工伤的下列情形之一的,持劳动保障行政部门出具的工伤鉴定证明,经单位研究,确实不能出勤的,核给工伤假:

1. 应当认定为工伤的情形

（1）在工作时间和工作场所内,因工作原因受到事故伤害的;

（2）工作时间前后在工作场所内,从事与工作有关的预备性或者收尾性工作受到事故伤害的;

（3）在工作时间和工作场所内,因履行工作职责受到暴力等意外伤害的;

（4）因工外出期间,由于工作原因受到伤害或者发生事故下落不明的;

（5）在上下班途中,受到非本人主要责任的交通事故或者城市轨道交通、客运轮渡、火车事故伤害的（须提交行政主管部门的事故证明）;

（6）法律、行政法规规定应当认定为工伤的其他情形。

2. 视同工伤的情形

（1）在工作时间和工作岗位,突发疾病死亡或者在48小时之内经抢救无效死亡的;

（2）在抢险救灾等维护国家利益、公共利益活动中受到伤害的;

（3）原在军队服役,因战、因公负伤致残,已取得革命伤残军人证,到单位后旧伤复发的。

伤情较轻,本人愿意放弃工伤鉴定,但确实不能正常上班的,经单位指定医院复查或人力资源部核查,按医院病假建议书或视伤情轻重核给工伤假。

员工发生工伤,须及时向本单位报告,并一般应在 7 个工作日内提交书面经过材料和必要的旁证材料;由于工伤职工本人不按时申报或者延期申报,致使工伤认定的证据缺失从而导致无法认定工伤的,由职工本人承当相应后果。

工伤员工停工留薪期间,工资福利待遇不变,按月计发。工伤假期期满,应主动复职,仍然不能上班的,应办理续假手续,否则按旷工处理。

员工符合上述认定工伤或视同工伤情形的规定,但是有下列情形之一的,不得认定为工伤或视同工伤:

1. 故意犯罪的;

2. 醉酒或者吸毒的;

3. 自残或者自杀的。

第四十九条 事假期间待遇

(一)每月事假 3 天(含)以内的,按比例或分值扣除本人绩效薪酬(工资)的相应部分,正常享受福利待遇。

(二)每月事假超过 3 天(不含)的,除扣除绩效薪酬(工资)的相应部分外,每超 1 天扣除本人基础薪酬或岗位工资的相应部分,但扣除上述工资后,事假当事人工资收入不应低于当地社会在岗人员最低工资标准 80%;高管中心不承担事假员工个人应当缴纳的社会保险费、住房公积金、企业年金。

(三)员工因加班产生的补休天数可以冲抵事假天数,事假天数超过补休天数的,按本条第(一)(二)项规定执行。

第五十条 病假

(一)医疗期

员工因患病或非因工负伤，需要停止工作医疗时，根据本人实际参加工作年限和在本单位工作年限，给予三个月到二十四个月的医疗期：

1. 实际工作年限十年以下的，在高管中心工作年限五年以下的为三个月；五年以上的为六个月。

2. 实际工作年限十年以上的，在高管中心工作年限五年以下的为六个月；五年以上十年以下的为九个月；十年以上十五年以下的为十二个月；十五年以上二十年以下的为十八个月；二十年以上的为二十四个月。

3. 医疗期3个月的按6个月内累计病休时间计算；6个月的按12个月内累计病休时间计算；9个月的按15个月内累计病休时间计算；12个月的按18个月内累计病休时间计算；18个月的按24个月内累计病休时间计算；24个月的按30个月内累计病休时间计算。

（二）按医疗期管理的病假期间待遇

1. 病假在2个月（含）以内的，按其基础薪酬或岗位工资的100%计发，正常享受福利待遇，各类津补贴、奖励按有关规定执行。

2. 病假超过2个月不满6个月（含），从第3个月起，工作年限不满10年的，按其基础薪酬或岗位工资的90%计发；工作满10年及其以上的，按其基础薪酬或岗位工资的100%计发。期间，正常享受福利待遇，各类津补贴、奖励按有关规定执行。

3. 病假超过6个月，从第7个月起，工作年限不满10年的，按其基础薪酬或岗位工资的70%计发；工作年限满10年不满20年的，按其基础薪酬或岗位工资的80%计发；工作年限满20年及其以上的，按其基础薪酬或岗位工资的90%计发。期间，福利待遇按50%发放，各类津补贴、奖励按有关规定执行。

4. 医疗期内,员工病假工资收入如低于当地社会在岗人员最低工资标准 80% 的,可按当地社会在岗人员最低工资标准 80% 计发病假工资或疾病救济费,高管中心承担患病员工个人缴纳的社会保险费、住房公积金、企业年金。员工在病假期间从事有偿收入活动的,停发病假期间的一切工资、福利。

5. 病假超过 6 个月的,从第 7 个月起,病假人员各项社会保险、住房公积金和企业年金原则上以上一年度本人月平均工资为缴纳基础。

第五十一条 休假程序手续相关规定

(一)法定年节和纪念日,高管中心根据国家和省有关规定统一安排放假。技能岗位员工(不定时工作制除外)因班次运转等特殊情况,在法定年节和纪念日上班的,可按加班计算,不再履行相关手续。

(二)其余政策性休假和事、病假,应按照以下程序报批:

1. 休假 2 天(含)以下的,本人需在 1 天前提出书面请假申请,由所在部门或单位负责人批准同意;

2. 休假 3 天(含)及以上的,本人需在 2 天前提出书面请假申请,由所在单位或部门分管领导和主要领导批准同意;

3. 确因特殊情况不能履行书面请假申请手续的,可先电话请假,并在两日内或销假时完善相应手续。

4. 申请病假的,除按上述程序履行请假手续外,一般还需提供由二级甲等及以上级别医院出具的相关证实有效材料:

(1)就诊病历和疾病诊断报告(疾病诊断证明)等;

(2)医院病休建议;

(3)病理检查单、报告单、化验单;

(4)用药明细清单;

(5)就诊用药、检查费发票等。

员工单次请休病假一般连续不超过 15 天，超过 15 天原则上应重新履行上述续假手续。

（三）员工应当按照审批的时间和天数休假，休假结束后应及时销假，必要时还需提供真实有效的休假期间的书面证明。

（四）因周末（休息日）加班及其他情形产生的补休天数，员工原则上应在在六个月内补休完。员工补休应当服从本单位的统筹安排。

（五）政策性休假和病假的天数应当连续计算（法律法规另有规定的从其规定）。

（六）女员工按计划怀孕，经过二级甲等以上医疗单位开具证明，需要保胎休息的，或怀孕 7 个月（含）以上上班确有困难的，本人可书面申请休假，一般按照病假处理。

第十一章 教育与培训

第五十二条 高管中心重视员工的教育和培训，根据员工素质和岗位要求，实行岗前培训、职业技能培训或在岗继续教育，着力提高员工的职业技能水平和道德水平。

第五十三条 员工享有接受继续教育、岗前培训、在岗培训、专业技术职务资格培训、技术等级考核、专项业务培训等权利。同时负有正确处理工学矛盾，保障岗位工作正常开展，服从单位教育培训安排，完成规定课时学业并通过相应考试、考核等义务。

第五十四条 员工参加单位组织或送培的各类学习、考试（核）的天数按出勤计算。员工个人申请并经单位同意的其他学习、考试（核）时间，如与本人工作时间有冲突的，应及时履行请假手续或自行调班，单位应当批准。

第五十五条　员工按规定程序经单位批准同意，参加更高层次的学历教育且取得毕业证书的，单位可按照专科2000、本科4000元、研究生6000元，博士8000元的标准予以一次性奖励。

第五十六条　单位举办与生产密切相关的教育培训活动，或选派人员参加社会培训机构的各类培训，原则上不向员工收取任何费用。但因个人原因未能完成教育培训任务的或考试（核）不合格者，相应费用应当由员工本人承担。

第五十七条　高管中心及所属各管理处有义务为员工提供岗位必需的专项培训，对其进行专业技术培训（岗前培训和转岗培训除外），应当与员工订立培训协议，约定服务期限和违约处理方式。

第五十八条　员工按规定程序经单位批准同意，参加专业技术职务任职资格、职业资格考前培训等，其通过考试（核）取得相应证书后，所需考试（核）费用可以报销（同类专业、等级只能报销一次）；未经单位批准自行参加的各类学习培训与考试，费用由员工个人承担。

第五十九条　员工按规定程序经单位批准同意参加各类教育培训，完成学业或通过考核后，符合国家及省关于工资晋升或专业技术职务聘任条件的，可按有关规定执行。

第十二章　考核与奖惩

第六十条　考核目的

高管中心对员工进行岗位考核，调动和激发员工的工作积极性，强化按岗分配、绩效优先、奖优罚劣、兼顾公平，为员工聘任、奖励、晋升和聘用合同管理提供依据。

第六十一条　考核原则

岗位考核坚持客观公正、实事求是的原则；坚持民主公开、人人参与的原则；坚持综合考察,注重实绩的原则；坚持定期考核、长效管理的原则。

第六十二条 考核组织

高管中心机关及各管理处、调度中心、收费站、服务区,应当建立相应的岗位考核领导小组,研究确定对员工的岗位考核和奖惩。各级人力资源部门负责本单位考核工作的汇总、审核、登记和上报工作。

第六十三条 考核对象

与高管中心建立人事聘用关系的员工均参加岗位考核。其中,参加月度考核的,在高管中心连续工作需满 1 个月；参加年度考核的,在高管中心连续工作需满 6 个月。不参加月度及年度考核的人员范围按有关规定执行。

第六十四条 考核内容

岗位考核以员工的月度、年度工作目标和所承担的工作任务的完成情况为基本内容,主要从思想品德、能力水准、工作作风、履职实绩等四个方面进行考核评价。

（一）**思想品德**：具有优良的思想政治素质,拥护党的路线、方针、政策,自觉遵守国家法律、法规和高管中心各项规章制度；具有良好的职业道德和集体荣誉感；具有高度的责任意识、服从意识与忠诚意识。

（二）**能力水准**：具备适应本岗位所需的专业知识技能和工作水平,熟悉了解与本岗位相关的法律法规和其他知识,能够胜任本职岗位工作；善于思考,勤于学习,注重新知识、新技术的吸收应用；具有较好的执行能力、业务能力与学习能力。

（三）**工作作风**：爱岗敬业,作风务实,保持良好的出勤率,认真履行岗位职责；廉洁从业,诚实守信,无刑事犯罪记录；尊重领导、团结同事,作风正派,举止文明；具有良好的敬业精神、团队精神和拼搏精神。

（四）工作业绩：优质高效地完成本职岗位工作内容和合理的其他工作任务。

第六十五条 考核程序

（一）月度考核的一般程序：个人自我鉴定—部门主管建议意见—人事部门汇总—单位分管领导审定或签署建议意见—高管中心主管领导审定。根据员工岗位分类和分级管理原则,考核程序应有所不同。

（二）年度考核的一般程序：以当年各月度考核结果为基础,按照省委组织部、省人力资源与社会保障厅关于事业单位工作人员年度考核相关精神执行,由高管中心统一组织实施。

（三）被考核员工需在月度、年度考核表上签字确认。

第六十六条 考核等次

（一）月度考核等次分为：合格、基本合格和不合格。

1. 月度考核等次的基本标准：

（1）合格：能够完全达到或符合本暂行规定第六十四条所列德、能、勤、绩等四个方面的基本标准；完全达到或符合各部门、各单位岗位考核实施细则中的相应标准要求。

（2）基本合格：思想政治素质和业务素质一般,能基本完成本职工作。工作作风方面存在明显不足,工作积极性、主动性不够,完成工作的质量和效率不高或在工作中有某些失误。基本达到或符合本暂行规定第六十四条所列德、能、勤、绩等四个方面的基本标准；基本达到或符合各部门、各单位岗位考核实施细则中的相应标准要求。

有下列情况之一的,可以直接定为基本合格：

①无正当理由不服从单位工作安排的,且情节较重、部分影响本部门、本单位工作的;

②因主观原因发生一般性工作失误、延误,导致本部门、本单位工作受到不良影响的;

③无正当理由未按时完成当月主要工作内容,导致本部门、本单位某项工作滞后的;

④员工本人或本人所分管的工作受到上级领导机关通报批评的;

⑤当月无正当理由迟到或早退累计达到 2 次的;

⑥当月事假超过应出勤天数三分之一的。

（3）不合格：政治、业务素质较低,组织纪律性较差,工作责任心不强,难以适应岗位工作要求,严重违反高管中心各项规章制度或工作规范。

有下列情形之一的,可以直接定为不合格:

①发生本暂行规定第三十九条情形之一的;

②当月无正当理由迟到或早退累计达 3 次及以上的;

③旷工 1 天及以上的;

④当月事假超过应出勤天数二分之一的,可直接定为不合格。

（4）技能岗位员工月度考核采取分值与等次评定相结合的方法,凡考核分值在 70 分以上的,定为合格等次；在 70 分（含）以下、50 分（不含）以上的,定为基本合格等次；在 50 分（含）以下的,定为不合格等次。

（二）年度考核等次分为：优秀、合格、基本合格、不合格四个等次。各等次评定结合月度考核情况进行评价:

1. 全年月度考核有 1 次为基本合格的,其年度考核不能参加优秀等次评选；

2. 全年月度考核有 1 次为不合格的, 或连续 2 次为基本合格的, 或累计 3 次为基本合格的, 其年度考核可定为基本合格;

3. 全年月度考核累计 2 次及以上不合格的, 或连续 3 次为基本合格的, 或累计 4 次及以上为基本合格的, 其年度考核可定为不合格;

4. 全年在岗检查累计 4 次(含)以上的, 其年度考核可定为不合格。

第六十七条 考核结果

(一)月度、年度考核等次与月度绩效薪酬(工资)、年度奖金(励)兑现挂钩。

1. 年度考核为优秀等次的:

除高管中心另行制定相应的奖励标准外, 可以参加" 先进个人 "的评选。对工作表现特别优异, 对高管中心或所在单位工作作出重大贡献的员工, 高管中心还可考虑给予" 主任特别奖 "。

2. 月度、年度考核为合格等次的:

月度绩效薪酬(工资)= 月度绩效薪酬(工资)计划标准数 × 考核得分百分比;

年度奖金(励)= 年度奖金(励)计划标准数。

3. 月度、年度考核为基本合格的:

月度绩效薪酬(工资)= 月度绩效薪酬(工资)计划标准数 ÷2;

年度考核奖金(励)= 年度奖金(励)计划标准数 ÷2。

4. 月度、年度考核为不合格等次的:

月度绩效薪酬(工资)=0;

年度考核奖金(励)=0。

5. 不参加月度、年度考核的:

月度绩效薪酬(工资)=0;

年度考核奖金(励)=0。

（二）年度考核等次除与年度奖金（励）兑现和先进评选挂钩外，还将作为员工岗位（职务）聘任、工资档级晋升以及合同续订、解除的重要依据。年度考核不合格，或不参加年度考核的，其本人内部薪酬根据控股公司及高管中心有关规定执行。

（三）年度考核等次为不合格等次的，以及年度未结束但已出现本暂行规定第六十七条（二）第3、4款情形的，视同为该员工不能胜任本职工作。

员工不能胜任本职工作的，高管中心根据实际情况，可以调整其工作岗位或给予其一年观察期，根据员工在新的工作岗位上或观察期内的实际表现，确定是否存续或解除聘用合同（辞退）。

第六十八条 根据员工不同的违规违纪情形和性质，高管中心可以采取适当形式的处理（分）方式。

（一）处理（分）种类

处理（分）分为：口头批评、考核扣分、在岗检查、基本合格、不合格、通报批评、警告、记过、调离原岗位、降低岗位等级、撤职、解除合同（开除）等。上述处理（分）种类可同时实施两种以上。

（二）处理（分）时间

1. 在岗检查，1-3个月；

2. 警告，6个月；

3. 记过，12个月。

（三）处理（分）实施

1. 员工发生一般违规违纪行为的处理（分）

（1）情节较轻的，可由所在单位领导进行口头批评、考核扣分；

（2）情节较重的，可由所在单位将当月考核等次定为基本合格或给予在岗检查。

2. 员工发生较重违规违纪行为的处理（分）

（1）通报批评由所在单位实施，必要时也可由高管中心实施；

（2）月度考核定为不合格的，报备高管中心人事教育处；

（3）年度考核定基本合格或不合格的，报高管中心审批；

（4）警告、记过、降低岗位等级、撤职、解除劳动合同（辞退）由所在单位提出初步意见，依次报管理处和高管中心研究审批。

3. 处理（分）待遇

（1）口头批评：当事人当月工资待遇一般不受影响；

（2）考核扣分、基本合格、不合格：按本暂行规定第六十七条规定执行；

（3）在岗检查：处分时效期间，当事人基础考核奖减半发放、不参与优质优勤奖评选。

（4）警告、记过：处分时效期间，但是人不参与基础考核奖、优质优勤奖评选，绩效工资发放 50%。处分时效期间，当事人不得参加本专业（技术、技能）领域专业技术职务任职资格或者工勤技能人员技术等级考试（评审）。

（5）降低岗位等级、撤职：执行新岗位等级的工资待遇。

4. 员工发生严重违反用人单位的规章制度，或者严重失职，营私舞弊，给用人单位造成重大损害的处理（分）。

（1）出现第三十九条情形之一的，高管中心可与当事人解除聘用合同或开除；

（2）对涉及违反国家法律法规的，交由国家行政司法机关进行处理。

第六十九条 员工对岗位考核结果和奖惩决定有异议的，有权按照有关规定和程序进行投诉或申述。

第十三章 劳动合同管理

第七十条 依法订立的劳动合同具有法律约束力,高管中心和员工双方应当全面、实际地履行劳动合同约定的义务,依法实现合同约定的权利。

第七十一条 劳动合同变更

劳动合同在实际履行过程中,合同双方在平等自愿、协商一致的基础上,可以对合同部分条款予以变更。

(一)出现下列情形之一的,劳动合同应当及时予以变更:

1. 员工患病致使不能完成岗位职责所规定的工作内容,要求变更工作岗位的;

2. 员工患病或者非因工伤,在规定的医疗期满后不能从事原工作,高管中心调整其工作岗位的;

3. 员工不能胜任原工作,高管中心调整其工作岗位的;

4. 员工外借、脱岗学习(进修)三个月(含)以上的或服兵役的;

5. 员工因家庭发生重大变故确实无法坚持原岗位及工种劳动的;

6. 高管中心与员工约定的劳动条件如工作内容、工作时间、工作地点、工作岗位、劳动报酬等发生重大变化的;

7. 所在单位发生改制等客观情形的;

8. 发生影响原合同继续履行的其他情形、经变更后能继续履行的。

(二)变更劳动合同应当履行以下程序:

1. 一方提出变更请求,说明变更合同的理由、内容和条件,请求对方在一定期限内给予答复;

2. 另一方作出同意或不同意的答复,对劳动合同变更事宜进行协商;

3. 经双方平等协商,对合同变更部分取得一致的,双方签订《劳动合同变更书》,载明变更的具体内容、变更后条款的生效日期,经双方签字(盖章)后生效,《劳动合同变更书》一式三份,用人单位和其本人各执一份,另一份存入其人事档案。

(三)高管中心与员工不能协商一致的,劳动合同应当继续履行;不能继续履行的,双方应当协商解除劳动合同,但不得从事有损对方的任何行为。

第七十二条　劳动合同续订

(一)高管中心与员工订立的固定期限的劳动合同到期前 1 个月,经平等协商,如双方愿意继续保持劳动关系,则续订劳动合同。

(二)在续订劳动合同时,具有下列情形之一的,员工提出或者同意续订、订立劳动合同的,除员工提出订立固定期限劳动合同外,应当订立无固定期限劳动合同:

1. 员工已在高管中心连续工作满 10 以上的;

2. 连续订立 2 次固定期限劳动合同,且员工没有法定可以解除劳动合同情形的。

(三)续订劳动合同的,应当重新签订新的劳动合同书。

第七十三条　劳动合同解除

(一)员工有下列情形之一的,高管中心可以随时解除劳动合同,且不需要支付经济补偿金:

1. 在试用期内被证明不符合录用条件或岗前培训不合格的;

2. 严重违反高管中心依法制定并公示的规章制度的;

3. 严重失职,营私舞弊,对高管中心利益造成重大损害的;

4. 同时与其他用人单位建立劳动关系或从事其他职业,对完成本人岗位职责造成严重影响,或者经本单位提出但拒不改正的;

5. 以欺诈、胁迫的手段或者乘人之危,导致用人单位在违背真实意思的情况下订立或者变更劳动合同;

6. 被依法追究刑事责任的。

(二)员工有下列情形之一的,高管中心提前30天以书面形式通知其本人或者额外支付相当于员工一个月工资后,可以解除劳动合同,并依法支付经济补偿金:

1. 员工患病或非因工负伤,在规定的医疗期满后,不能从事原工作,也不能从事单位另行安排的工作的;

2. 员工不能胜任工作,经过培训或调整工作岗位,仍不能胜任工作的;

3. 劳动合同订立时所依据的客观情况发生重大变化,致使原劳动合同无法履行,经协商不能达成一致协议的;

(三)单位有下列情形之一的,员工可以随时通知解除劳动合同,高管中心依法支付经济补偿金:

1. 未按照劳动合同约定提供劳动保护或者劳动条件的;

2. 未及时足额支付劳动报酬的;

3. 未依法为员工缴纳社会保险费的;

4. 单位规章制度违反法律、法规的规定,损害员工合法权益的;

5. 以欺诈、胁迫的手段或者乘人之危,导致员工在违背真实意思的情况下订立或者变更劳动合同的;

6. 法律、行政法规规定员工可以解除劳动合同的其他情形。

(四)高管中心以暴力、威胁或者非法限制人身自由的手段强迫员工工作的,或者单位管理人员违章指挥、强令冒险作业危及员工人身安全的,员工可以立即解除劳动合同,不需事先告知所在单位。

(五)除第(三)(四)项所列情形外,员工需要解除劳动合同的,应当提前 30 天（试用期提前 3 天）书面告知高管中心。否则, 该员工应向本单位赔偿因此造成的损失。

（六）员工有下列情形之一的, 高管中心不得解除劳动合同:

1. 从事接触职业病危害作业的员工未进行离岗前职业健康检查, 或者疑似职业病病人在诊断或者医学观察期间的;

2. 在高管中心工作期间患职业病或者因工负伤并被确认丧失或者部分丧失劳动能力的;

3. 患病或者非因工负伤, 在规定的医疗期内的;

4. 女员工在孕期、产期、哺乳期的;

5. 在高管中心连续工作满 15 年, 且距法定退休年龄不足 5 年的;

6. 法律、行政法规规定的其他情形。

（七）发生经济性裁员劳动合同解除的, 按照国家法律、法规和省、控股公司相关规定执行。

（八）高管中心单方面解除劳动合同的, 应当事先将解除理由告知高管中心工会。

第七十四条 劳动合同终止

（一）劳动合同期满;

（二）劳动合同双方约定的合同终止条件出现;

（三）员工已开始依法享受基本养老金保险待遇;

（四）员工死亡或被人民法院宣告失踪、死亡的;

（五）法律、法规、规章规定的其他情形。

第七十五条 劳动合同解除、终止应当及时履行以下书面告知手续, 否则一方承担因此给另一方造成的损失:

（一）协商解除劳动合同, 以及高管中心单方面解除劳动合同的, 高管中心需向员工送达《解除劳动合同通知书》。

（二）员工单方面解除劳动合同的,需向高管中心递交《辞职通知书》。

（三）劳动合同终止的,高管中心应向员工送达《终止劳动合同通知书》。

（四）书面告知的送达形式可以采取以下几种:1、高管中心专人送达;2、挂号信件函达;3、委托他人转达;4、公告送达等。

第七十六条 劳动合同解除、终止后,双方应当在 15 日内完成以下手续:

（一）高管中心与当事人办理工作交接;

（二）当事人归还高管中心物品、清理文件资料,如有拖欠单位债务的应清偿完毕;

（三）结算经济补偿金、违约金和剩余劳动报酬;

（四）高管中心给当事人出具《解除（终止）劳动合同证明书》;

（五）高管中心为当事人转移社会保险、公积金和档案关系;

（六）高管中心办理退工登记备案手续;

（七）完成其他有关工作。

第七十七条 劳动合同争议及解决

（一）劳动合同双方应当本着合法、公平、平等自愿、协商一致、诚实守信的原则,共同解决争议。

（二）经双方协商不能取得一致解决意见的,可提请劳动合同中明确的仲裁机构予以裁决。

（三）劳动合同双方对裁决不服的,可诉至劳动合同中明确的人民法院。

第十四章 附 则

第七十八条 本暂行规定于印发之日起正式实施,高管中心原企业性质劳动用工的有关管理规定同时废止。

第七十九条 高管中心根据工作需要,与员工在协商一致的基础上所签订的岗位协议书、专项协议书、变更合同书等,可作为劳动合同的附件,与劳动合同具有同等的法律效力。

第八十条 高管中心机关各处室、各管理处、应急中心可以根据本暂行规定,结合各岗位(工种)工作规范和运营管理的实际,制定各岗位职务说明书和岗位考核实施细则等,报高管中心审查并经过相关民主程序后实施。

第八十一条 从高管中心所属企业借用至机关及各管理处(含处机关、调度中心、收费站、服务区、排障大队等)、应急中心管理及技能岗位的企业性质人员,参照本暂行规定进行管理。

第八十二条 高管中心所属企业应当结合本单位的实际情况,参照本暂行规定制定相应的管理办法。

第八十三条 本暂行规定中有关条款在实施过程当中如与国家、省现行法律法规不一致的,按国家、省法律法规的有关规定执行。

第八十四条 本暂行规定由高管中心负责解释,人事教育处具体办理。

第八十五条 本暂行规定自印发之日起执行,原《江苏省高速公路经营管理中心企业性质人员劳动用工管理暂行规定》(苏高管人 [2007]55 号)同时废止。

劳动合同变更协商意见书

编号：

（劳动者）：_____

我单位与你_____年___月___日所签劳动合同第____条，内容为_____ ，因_____（变更原因），需要变更，变更后的条款内容为_____。

是否同意变更或对变更内容有补充意见，请于___日内回复。

通知单位（盖章）

通知时间：____年___月___日

说明：本通知一式份，送达劳动者____份，用人单位留存____份，涂改无效。

送达记录：受送达人_____送达时间_____证明人_____

注：本表式仅供用人单位参考使用

劳动合同变更通知书

编号：

（劳动者）：_____

因（用人单位变更理由），现对我单位与你_____年__月__日所签劳动合同第_____条，内容为_____，进行变更，变更后的条款内容为_____，变更条款自____年__月__日生效。

特此通知。

通知单位（盖章）

通知时间：_____年__月__日

说明：本通知一式___份，送达劳动者___份，用人单位留存___份，涂改无效。

送达记录：受送达人_____送达时间_____证明人_____

注：本表式仅供用人单位参考使用

解除劳动合同通知书

编号:

（劳动者）：_____

我单位与你____年__月__日所签劳动合同,现因（事实情况）,根据《劳动合同法》第___条规定或劳动合同第___条约定_____（解除合同理由）,通知你解除劳动合同,解除劳动合同时间为____年__月__日。

请于接本通知之日起___日内办好如下相关手续:

（1）工作、业务交接,于____年___月___日前完成。

（2）工资发至___年__月__日,社会保险费交至___年__月__日止。

（3）经济补偿金元,医疗补助费元,于_____年___月___日到____年___月___日领取。

（4）有关证件处理意见:_____。

（5）档案处理意见:_____。

（6）社会保险转移处理意见:_____。

（7）其他需办理的手续:_____。

通知单位（盖章）

通知时间:____年___月___日

说明:本通知一式__份,送达劳动者__份,用人单位留存__份,涂改无效。

送达记录：受送达人_____送达时间_____证明人_____

注：本表式仅供用人单位参考使用

续订劳动合同意向通知书

编号：

（劳动者）：

我单位与你___年__月__日所签劳动合同将于___年__月__日期满。因生产（工作）需要，我单位拟与你续订劳动合同，续订劳动合同为期限的劳动合同，续订合同期限为__年（月）。是否同意，请在__日内回复。

续订劳动合同内容另行商谈。

通知单位（盖章）

通知时间：___年__月__日

说明：本通知一式__份，送达劳动者__份，用人单位留存__份，涂改无效。

送达记录：受送达人_____送达时间_____证明人_____

注：**本表式仅供用人单位参考使用**

终止劳动合同通知书

编号：

（劳动者）：

我单位与你___年__月__日所签劳动合同,将于___年__月__日期满,合同期满之日终止,单位不再与你续订劳动合同。

请于接本通知之日起　　日内办好如下手续：

（1）工作、业务交接,于___年__月__日前完成。

（2）工资发至___年__月__日,社会保险费交至___年__月__日止。

（3）生活补助费（经济补偿金）___元,医疗补助费___元,于____年___月___日到领取。

（4）有关证件处理意见：_____。

（5）档案处理意见：_____。

（6）社会保险转移处理意见：_____。

（7）其他需办理的手续：_____。

通知单位（盖章）

通知时间：____年__月__日

说明：本通知一式__份,送达劳动者__份,用人单位留存__份,涂改无效。

送达记录：受送达人_____　送达时间_____证明人_____

注：**本表式仅供用人单位参考使用**

（用人单位留存）

终止（解除）劳动合同证明书

编号：

　　本单位与同志（身份证号码：）____年__月__日签订的劳动合同，依据，于___年__月__日终止（解除）劳动合同。

　　经办人：_____

　　____年__月__日

送达人_____受送达人_____送达时间_____证明人_____

- -

（送交劳动者）

终止（解除）劳动合同证明书

编号：

本单位与同志（身份证号码：）＿＿＿年＿月＿日签订的劳动合同，依据，于＿＿＿年＿月＿日终止（解除）劳动合同。

（单位盖章）

＿＿＿年＿月＿日

送达人＿＿＿＿＿＿受送达人＿＿＿＿＿＿送达时间＿＿＿＿＿＿证明人＿＿＿＿＿＿＿

注：本表式仅供用人单位参考使用

劳务派遣形式用工管理暂行规定

（2018 年 2 月 7 日印发）

第一章 总 则

第一条 为加强江苏省高速公路经营管理中心（以下简称"高管中心"）劳务派遣形式用工的管理，完善用工形式，规范用工行为，保障其合法权益，依据中华人民共和国《劳动法》、《劳动合同法》等国家、省相关法律法规，结合高管中心实际，制定本暂行规定。

第二条 劳务派遣形式用工管理的基本原则

（一）坚持规范程序、依法用工的原则；

（二）坚持按需设岗、定员控制的原则；

（三）坚持择优录用、精干高效的原则；

（四）坚持统筹协调、公平合理的原则。

第三条 劳务派遣形式用工适用于高管中心道路运营管理主营业务生产以外的辅助性后勤保障岗位。

第四条 辅助性后勤保障岗位范围

（一）一般岗位

门卫、保洁员、厨工。

（二）技术岗位

驾驶员、水电工、厨师、文员。

（三）因实际需要产生的其他岗位

第二章 被派遣劳动者的基本条件及岗位要求

第五条 被派遣劳动者应具备下列基本条件

（一）热爱公路事业，政历清白，形象素质良好，能够适应用工岗位要求；

（二）从事驾驶员、水电工、厨师、文员等技术岗位工作的须具有高中以上文化程度（其中：文员岗位须大专以上，驾驶员岗位可适当放宽至初中以上）；从事门卫、保洁员、厨工等一般岗位工作的须具有初中以上文化程度；

（三）被派遣劳动者须年满18周岁，女性一般不超过35岁，男性一般不超过42周岁（现在辅助性后勤保障岗位工作的可适当放宽），其中：从事保洁员、厨工岗位工作的可适当放宽2—3岁；

（四）被派遣劳动者须体检合格，其中：从事厨师、厨工岗位工作的，须符合国家和地方对餐饮业服务人员的健康要求，健康证须在有效期内。

（五）从事驾驶员、水电工、厨师、文员等技术岗位工作的须持有相应有效的职业资格证书，其中：从事驾驶员岗位工作的一般需持A2照以上的驾驶执照，且有3年以上安全无事故的驾驶经历；

（六）被派遣劳动者提供的户口簿、学历证书、身份证、职业资格证书须真实有效。

（注：被派遣劳动者应符合上述基本条件，特殊情况确需放宽条件的，须报经高管中心同意后，方可办理劳务派遣形式用工手续。）

第六条 有下列情形之一的，不得作为被派遣劳动者使用：

（一）曾因犯罪受过刑事处罚的；

（二）曾被开除公职的；

（三）曾因严重违纪或重大过失受行政处罚的；

（四）曾在高管中心工作过，因本人主动辞职的；

（五）曾被高管中心解除劳动关系或退回劳务派遣公司的；

（六）提供个人相关证件属于伪造或虚假信息资料的；

（七）法律规定不得作为被派遣劳动者使用的其他情形。

第七条 岗位要求（工作内容）

（一）驾驶员岗位

严格遵守道路交通安全法律法规和用工单位车辆管理规定，严格执行派车制度，服从调度，不得擅自出车；按指定的任务、路线行驶，确保行车安全、准点；爱护车辆，定期检查、维修、保养，确保车辆始终处于良好、安全的运行状态；保持车辆内外整洁；积极完成用工单位交办的其他工作。

（二）水电工岗位

坚持日常检查制度，按规定对所辖范围的电路设备和供水设施进行检测、保养、维修，及时正确处理各类故障，严禁违规作业，确保水电的安全正常供给；管理好供电系统、配电房发电设备及水电工具、维修材料、消防器材、坚持节约用水；执行正常的巡查和记录制度，定期进行安全巡查，包括夜间巡查；积极完成用工单位交办的其他工作。

（三）厨师（厨工）岗位

遵守用工单位各项规章制度，确保各餐次按时定量供应；严格执行饮食卫生要求，把好食品验收关，食物要烧熟煮透，生、熟用具分开，严防食物中毒；严格执行食堂设备安全操作规程，严禁违规作业；掌握各类食品的烹调和加工方法，不断调剂花式品种，提高饭菜质量；坚持每天小扫除，每周大扫除，保持厨房环境整洁卫生；完成接待、节假日用餐等保障任务；积极完成领导交办的其他工作。

（四）文员岗位

做好文件收发、流转及文书档案管理工作；严格执行保密制度，不得泄露保密材料及文件内容；按规定要求保质保量、按时完成各种打印任务；注意节约纸张及其他文印用品，爱护打印设备，并按规定维修保养，保证设备正常完好；保持室内整齐、清洁卫生，创造良好的工作环境；积极完成领导交办的其他工作。

（五）门卫岗位

做好用工单位所辖区域内的安全保卫工作，严格执行门卫制度，交接班时移交清楚，责任明确；坚守工作岗位，加强安全防范，切实做好来访客人、车辆的登记工作，指挥出入车辆按规定线路行驶、停放；遇突发事件时要妥善采取应急措施，并及时汇报；积极完成领导交办的其他工作。

（六）保洁员岗位

做好用工单位所辖区域内环境卫生工作，保持内、外环境的清洁；遵守劳动纪律，服从临时突击任务的调配；对包干区域内卫生按规定及时清扫，保证无垃圾、蛛网、吊灰；积极完成领导交办的其他工作。

第三章 用工程序

第八条 用工计划申报、审批程序

（一）高管中心机关相关处室、所属单位（以下简称：用工单位）提出用工计划书面申请（包括岗位、数量及用工理由等）；

（二）高管中心人事教育处进行初步审核；

（三）高管中心分管领导复核；

（四）高管中心主管领导审批。

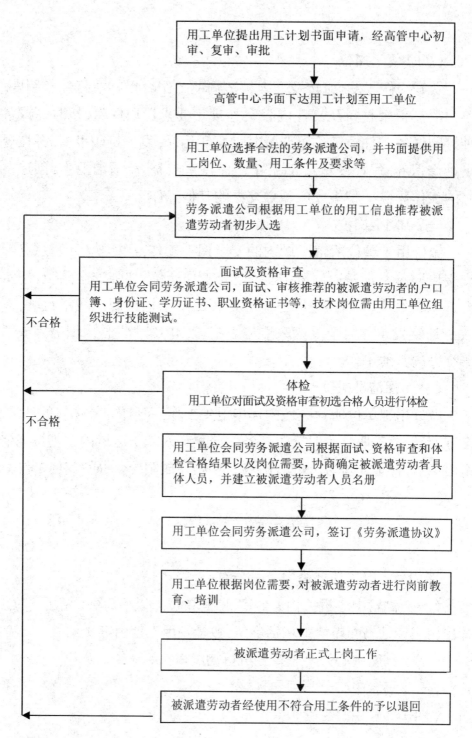

用工单位提出用工计划书面申请，经高管中心初审、复审、审批

高管中心书面下达用工计划至用工单位

用工单位选择合法的劳务派遣公司，并书面提供用工岗位、数量、用工条件及要求等

劳务派遣公司根据用工单位的用工信息推荐被派遣劳动者初步人选

面试及资格审查
用工单位会同劳务派遣公司，面试、审核推荐的被派遣劳动者的户口簿、身份证、学历证书、职业资格证书等，技术岗位需由用工单位组织进行技能测试。

不合格

体检
用工单位对面试及资格审查初选合格人员进行体检

不合格

用工单位会同劳务派遣公司根据面试、资格审查和体检合格结果以及岗位需要，协商确定被派遣劳动者具体人员，并建立被派遣劳动者人员名册

用工单位会同劳务派遣公司，签订《劳务派遣协议》

用工单位根据岗位需要，对被派遣劳动者进行岗前教育、培训

被派遣劳动者正式上岗工作

被派遣劳动者经使用不符合用工条件的予以退回

第九条 被派遣劳动者用工操作程序

第十条 相关要求

（一）用工单位应坚持依法公平、公正的原则，向社会求职者提供公平的就业机会，不应存在性别、地域、城乡、民族等方面的就业歧视。

（二）被派遣劳动者提供的个人相关证件及信息资料，经查实属于伪造或虚假的，可认定为不符合用工条件，其中：

1. 属于被派遣劳动者个人原因的，一律退回劳务派遣单位；

2. 属于劳务派遣单位原因的，除将被派遣劳动者退回劳务派遣单位外，还将视情追究劳务派遣单位的违约经济责任。

（三）被派遣劳动者的日常管理，一般由用工单位综合部门（高管中心机关由所在部门）具体负责。

第四章　权利和义务

第十一条 用工单位的权利和义务

（一）用工单位的权利

1. 安排被派遣劳动者的具体工作岗位，监督、检查和考核被派遣劳动者的工作完成情况，并负责日常管理；

2. 用工单位对不符合用工条件和有严重违规违纪等行为的被派遣劳动者，有权退回劳务派遣单位；

3. 制定和调整被派遣劳动者的劳动报酬和福利标准；

4. 对被派遣劳动者因主观故意或过失给用工单位造成的经济损失，用工单位有权按有关规定索赔，劳务派遣单位应予协助；

5. 被派遣劳动者在用工单位因工作遭受事故伤害的，要求劳务派遣单位依法为被派遣劳动者及时申请工伤认定，用工单位协助调查核实；

6. 对劳务派遣单位不履行劳务派遣协议的,用工单位有权追究违约责任；

7. 法律、法规规定的其他权利。

（二）用工单位的义务

1. 执行国家劳动标准,提供相应的劳动条件和劳动保护；

2. 告知被派遣劳动者的工作内容、岗位要求和劳动报酬；

3. 按规定支付被派遣劳动者的加班费,提供与工作岗位相关的福利待遇；

4. 对被派遣劳动者进行工作岗位所必需的思想教育和安全、业务、操作规程等方面的培训；

5. 被派遣劳动者属于连续用工的,可实行正常的工资调整机制；

6. 不得向被派遣劳动者收取费用或再派遣到其他用人单位；

7. 受劳务派遣单位委托,按月向被派遣劳动者足额支付劳动报酬；

8. 按规定并协商一致,定期向劳务派遣单位足额支付被派遣劳动者的各项社会保险费用和劳务服务费；

9. 及时将被派遣劳动者工伤情况书面通知劳务派遣单位；

10. 及时向劳务派遣单位通报被派遣劳动者岗位变动情况；

11. 按国家法律规定给予被派遣劳动者有关休假待遇；

12. 以书面形式将劳务派遣形式用工管理有关规章制度告知劳务派遣单位。

第十二条 被派遣劳动者的权利和义务

（一）被派遣劳动者的权利

1. 对劳务派遣单位与用工单位订立的劳务派遣协议的内容具有知情权；

2. 被派遣劳动者跨地区用工的, 其享有的劳动报酬和劳动条件, 按照用工单位所在地的标准执行;

3. 被派遣劳动者享有与用工单位同类岗位且工作量相同的劳动者获得同等报酬的权利。用工单位无同类岗位的, 参照用工单位所在地相同或者相近岗位劳动者的劳动报酬确定;

4. 在劳务派遣单位或者用工单位依法参加或者组织工会;

5. 被派遣劳动者可以依照《劳动合同法》的有关规定与劳务派遣单位解除劳动合同。

（二）被派遣劳动者的义务

1. 严格遵守国家法律、法规和用工单位的各项规章制度;

2. 向用工单位提供真实有效的个人各项证明材料;

3. 正确全面履行岗位职责, 接受用工单位日常管理;

4. 廉洁从业, 自觉遵守职业道德和社会公德;

5. 认真执行工作规范, 及时高效完成工作任务;

6. 依法维护用工单位利益, 严守单位和工作秘密;

7. 离职时按用工单位要求, 办理工作交接手续;

8. 法律法规规定的其他义务。

第五章 劳务派遣协议的订立

第十三条 按照《劳动合同法》的规定, 劳务派遣单位应当依照《公司法》的有关规定设立, 注册资本不得少于二百万元。

第十四条 劳务派遣协议内容

（一）必备条款:

1. 劳务派遣期限;

2. 被派遣劳动者数量、岗位和条件；

3. 劳动报酬及支付方式；

4. 社会保险项目、缴费基数和比例及结算方式；

5. 劳务派遣服务费用及支付；

6. 违反协议的责任。

（二）**相关告知和管理事项：**

1. 工作内容和工作地点；

2. 工作时间和休息休假；

3. 劳动保护、劳动条件和职业危害防护；

4. 劳务派遣单位的权利和义务；

5. 用工单位的权利和义务；

6. 被派遣劳动者发生工伤及意外伤亡的处理等。

（三）**其他协商条款：**包括：劳务派遣协议的变更、解除、终止、续订和争议的解决方式，以及违约责任等。

（四）**有关附件**

1. 劳务派遣单位营业执照、劳务派遣经营许可证、税务登记证和社会劳动保障证以及单位法人证书、法定代表人身份证复印件（应与原件核对无误且盖章）等证明材料。

2. 被派遣劳动者名册（包括：姓名、性别、年龄、身份证号、学历、家庭住址及联系方式、职业或执业资格证书、技术（能）等级证书、劳动合同期限等）。

3. 被派遣劳动者和劳务派遣单位签订的劳动合同书复印件（应与原件核对无误且盖章）。

4. 其他必要资料。

第十五条 劳务派遣协议期限一般为两年。

第十六条 劳务派遣协议,由高管中心授权委托各用工单位与劳务派遣单位签订,并报备人事教育处。

第十七条 用工单位若需续签劳务派遣协议的,须在劳务派遣协议期满前三十日内与劳务派遣单位协商续签事宜。

第六章 工作地点及时间

第十八条 工作地点

被派遣劳动者的工作地点一般为高管中心机关、高管中心所属二级机构（管理处、应急中心、公司等）以及各基层单位（调度中心、收费站、服务区、排障大队、养排、养护中心、分公司等）。

第十九条 工作时间

（一）保洁员、文员岗位工时安排

实行标准工时制。

（二）水电工、门卫岗位工时安排

实行标准工时制。可采取三人轮流,每人上班、值守睡班二十四小时,休息四十八小时。白天 8 小时计算为一个工作日；其余 16 小时为值守睡班时间,按 50% 折算为有效工作时间,但必须在劳动合同和劳务派遣协议中约定。个别驾驶员如经批准安排值守睡班的,也可参照执行。

（三）驾驶员岗位工时安排

1. 高管中心及各管理处领导层人员相对固定的公务车驾驶员：经本单位报经行政审批后,可实行不定时工作制；

2. 高管中心及各管理处其他公务用车和接送职工班车驾驶员：实行标准工时制。其中：接送职工班车驾驶员每日可采取分段计时的方法计算有效工作时间。

（四）厨师（厨工）岗位工时安排

实行标准工时制,每日可采取分段计时的方法计算有效工作时间。

第七章 劳动报酬

第二十条 劳动报酬管理的基本原则

（一）坚持预算管理,总额控制的原则；

（二）坚持效率优先,兼顾公平的原则；

（三）坚持绩效挂钩,以岗定薪的原则；

（四）坚持简单明确,易于操作的原则。

第二十一条 劳动报酬的构成及比例

被派遣劳动者的劳动报酬由岗位工资和附加工资两部分构成。其中：岗位工资分为基础工资和绩效工资。基础工资占岗位工资的70%,按实际出勤天数计发；绩效工资占岗位工资的30%,按工作成绩和劳动效率,逐月考核后兑现。

第二十二条 劳动报酬

（一）**岗位工资**：根据岗位性质、责任、专业技能等要素,由高管中心参照用工单位所在地市社会同类岗位（工种）用工市场工资确定。

（二）**附加工资**：含加班工资、部分技术岗位津贴、行车里程津贴等,由高管中心研究确定。

第二十三条 劳动报酬的支付

被派遣劳动者的劳动报酬,根据劳务派遣单位委托可由用工单位按月支付。具体为：

（一）**基础工资**：即岗位工资的70%,当月10日前发放。

（二）**绩效工资**：即岗位工资的 30%，按当月岗位绩效考核情况，经综合（人事）部门审核后，于次月 10 日前发放。

（三）**附加工资**：按当月考勤情况，经综合（人事）部门审核后，于次月 10 日前发放。

第二十四条　下列款项应从被派遣劳动者工资中，由劳务派遣单位书面委托用工单位代为扣除：

（一）被派遣劳动者应当缴纳的个人所得税。

（二）个人应当缴纳的社会保险、住房公积金费用。

（三）人民法院发生法律效力的法律文书中载明应当由劳动者承担的扶养费、抚养费、赡养费等；

（四）法律、法规规定代扣的其他款项。

第二十五条　被派遣劳动者的劳动报酬，自报到之日起算，不满半月按半月计发，超过半月的按全月计发。

第八章　社会保障及福利

第二十六条　各用工单位应根据《劳动法》、《劳动合同法》的有关规定，为被派遣劳动者提供符合国家规定的劳动安全卫生条件和必要的劳动防护用品，对从事可能有职业危害作业的被派遣劳动者应当定期进行健康检查。

第二十七条　被派遣劳动者的社会保险项目、缴费基数及比例，按国家、省关于企业劳动用工的有关政策和属地化管理的原则执行。

第二十八条　各类社会保险按被派遣劳动者至各用工单位工作的当月起算，按实际在岗工作月数缴纳。

第二十九条　被派遣劳动者的社会保险费用按照劳务派遣协议

的约定,由劳务派遣单位负责缴纳,具体费用由用工单位与劳务派遣单位按实结算。

第三十条 被派遣劳动者的福利待遇按照高管中心有关福利规定执行。

第九章 休 假

第三十一条 被派遣劳动者依法在国家规定的年节及纪念日休假。休假期间,正常享受工资报酬、福利待遇以及各类津补贴。

第三十二条 被派遣劳动者依法享有下列政策性休假:

(一)年休假

1. 累计工作已满 1 年不满 10 年的,年休假 5 天;已满 10 年不满 20 年的,年休假 10 天;已满 20 年的,年休假 15 天。国家法定休假日、休息日及婚丧假、产假、护理假的假期不计入年休假的假期。

2. 被派遣劳动者有下列情况之一的,当年度不再享受年休假:

(1)被派遣劳动者请事假累计 20 天以上且单位按照规定不扣工资的;

(2)累计工作满 1 年不满 10 年的被派遣劳动者,请病假累计 2 个月以上的;

(3)累计工作满 10 年不满 20 年的被派遣劳动者,请病假累计 3 个月以上的;

(4)累计工作满 20 年以上的被派遣劳动者,请病假累计 4 个月以上的。

(5)当年享受过年休假后,再出现上述(2)、(3)、(4)情形之一的,不享受下一年度的年休假。

3. 被派遣劳动者年初应向单位提出当年度带薪年休假计划；单位根据生产、工作的具体情况，并考虑被派遣劳动者本人意愿，统筹安排被派遣劳动者年休假；年休假在 1 个年度内可以集中安排，也可以分段安排；根据高管中心生产、工作特点，一般不跨年度安排。

4. 年休假期间，享受与正常工作期间相同的工资收入及福利待遇。

5. 各单位应确保被派遣劳动者年休假制度的保障落实，采取书面通知形式安排或批准被派遣劳动者年休假；个别被派遣劳动者当年不能休完年休假的，应在每年度 10 月底前向单位书面说明，单位应当协助被派遣劳动者做好休假计划的安排并确保被派遣劳动者年休假计划的全面落实。

6. 各单位（部门）负责人须带头执行年休假制度，以实际行动带动和支持年休假制度的落实。每年年初，中心机关处室负责人和所属管理处、公司负责人应将当年度年休假计划安排报高管中心，经相关程序批准后执行。休假前的报备手续按高管中心相关要求办理。

7. 各单位应定期加强对本单位员工年休假制度及休假计划的落实情况进行督促检查，每年上半年和下半年，应向中心书面报告本单位带薪年休假计划落实情况。

8. 员工带薪年休假相关制度执行情况纳入所属单位年度考核，对未能保障员工年休假计划落实完成的单位，追究相应人员责任。

（二）婚假

1. 法定婚假时间为 3 天。依法办理结婚登记的夫妻，在享受国家规定婚假的基础上，延长婚假 10-12 天（执行结婚登记所在地规定）。国家法定休假日不计入婚假。

2. 婚假期间，被派遣劳动者正常享受工资报酬及福利待遇，各类津补贴、奖励按有关规定执行。

（三）丧假

1. 被派遣劳动者直系亲属（父母、配偶或子女）去世，可享受3天丧假；岳父母、公婆、兄弟姐妹、祖父母、外祖父母去世的，视情可给予丧假1至3天。丧事在外地料理的，可根据路程的远近，给予一定天数的路程假。

2. 丧假期间，被派遣劳动者正常享受工资报酬及福利待遇，各类津补贴、奖励按有关规定执行。

（四）产假、护理假

1. 女性被派遣劳动者的产假为98天，其中：含产前假15天。对符合《江苏省人口与计划生育条例》规定生育子女的，女方可享受产假128天（含法定产假98天），男方可享受护理假15天。女被派遣劳动者如果是难产的，增加产假15天；多胞胎生育的，每多生育1个婴儿，增加产假15天。国家法定休假日不计入产假与护理假假期。

2. 经过二级甲等以上医疗单位开具证明，女性被派遣劳动者怀孕3个月（含）以内流产的，给予20至30天的产假；怀孕满3个月至7个月（含）以内流产的，给予42天的产假；怀孕7个月以上流产的，给予90天的产假。

3. 参加生育保险的女性被派遣劳动者，产假期间按照属地生育保险规定和支付标准享受生育津贴，由生育保险基金支付；享受的生育津贴低于其产假或者休假前工资的标准的，由单位予以补足，高于其产假或者休假前工资的标准的，单位不得截留；正常享受福利待遇，各类津补贴、奖励按有关规定执行。

4. 男性被派遣劳动者在护理假期间，正常享受工资报酬和福利待遇，各类津补贴、奖励按有关规定执行。

5. 怀孕女性被派遣劳动者在劳动时间内进行产前检查,应当算作劳动时间。

6. 女性被派遣劳动者在怀孕及生育期间产生的生育医疗费,按照生育保险规定执行。

7. 参加生育保险的男性被派遣劳动者,其配偶未列入生育保险范围,也不能在其所在单位享受生育有关待遇的,由生育保险基金按照规定的支付标准报销生育医疗费的 50%。

8. 被派遣劳动者符合计划生育政策规定的,方可享受上述待遇。

(五)哺乳假

女性被派遣劳动者有不满 1 周岁婴儿的,每班劳动时间内给予两次哺乳(含人工喂养)时间,每次 30 分钟。多胞胎生育的,每多哺乳 1 个婴儿,每次哺乳时间增加 30 分钟。女被派遣劳动者每班劳动时间内的两次哺乳时间,可以合并使用。哺乳时间和在本单位内哺乳往返途中的时间,算作劳动时间。婴儿满周岁后,经医疗单位诊断为体弱儿的,可延长哺乳期,但以不超过半年为限。

(六)工伤假

被派遣劳动者因工作原因负伤或致伤残,符合国务院《工伤保险条例》第十四条、第十五条规定的应当认定为工伤或视同工伤的下列情形之一的,持劳动保障行政部门出具的工伤鉴定证明,经单位研究,确实不能出勤的,核给工伤假:

1. 应当认定为工伤的情形

(1)在工作时间和工作场所内,因工作原因受到事故伤害的;

(2)工作时间前后在工作场所内,从事与工作有关的预备性或者收尾性工作受到事故伤害的;

(3)在工作时间和工作场所内,因履行工作职责受到暴力等意外伤害的；

（4）因工外出期间，由于工作原因受到伤害或者发生事故下落不明的；

（5）在上下班途中，受到非本人主要责任的交通事故或者城市轨道交通、客运轮渡、火车事故伤害的（须提交行政主管部门的事故证明）；

（6）法律、行政法规规定应当认定为工伤的其他情形。

2．视同工伤的情形

（1）在工作时间和工作岗位，突发疾病死亡或者在 48 小时之内经抢救无效死亡的；

（2）在抢险救灾等维护国家利益、公共利益活动中受到伤害的；

（3）原在军队服役，因战、因公负伤致残，已取得革命伤残军人证，到单位后旧伤复发的。

伤情较轻，本人愿意放弃工伤鉴定，但确实不能正常上班的，经单位指定医院复查或人力资源部核查，按医院病假建议书或视伤情轻重核给工伤假。

被派遣劳动者发生工伤，应在二十四小时内向所在单位报告，并提交书面经过材料和必要的旁证材料。不按规定时间上报，致使工伤认定受到影响的，自行承担一切不利后果。

工伤被派遣劳动者停工留薪期间，工资福利待遇不变，继续按月发给。工伤假期期满，应主动复职，仍然不能上班的，应办理续假手续，否则按旷工处理。

被派遣劳动者符合上述认定工伤或视同工伤情形的规定，但是有下列情形之一的，不得认定为工伤或视同工伤：

1．故意犯罪的；

2．醉酒或者吸毒的；

3. 自残或者自杀的。

第三十三条 事假期间待遇

（一）每月事假 3 天（含）以内的，按比例或分值扣除本人绩效薪酬（工资）的相应部分，正常享受福利待遇。

（二）每月事假超过 3 天（不含）的，除扣除绩效薪酬（工资）的相应部分外，每超 1 天扣除本人基础工资的相应部分，但扣除上述工资后，事假当事人工资收入不应低于当地社会在岗人员最低工资标准 80%；单位不承担事假当事人个人应当缴纳的社会保险费、住房公积金。

（三）被派遣劳动者因加班产生的补休天数可以冲抵事假天数，事假天数超过补休天数的，按本条第（一）（二）项规定执行。

第三十四条 病假

（一）医疗期

被派遣劳动者因患病或非因工负伤，需要停止工作医疗时，根据本人实际参加工作年限和在本单位工作年限，给予 3 个月到 24 个月的医疗期：

1. 实际工作年限 10 年以下的，在高管中心工作年限 5 年以下的为 3 个月；5 年以上的为 6 个月。

2. 实际工作年限 10 年以上的，在高管中心工作年限 5 年以下的为 6 个月；5 年以上 10 年以下的为 9 个月；10 年以上 15 年以下的为 12 个月；15 年以上 20 年以下的为 18 个月；20 年以上的为 24 个月。

3. 医疗期 3 个月的按 6 个月内累计病休时间计算；6 个月的按 12 个月内累计病休时间计算；9 个月的按 15 个月内累计病休时间计算；12 个月的按 18 个月内累计病休时间计算；18 个月的按 24 个月内累计病休时间计算；24 个月的按 30 个月内累计病休时间计算。

（二）按医疗期管理的病假期间待遇

1. 病假在 2 个月（含）以内的,按其基础工资的 100% 计发,正常享受福利待遇,各类津补贴、奖励按有关规定执行。

2. 病假超过 2 个月不满 6 个月（含）,从第 3 个月起,工作年限不满 10 年的,按其基础工资的 90% 计发；工作满 10 年及其以上的,按其基础工资的 100% 计发。期间,正常享受福利待遇,各类津补贴、奖励按有关规定执行。

3. 病假超过 6 个月,从第 7 个月起,工作年限不满 10 年的,按其基础工资的 70% 计发；工作年限满 10 年不满 20 年的,按其基础工资的 80% 计发；工作年限满 20 年及其以上的,按其基础工资的 90% 计发。期间,福利待遇按 50% 发放,各类津补贴、奖励按有关规定执行。

4. 医疗期内,被派遣劳动者病假工资待遇如低于当地社会在岗人员最低工资标准 80% 的,可按当地社会在岗人员最低工资标准 80% 计发病假工资或疾病救济费,单位承担患病当事人个人应当缴纳的社会保险费、住房公积金。被派遣劳动者在病假期间从事有偿收入活动的,停发病假期间的一切工资、福利。

5. 病假超过 6 个月的,从第 7 个月起,病假人员各项社会保险、住房公积金原则上以上一年度本人月平均工资为缴纳基数。

第三十五条 休假程序手续相关规定

（一）法定年节和纪念日,高管中心根据国家和省有关规定统一安排放假。技能岗位被派遣劳动者（不定时工作制除外）因班次运转等特殊情况,在法定年节和纪念日上班的,可按加班计算,不再履行相关手续。

（二）**其余政策性休假和事、病假,应按照以下程序报批：**

1．休假 2 天（含）以下的，本人需在 1 天前提出书面请假申请，由所在部门或单位负责人批准同意；

2．休假 3 天（含）及以上的，本人需在 2 天前提出书面请假申请，由所在单位或部门分管领导和主要领导批准同意；

3．确因特殊情况不能履行书面请假申请手续的，可先电话请假，并在两日内或销假时完善相应手续。

4．申请病假的，除按上述程序履行请假手续外，一般还需提供由二级甲等及以上级别医院出具的相关证实有效材料：

（1）就诊病历和疾病诊断报告（疾病诊断证明）等；

（2）医院病休建议；

（3）病理检查单、报告单、化验单；

（4）用药明细清单；

（5）就诊用药、检查费发票等。

被派遣劳动者单次请休病假一般连续不超过 15 天，超过 15 天原则上应重新履行上述续假手续。

（三）被派遣劳动者应当按照审批的时间和天数休假，休假结束后应及时销假，必要时还需提供真实有效的休假期间的书面证明。

（四）因周末（休息日）加班及其他情形产生的补休天数，被派遣劳动者原则上应在在六个月内补休完。被派遣劳动者补休应当服从本单位的统筹安排。

（五）政策性休假和病假的天数应当连续计算（法律法规另有规定的从其规定）。

（六）女被派遣劳动者按计划怀孕，经过二级甲等以上医疗单位开具证明，需要保胎休息的，或怀孕 7 个月（含）以上上班确有困难的，本人可书面申请休假，一般按照病假处理。

第三十六条 考勤相关规定

（一）被派遣劳动者的日常考勤工作归口各用工单位综合（人事）部门管理。

（二）各用工单位应严格执行逐日考勤、登记制度，不得弄虚作假。

（三）各用工单位应明确被派遣劳动者上、下班时间，并以适当形式予以公示。

（四）凡未履行请（销）假手续或未经批准，擅自缺勤、离岗，或无故迟到、早退30分钟以上者，当日按旷工处理。

第三十七条 各用工单位应当根据本单位实际，制定相应的考勤管理制度和实施细则。

第十章　劳动纪律

第三十八条 被派遣劳动者应当严格遵守以下基本劳动纪律：

（一）严格执行岗位工作纪律，遵章守纪，按规操作，保质保量按时完成工作内容；

（二）严格执行准军事化管理制度，自觉养成雷厉风行、严谨细致的工作作风；

（三）严格执行单位作息制度，因事、因病需要请假的，必须按照规定程序履行请销假手续；

（四）严格执行考勤考核制度，严禁弄虚作假；

（五）严格执行安全规章制度，严禁违规操作，严禁发生责任性安全事故（件）。

第三十九条 被派遣劳动者有下列情形之一的视为旷工

（一）故意隐瞒实情，编造理由不上班的；

（二）上班期间未经批准擅自离开工作岗位的；

（三）假期满后，未经批准超假不归的；

（四）未按规定程序履行请假手续而不到岗工作的；

（五）口头请假经同意后，上班后五个工作日内未补办书面请假手续的；

（六）当班期间未经上级同意擅自与他人调班的；

（七）其他应当认定为旷工的情形。

第四十条 严重违反单位规章制度，严重失职，营私舞弊，造成重大损害

（一）严重违反单位规章制度，指高管中心经民主程序制定的规章制度规定的严重违反的情形，而员工拒不遵守或者多次重复违反，给单位管理造成重大妨碍或者造成重大损害的情节。

（二）严重失职，是指员工非因自身能力原因，故意或因过失违反国家法律法规、不履行岗位职责或履行岗位职责不到位，或相互推诿、或超越权限、或违反单位规定的工作程序和操作规程等，给单位造成重大损害的行为。

（三）营私舞弊，是指利用高管中心资源、个人职务和工作之便，或弄虚作假，为自己或他人非法牟利。

（四）重大损害，是指员工严重违反单位规章制度、严重失职或营私舞弊，一次性或累计给单位造成以下后果之一的：

1. 擅自更改、删除车辆计重收费数据，或擅自更改车型降低收费标准，或擅自转换计重（车型）收费方式等，营私舞弊，导致车辆通行费流失的；

2. 擅自推杆放行车辆，或非军车按军车放行，或利用职务便利以其他方式协助车辆偷逃车辆通行费，或利用职务便利与逃费人勾

结偷逃车辆通行费的;

3. 侵吞、挪用、擅自截留车辆通行费、通行费票据、清障费、清障费票据的;

4. 出售回笼票或使用其他非法票据的;

5. 发生多款、长款、弃票款未及时足额上缴或未按规定及时解缴通行费造成较严重负面影响的;

6. 侵吞、擅自截留、利用各种方式套取通行卡或不及时上交其他途经获得的通行卡的;

7. 违反高管中心网络安全管理规定,或因管理不到位造成维护不力,致使三大系统感染病毒、瘫痪,影响路网联网正常运行的;

8. 发生重大事故清障处理完毕后,因收费、调度措施不力,进一步导致道路继续堵塞,造成财产严重损失或人员伤亡的;

9. 因工作落实执行不到位,延误警卫或重要保障任务等,对高管中心造成严重负面影响的;

10. 因工作严重失职,现场处置不力,调度指挥失误,导致收费区域发生免费放行的;

11. 发生公路"三乱"行为、被上级通报批评或新闻媒体曝光,经查属实的;

12. 连续旷工超过10个工作日或者1年内累计旷工20个工作日,或因公外出或请假期满无正当理由逾期不归连续超过10个工作日的;

13. 全年累计请事假时间超过法定工作时间30%以上,或采取不正当手段,骗取事假病假累计15天及以上的;

14. 因寻衅滋事、打架斗殴、无理取闹等,严重扰乱所在单位正常工作秩序的;

15. 在岗喝酒或酒后上岗的;

16. 无正当理由不服从单位工作安排,或未按规定要求完成工作任务,严重影响所在单位或高管中心整体工作的;

17. 严重违反国家法律法规,受到行政拘留以上处罚的;

18. 故意损坏高管中心财物,造成2000元及以上直接经济损失的;

19. 因工作作风、服务质量、工作程序等发生问题,被群众投诉、新闻媒体曝光或上级通报批评,造成恶劣影响,经查属实的;

20. 严重违反国家安全法律法规及高管中心安全生产管理制度,发生较大及以上责任性安全事故或车辆通行费被盗事件等;

21. 严重违反单位保密规定,因个人泄密行为给高管中心和所在单位造成严重负面影响或重大经济损失的;

22. 伪造变造各类收据、发票、凭证、账册、证书证件,或以不正当手段骗取单位财物、私设小金库等;

23. 严重违反党风、行风和廉洁从业规定,利用工作之便为自己或者他人谋取私利、行贿受贿的;

24. 滥用职权、弄虚作假,严重违反国家财经纪律,使国家和单位财产遭受重大损失的;

25. 其他影响单位运营管理和单位声誉的严重违规违纪行为,经教育不改的。

注:一般及以上等级安全事故口径按国家、江苏省有关规定执行。

第十一章　考核及奖惩

第四十一条 考核的原则

（一）客观公正,分类考核;

（二）绩效挂钩,适度激励;

（三）奖惩结合，促进工作。

第四十二条 考核的对象

全体被派遣劳动者。

第四十三条 考核的内容

（一）思想品德和劳动纪律；

（二）月度工作计划的完成情况；

（三）工作质量和工作态度；

（四）岗位规定的其他工作指标。

第四十四条 考核的程序

月度考核一般按照"个人自我鉴定—主管部门建议意见—综合（人事）部门汇总—单位分管领导审定"程序进行。根据被派遣劳动者岗位分类和分级管理原则，考核程序可有所不同。

第四十五条 考核的等次

月度考核采取百分制与考核等次相挂钩的原则，其中：考核分值在70分以上的，定为合格等次；在70分（含）以下、50分以上的，定为基本合格等次；在50分（含）以下的，定为不合格等次。考核等次为合格、基本合格和不合格的，当月绩效工资分别按100%、50%、0 计发。

第四十六条 被派遣劳动者有下列情形之一的，月度考核可定为基本合格：

（一）无正当理由不服从单位正常工作安排的，且情节轻微、部分影响本部门、本单位工作的；

（二）因主观原因发生一般性工作失误、延误的；

（三）无正当理由未按时完成当月主要工作任务，导致本部门、本单位某项工作滞后的；

（四）本人或本人所分管工作受到高管中心或本单位通报批评的。

（五）当月无正当理由迟到或早退累计达到 2 次的。

（六）当月事假超过应出勤天数 1/3 的。

第四十七条 发生本暂行规定第四十条情形之一的，月度考核可直接定为不合格。

第四十八条 被派遣劳动者当年月度考核连续 3 次为基本合格的，视为一次不合格。全年月度考核累计 4 次及以上基本合格的，或者全年月度考核 1 次及以上不合格的，视为不能胜任工作岗位。不能胜任工作岗位的可退回劳务派遣单位。

第四十九条 考核结果将作为被派遣劳动者岗位任用、调整，以及续用、退回的重要依据。

第五十条 奖励的种类

（一）基础考核奖

主要用于奖励工作遵守单位基本劳动纪律、月度岗位考核合格等次的被派遣劳动者。

（二）优质优勤奖

主要用于奖励在本职岗位提供服务、工作高效、完成工作任务质量与业绩明显的被派遣劳动者。

（三）用工单位设立的其他奖项。

第五十一条 根据被派遣劳动者不同的违规违纪情形和性质，用工单位可以采取适当形式的处理（分）方式。

（一）处理（分）种类

处理（罚）分为：口头批评、考核扣分、在岗检查、通报批评、基本合格、不合格、退回等。上述处理（罚）种类可同时实施两种以上。

（二）处理（分）实施

1. 一般违规违纪处罚

（1）情节、性质较轻的,由所在用工单位领导进行口头批评,或实施考核扣分。

（2）情节、性质较重的,当月考核等次可定为基本合格或给予在岗检查1-3个月等。

2. 严重违纪违规处罚（符合第四十条规定情形之一的）

（1）退回劳务派遣公司。

（2）涉及违反国家法律法规的,移交国家相关部门处理。

第五十二条 各用工单位应当建立考核领导小组,集体研究确定对被派遣劳动者的岗位考核和奖惩。

第五十三条 经过相关程序形成的考核结果和奖惩决定,考核领导小组成员和被派遣劳动者应当签字确认。

被派遣劳动者对考核结果和奖惩决定有异议的,有权按照规定和程序进行投诉或申诉。

第十二章 劳务派遣协议管理

第五十四条 劳务派遣协议的变更

（一）变更情形

劳务派遣协议在履行过程中,经劳务派遣单位和用工单位双方协商一致,可对协议有关条款内容进行变更。

（二）变更的制式要件

劳务派遣协议的变更内容须采用书面形式,经协议双方签章确认后各自保存一份。

第五十五条 劳务派遣协议的解除和终止

（一）劳务派遣协议的解除

1. 劳动派遣协议双方经协商一致,可以解除协议。

2. 劳务派遣单位不具备法律规定的劳务派遣资质,用工单位可解除劳务派遣协议,因此造成的损失由劳务派遣单位承担。

3. 出现《劳动合同法》第四十六条、第四十七条规定情形的,劳务派遣单位应给予被派遣劳动者相应的经济补偿金。

（二）劳务派遣协议终止

有下列情形之一的,劳务派遣协议终止:

1. 劳务派遣协议期满的;

2. 劳务派遣协议双方其中一方被依法宣告破产的;

3. 劳务派遣协议双方其中一方被吊销营业执照、责令关闭、撤销或者提前解散的;

4. 法律法规规定的其他情形的。

第五十六条 被派遣劳动者退回

（一）有下列情形之一的,被派遣劳动者退回劳务派遣单位:

1. 劳务派遣协议期满终止的;

2. 用工单位被依法宣告破产、吊销营业执照、责令关闭、撤销、决定提前解散或者经营期限届满不再继续经营的;

3. 劳务派遣协议订立时所依据的客观情况发生重大变化,致使劳务派遣协议无法履行,经用工单位与被派遣劳动者协商,未能就变更劳务派遣协议达成一致的;

4. 被派遣劳动者在试用期间被证明不符合录用条件的;

5. 被派遣劳动者不能胜任本职工作岗位,经过培训或者调整工作岗位仍不能胜任的;

6. 被派遣劳动者同时与其他单位建立劳务派遣关系或劳动关

系,对完成本职工作质量和效率造成影响,或者经用工单位提出,拒不改正的;

7. 以欺诈等不正当手段,使用工单位在违背真实意思的情况下订立或者变更劳务派遣协议的;

8. 劳务派遣期未满,被派遣劳动者提出终止劳务派遣关系或擅自离岗的;

9. 被派遣劳动者患病或者非因工负伤,在规定的医疗期满后不能从事原岗位工作的,也不能从事由用工单位另行安排的工作的;

10. 有严重违规违纪行为,符合本暂行规定第四十条情形之一的。

11. 被依法追究刑事责任的

(二)退回程序

1. 用工单位对退回的被派遣劳动者的退回理由,在建立相关台账的基础上,以《被派遣劳动者退回通知书》的书面形式(注明被派遣劳动者姓名、退回原因及时间、劳动报酬等相关费用截止日期等),通知被派遣劳动者及劳务派遣单位,接收者应在通知书回执上签字(盖章)确认;

2. 被派遣劳动者退回前需办理工作交接,填写《工作交接登记表》,交接内容包括:债务清偿,交接工作物品、文件资料等。并由交接人、监交人和部门主管签字确认。

第五十七条 被派遣劳动者补员相关规定

按本暂行规定第九条办理。

第十三章 附 则

第五十八条 高管中心各用工单位可根据本暂行规定,制定实施细则报备高管中心,履行相关的民主程序后执行。

第五十九条　本暂行规定中有关内容与国家法律法规不一致的,按国家法律法规的有关规定执行。

第六十条　本暂行规定由高管中心负责解释,人事教育处具体办理。

第六十一条　本暂行规定自印发之日起执行。原《江苏省高速公路经营管理中心劳务派遣形式用工管理暂行规定》(苏高管人[2007]56号)同时废止。

附:1.《被派遣劳动者退回通知书》;
　　2.《工作移交登记表》

附件1

被派遣劳动者退回通知书

No：

_____公司：

你公司派遣至我单位劳动者_____（身份证号：_____），

因：_____。

按《劳务派遣协议》有关规定，现决定自　　年　　月　　日退回你单位，劳动报酬、社保费用、劳务派遣服务费用等所有相关费用亦于当天截止。

特此函告。

___年__月__日

送：_____（被派遣劳动者）

_____

注：本通知书一式三份，劳务派遣公司、用工单位、被派遣劳动者各执一份。

附件2

工作移交登记表

工作移交日期：　年　月　日

单　位				部　　门	
姓　名		岗　位		离职日期	

一、文件（账目）及实物移交

名　称	规格型号	数　量	内容说明	备　注

二、待办事项移交

待办事项	已完成情况	待办重点

接受人（签字）：		监交人（签字）：		移交人（签字）：	

部门主管（签字）：

关于进一步规范和完善员工工资总额管理建立绩效导向的指导意见的实施方案

（2019 年 12 月 31 日印发）

为深入贯彻落实《高管中心关于进一步规范和完善员工工资总额管理建立绩效导向的指导意见》精神，充分发挥绩效导向在日常管理中的作用，进一步调动员工干事创业的激情和责任担当，促进全处营运管理水平再上新台阶，根据高管中心有关规定，结合我处实际，特制订本方案（以下简称《方案》）。

一、基本原则

科学合规的原则；

绩效导向的原则；

统筹兼顾的原则；

员工认可的原则；

易于操作的原则。

二、完善节约措施，合理使用能源

本《方案》适用于处机关各部门及所属各单位的事业、企业及劳务派遣人员。

注：高管中心中层人员按照交通控股公司和高管中心有关规定执行。

三、员工年工资总额的构成及操作办法

员工年工资总额由：年工资计划标准、基础考核奖和优质优勤奖等三部分构成。其中：

（一）年工资计划标准

事业、企业性质职工按高管中心核定下达的岗位系数的工资标准和《江苏省高速公路经营管理中心薪酬管理暂行规定》（苏高管人〔2006〕44号）中的有关规定执行；

劳务派遣人员按高管中心核定下达的岗位工资标准和劳务派遣用工管理有关规定执行。

（二）基础考核奖

1. 考核依据：月实际出勤天数和完成岗位工作任务。

2. 奖金标准：2019年度事业、企业、劳务派遣人员为1300元/人·月（注：今后各年度基础考核奖标准如有调整，按高管中心规定执行）。

3. 考核办法：

（1）员工每月缺勤累计超过3个（不含）工作日（每8小时为1个工作日）以上者，不享受基础考核奖。缺勤仅指病、事假、无故不上班的，不含政策性休假及补休；

（2）员工月度岗位考核不合格者，不享受基础考核奖；月度岗位考核基本合格者，基础考核奖减半。

（三）优质优勤奖

1. 考核依据："优质服务、工作效率、质量以及业绩"和"月出勤率"等，实行动态管理，突出绩效导向。

2. 奖金基本标准：2019年事业、企业、劳务派遣人员为1000元/人·月（注：今后各年度优质优勤奖的基本标准如有调整，按高管中心规定执行）。

3. 发放办法：

3.1 月优质优勤奖金构成：

全处优质优勤奖月奖金总额＝月基本标准×员工总人数×管

理处在高管中心的月度工作综合考核排名系数。

个人优质优勤奖金额 = 个人优质优勤奖发放系数 × 全处优质优勤奖分值。

（全处优质优勤奖分值 = 全处优质优勤奖月奖金总额 ÷ 全处员工优质优勤总发放系数）

3.2 员工月优质优勤奖发放系数构成：

事业、企业人员系数 = 岗位系数 + 各单位运营管理质量检查考核在管理处（或中心）的排名系数 + 特殊贡献奖上浮系数

劳务派遣人员系数 = 岗位系数 + 特殊贡献奖上浮系数。

3.3 系数：

（1）岗位系数

管理岗位	调度中心主任	科长、调度中心副主任、站长、主管、副站长及副主管（主持工作）、排障大队大队长		副科长、调度中心主任助理、副站长、副主管		管理员、办事员、排障大队内勤及机务安全员
系数	1.8	1.6		1.4		1.3
生产岗位	调度长	调度员收费班长排障班长	收费副班长	收费员排障员	辅岗人员（技术岗位）	辅岗人员（其他岗位）
系数	1.2	1.1	1.06	1.0	0.8	0.7

（2）各单位运营管理质量检查考核在管理处（或中心）的排名系数

a. 收费站排名依据为各单位运营管理质量检查考核得分，即：征收业务综合得分 ×60%+ 安全考核得分 ×20%+ 综合财务考核得分 ×20%。其中：

征收业务、安全考核打分依据为《关于进一步规范和完善员工工资总额管理建立绩效导向的通知》（通启〔2019〕23 号）附件 1、

2、3、4；综合财务考核打分依据为《江苏省通启高速公路管理处综合考核评价实施办法（试行）的通知》（通启〔2018〕79号）。

排名在管理处第1名的,系数为0.4；

排名在管理处第2名的,系数为0.2；

排名在管理处第3名的,系数为0.1；

排名在管理处第4－7名的,系数为0；

排名在管理处第8名的,系数为-0.2；

排名在管理处第9名的,系数为-0.4。

b. 处机关各部门、调度中心、排障大队在中心的排名系数：

排名第1名的,系数为0.4；

排名第2名的,系数为0.2；

排名第3名的,系数为0.1；

排名第4－5名或当月无排名的,系数为0；

排名第6名的,系数为-0.2；

排名第7名的,系数为-0.4。

c. 管理处在中心月度排名第1时,排名系数为-0.2、-0.4的单位分别调整为-0.1、-0.2。遇有特殊情况,经管理处综合考核评价领导小组研究决定。

（3）特殊贡献奖上浮系数

奖项设置	设置规则	上浮系数
生产岗位一等奖（参评对象：调度员、收费员、排障员）	各单位运营管理质量检查考核在管理处（或中心）的排名为： 1. 第1－3名的,按本单位获奖员工人数的11%确定名额； 2. 第4－6名的,或调度中心、排障大队当月中心无排名的,按本单位获奖员工人数的10%确定名额； 3. 第7－9名的,按本单位获奖员工人数的8%确定名额。	岗位系数调整至1.4

生产岗位二等奖（参评对象：调度员、收费员、排障员）	各单位运营管理质量检查考核在管理处（或中心）的排名为： 1. 第 1－3 名的，按本单位获奖员工人数的 27% 确定名额； 2. 第 4－6 名的，按本单位获奖员工人数的 25% 确定名额； 3. 第 7－9 名的，按本单位获奖员工人数的 20% 确定名额。	岗位系数调整至 1.2
活动优胜奖（参赛人员及相关责任部门相关人员）	荣获管理处级奖项的	第 1 名／第 2 名／第 3 名（或相当级别）0.3/0.2/0.1
	荣获中心级或同等级奖项的	第 1 名／第 2 名／第 3 名（或相当级别）0.5/0.4/0.3
	荣获控股级或同等级奖项的	第 1 名／第 2 名／第 3 名（或相当级别）1/0.8/0.6
	荣获省、部级或同等级奖项的	第 1 名／第 2 名／第 3 名（或相当等级）1.5/1.2/1
	荣获国家级奖项的	第 1 名／第 2 名／第 3 名（或相当等级）1.8/1.6/1.5
	1. 荣获综合类先进个人称号的，根据荣誉级别对照活动第 1 名标准上浮系数； 2. 荣获单项个人荣誉的，根据荣誉级别对照活动第 2 名标准上浮系数。 3. 荣获优秀奖、通报表扬或同级别奖项的，根据荣誉级别对照活动第 3 名标准上浮系数。 4. 年度内，同一项目多次被表彰的或同一活动中取得多个奖项的，按最高奖项奖励一次。有明确奖励标准的荣誉按相关文件执行。	
活动组织奖	积极组织策划参加管理处及以上单位组织的各项活动，收到良好效果的，奖励该单位、部门相关人员	参照活动优胜奖 上浮系数

考核先锋奖	管理处在中心月度排名第1名的, 各单位、各部门负责人上浮系数: 全处普通管理岗位人员上浮系数:	0.4 0.2
特殊奖励	由各单位考核小组根据实际情况研究后报管理处考核领导小组集体研究确定	

其中: 优质优勤奖设置一、二、三等奖共三个等次的奖项,各单位以"文明服务、工作效率、完成质量以及业绩贡献"等为主要评价内容,结合员工岗位工作的性质、特点,由各单位自行制定评价考核标准。评为一、二等奖的,岗位系数根据上表进行相应调整,其他符合优质优勤奖评选条件的人员均为三等奖,执行原岗位系数。

满勤或缺勤1天的,可以参加一等奖的评选;缺勤超过1天的,不得参加一等奖评选(注:国家、江苏省相关规定明确的年休假可参加"优质优勤奖"的评选)。

3.4 优质优勤奖的基本评价标准

(1)发生以下情形的,相关人员不予奖励:

a. 月度岗位考核基本合格或不合格的;

b. 员工每月缺勤累计2个(不含)工作日(每8小时为1个工作日)以上者(不含年休假及补休);

c. 各收费站在中心排名后10名且总分低于中心达标分值,调度中心、排障大队在中心排名最后1名的,且低于920分,取消管理人员奖励;

d. 发生管理处认定的责任性投诉或安全生产事故的,相关责任人、班长、管理人员不予奖励;

e. 被中心及以上单位通报批评的,相关人员、管理人员不予奖励;

f．不了解员工思想状况导致本单位员工发生上访事件的，相关管理人员不予奖励；

h．不服从单位安排、无理取闹、严重损坏公物的人员不予奖励。

（2）凡发生下列情形的，收费站相关责任人按以下比例发放当月"优质优勤奖"：

a．中心及以上现场检查、暗访（含第三方暗访）及其他检查发现问题，直接当事人取消奖励，相关责任人根据管理处在中心的排名情况扣发30%—100%；

b．中心远程稽查发现问题，一次当事人发放30%，二次以上（含二次）当事人取消奖励；

c．无收费发卡能力者，发放50%；

d．无收费能力只发卡者，发放70%；

e．当月被指定亭外协助班长管理者，按班长系数的95%发放；

f．站月度岗位考核排名后5%且低于90分者，发放50%。

（3）凡发生下列情形的，调度中心相关责任人按以下比例发放当月"优质优勤奖"：

a．中心及以上现场检查、暗访（含第三方暗访）及其他检查发现问题，直接当事人取消奖励，相关责任人根据管理处在中心的排名情况扣发30%—100%；

b．中心远程稽查发现问题，一次当事人发放50%，二次以上（含二次）当事人取消奖励。

（4）凡发生下列情形的，排障大队相关责任人按以下比例发放当月"优质优勤奖"：

a．中心及以上现场检查、暗访（含第三方暗访）及其他检查发现问题，直接当事人取消奖励，相关责任人根据管理处在中心的排名情况扣发 30%—100%；

b. 中心远程稽查发现问题，一次当事人发放30%，二次以上（含二次）当事人取消奖励；

c. 驾驶证达到增考 A2 证条件的人员应尽快增考 A2 证，以满足排障员持证的工作要求，未按要求增考人员按60%发放（报名后6个月增考期可不计）；

d. 日常工作积极主动，若当月清障作业数（或相对工作量）低于驻点平均值的50%（含），按50%发放；低于平均值80%的不得参加一等奖评比。

3.5 车流量奖励

根据月度《高管中心管理处工作综合考核评价简报》中各收费站每月人均车流量排名从高到低划分三个档次进行奖励：

（1）排名第1—10的站点，在优质优勤奖标准的基础上上浮200元/人/月；

（2）排名第11—20的站点，在优质优勤奖标准的基础上上浮150元/人/月；

（3）排名第21—30的站点，在优质优勤奖标准的基础上上浮100元/人/月。

以上各收费站以当月底在编实有总人数作为测算依据，车流量奖励与当月优质优勤奖同比例发放。

四、管理与监督

1. 各单位要严格执行考勤及请销假制度。视同出勤、政策性休假以及病、事假等，员工本人应当按照高管中心、管理处相关规定履行书面审批手续，并提供上级通知、领导批示等相关材料，报备综合（人事）部门审核和存档。

2. 每月考核评审结果须进行公示,确保考核评审结果获得员工的认可。

3. 奖励发放流程:综合科根据各单位(部门)运营管理质量检查考核以及在中心的排名情况,测算排名系数;各单位评选出生产岗位一、二等奖人员报调度中心审核,并提交特殊贡献奖人员名单及上浮系数报综合科审核;各单位计算员工优质优勤奖发放系数;综合科根据全处优质优勤奖金总额计算当月奖金分值及个人奖金金额。

4. 各单位应当建立基础考核奖、优质优勤奖综合考核评价和实施兑现台账,确保程序合规、资料齐全、有据可查。

5. 处工会负责监督各单位员工基础考核奖和优质优勤奖的评审考核和兑现工作。各单位要设立举报信箱、公布联系方式,切实加强对考核评审工作的监督、检查,确保基础考核奖和优质优勤奖的考核评审和兑现工作规范、有序地开展。

管理处监督部门:处工会;监督电话:0513-68817887(外线),713508(内线)。

五、其他事项

1. 各单位根据本《方案》,结合各自单位的实际情况,认真研究和制定本单位员工的优质优勤奖一、二、三等奖评比细则,报备管理处后组织实施。

2. 处机关各部门及调度中心加大对各单位工作情况的日常检查和督导力度,每月进行一次综合工作检查,对发现存在不足和问题,各单位必须对岗位责任人考核,与工资和优质优勤奖兑现相挂钩。

3. 对于被中心现场稽查中发现问题,于次月在《高管中心营运管理工作简报》中滞后反馈的情况,事发当月的优质优勤奖按规定扣发,于次月补扣当事人的月度岗位考核得分（不影响次月的一、二、三等奖评选）。

4. 其他未尽事宜由管理处考核领导小组研究讨论决定。

5. 本《方案》自 2020 年 1 月起实施。

6. 本《方案》由通启处负责解释。

综合考核评价实施办法（试行）

（2018 年 8 月 28 日印发）

为进一步提升通启处工作规范化管理水平，建立科学、系统、合理的考核评价体系，充分发挥综合考核工作的导向、评价、激励和约束作用，推动通启处各项事业持续健康发展，经研究，决定自即日起对所属各单位开展综合考核评价工作。现结合通启处实际，特制定本实施办法。

一、指导思想

以科学发展观和习近平新时代中国特色社会主义思想为指导，深入贯彻落实党的十九大精神和控股公司"十三五"规划、高管中心"三年行动计划"，紧紧围绕管理处确定的各项总体目标和工作部署，着力强化通启处营运管理水平的提升，合理建立综合考核评价体系，以数据与事实为依据，力求减少管理的自由裁量权，注重考核结果运用，做到考核与评价相结合，指标与检查相互补，客观、公正、全面反映所属收费站综合管理水平，推动管理质量和规范化水平的全面提升。

二、组织领导

为强化对该项工作的领导，管理处成立综合考核评价工作领导小组，组长由处主要领导担任，副组长由处领导班子其他成员担任，处机关部门及所属收费站、排障大队负责人为小组成员。领导小组主要负责组织领导、考核办法的审定、考核结果的终审。

综合考核评价领导小组下设办公室（简称考核办），考核办设在处综合科。考核办主任由综合科负责人兼任，考核办副主任由处综合科和调度中心相关负责人担任,各职能科室、调度中心指定相关人员为工作人员,负责考核办法的起草与实施、考核协调与汇总及考核结果公布等。

三、考核评价对象

本办法考核对象为管理处所属收费站、调度中心,排障大队涉及考核内容参照执行。

四、考核评价内容

(一)指标考核。是指为了保证管理处年度总体工作目标的实现,由管理处对各收费站统一下达一组指标,通过指标的设定、统计和考核,用以体现各收费站总体管理活动的状态,提高各收费站的工作绩效。主要包括管理处各职能部门下达的工作要求和各项月度指标(如:投诉、易混车型、车牌识别率等)。

(二)检查考核。是指管理处职能部门根据职责对各收费站各项管理要求的执行情况进行的考核,以日常考核为主要形式。

(三)领导评价。由管理处领导班子对各收费站年度总体工作进行评价,主要内容包括各单位领导班子的政治担当、执行能力,以及单位的和谐氛围和廉政建设等情况。

(四)加分。对获得上级竞赛活动(是否增加积极参加管理处各项活动)名次或表彰,为管理处赢得荣誉等情形,给予一定的加分,体现激励和导向作用。

五、考核评价方式

(一)指标考核

1. 评分标准

《江苏省通启高速公路管理处所属收费站工作指标考核标准》指标考核采用按项评估、以项计分的方法进行考核评定并计算得分。

评分标准依据指标的内容不同分别予以确定。

2. 组织方式

由管理处各科室、调度中心通过系统数据采集和人工收集等方式,依据考核细则分月度和年度进行考核。月度指标考核数据由管理处各科室于次月 5 日前(遇节假日顺延)提供至处考核办汇总,经领导小组会审后,由管理处考核办统一进行核算。年度指标考核由管理处相关科室、调度中心在年度考核时提供依据,管理处考核办汇总报领导小组会审后确定。

3. 结果计算

"指标考核"得分采用千分制计分法。"月度指标"考核得分按 40% 的权重折算,计入月度综合考评总分。"年度指标"考核得分按 30% 权重折算,计入年度综合考评总分。

(二)检查考核

1. 评分标准

《江苏省通启高速公路管理处所属收费站日常管理工作考核细则》(附件 3)、《江苏省通启高速公路管理处所属收费站营运指标管理考核细则》(附件 4)。

2. 组织方式

"检查考核"以日常考核为主要形式开展。"日常考核"以管理处各科室、调度中心对各收费站日常工作完成情况进行考核(含调度中心反馈单),以平时工作任务落实、情况报送、统计报表、日常抽查等为依据,得出考核扣分。由管理处各科室于次月 5 日前(遇节假日顺延)提供至处考核办汇总。

3. 结果计算

"检查考核"得分采用千分制计分法,按 60% 的权重折算后,计入月度综合考评总分。

凡是控股公司及高管中心的明察、暗访,其检查出的问题对照《江苏省通启高速公路管理处日常管理工作考核细则》按 2 倍扣分,其结果纳入该站本项考核。

（三）领导评价

1. 评价主体：

评价主体为管理处领导班子成员。

2. 评价内容及标准

评价内容主要包括各单位领导班子的政治担当、执行能力,以及单位的和谐氛围和廉政建设等项目。每个项目设置"好""较好""一般""较差"和"差"五个等次,分别赋予 1000、800、600、400、200 的分值。（具体内容及标准见附件四）

3. 评价方式

年度考核时,由管理处领导班子成员对照《江苏省通启高速公路管理处工作领导评价表》,分别对各收费站进行评价,加权平均后得出该收费站年度领导评价得分。

4. 结果计算

"领导评价"结果采用千分制计分法,按 10% 的权重折算后,计入年度综合考评总分。"领导评价"得分不纳入月度考核得分。

（四）加分

加分项只在年度考核中体现。各单位在中心以上获得竞赛名次或为中心获得荣誉的酌情加分,总分值 5 分。

六、考核评价结果应用

（一）计算方式

月度综合考核得分：月度指标考核得分 ×40%+（调度中心考

核得分 ×40%+ 综合科考核得分 ×20%+ 财务科考核得分 ×20%+ 安全考核得分 ×20%）×60%。

年度综合考评得分：年度指标考核得分 ×30%+ 月度综合考核得分均分 ×60%+ 领导考评得分 ×10%+ 年度加分。

（二）考核结果运用

各收费站月度综合考评成绩将在《通启高速公路综合管理月报》公布并进行排名。

月度综合考核得分将作为各收费站每月发放优质优勤奖的依据。具体实施办法见通启〔2017〕60 号《关于印发〈通启处关于贯彻落实高管中心进一步规范和完善员工工资总额管理建立绩效导向的指导意见的实施方案（2017 年版）（修改稿）〉的通知》及通启〔2017〕146 号《关于对〈通启处关于贯彻落实高管中心进一步规范和完善员工工资总额管理建立绩效导向的指导意见的实施方案（2017 年版）（修改稿）〉部分内容进行调整的通知》相关规定执行。

年度综合考评得分作为对各收费站年度管理业绩的主要评价，是单位年度评优评先的主要依据。

本实施办法根据实际工作的需要，可经过一定的程序实行动态调整机制。具体修订和调整须经管理处综合考核评价领导小组同意，提交处党总支会议研究确定。

附件：1.《江苏省通启高速公路管理处所属收费站工作
　　　　综合考核评价体系》
　　　2.《江苏省通启高速公路管理处所属收费站工作
　　　　指标考核标准》

3.《江苏省通启高速公路管理处所属收费站日常
　管理工作考核细则》

4.《江苏省通启高速公路管理处所属收费站营运
　指标管理考核细则》

附件 1

江苏省通启高速公路管理处所属
收费站工作综合考核评价体系

0		考评指标内容	考评依据	月度权重	年度权重
指标考核	年度指标	工作指标及负面清单	考核指标见附件 2	——	30%
	月度指标			40%	——
检查考核	日常考核	日常工作要求执行情况	考核细则见附件 3、附件 4（注：附件 3、附件 4各占 30% 比重）	60%	60%
	月度检查	现场集中检查各项工作完成情况			
领导评价		综合评价各单位领导班子的政治担当、执行能力，以及单位的和谐氛围和廉政建设情况		——	10%
加　　分		在中心级以上获得奖励或为中心获得荣誉的酌情加分		——	总加分不超 5 分

附件 2

江苏省通启高速公路管理处所属收费站工作指标考核标准

0	序号	指标内容	标准分值	考核标准	考评部门
	1	重大隐患按期整改率		未达 100% 扣 50 分。	道管科
	2	生产安全事故信息按时上报率		未达 100% 扣 50 分。	道管科
	3	不发生被媒体曝光或上级单位通报的负面事件		被上级单位通报批评或被省级以上（含省级）媒体曝光的扣 100 分。其他情况每次扣 20 分。	综合科
	4	一票否决项（出现此项情形，每项次扣 500 分）		印章管理混乱，给单位造成恶劣影响或重大经济损失的。	综合科
	5			维稳工作不到位，造成集体上访、重复上访、越级上访、违规上访、集体罢工、闹事等事件，并给单位造成恶劣影响的。	综合科
	6			发生重大违纪违规、违法行为或事件（由领导小组认定）。	综合科
	7			发生一次重伤 1 人的有责生产安全事故，或发生亡人有责生产安全事故，或一次集体中毒 4 人（含 4 人）以上，或一次财产损失 10 万元（含 10 万元）以上的有责生产安全事故的。	道管科
	8			发生责任性警卫任务保障失误，造成恶劣影响的。	调度中心

人力资源类

年度指标	1	工作计划及完成情况		制定单位年度、月度工作计划、完成情况，并责任到人。每缺一个月工作计划或完成情况扣10分，没有责任到人的扣10分。	综合科
	2	政务信息录用率		计算方式：政务信息录用数/报送数*100%。依据通启管理处范围内统计排名，第1名不扣分，第2—9名分别扣1-8分。	综合科
	3	政策性休假执行率		计算方式：休假天数/应休假总数*100%。依据通启管理处范围内统计排名，第1名不扣分，第2—9名分别扣1-8分。	综合科
年度指标	4	人事教育管理	1000	员工培训有计划、有实施、有结果，入职员工、长假返岗员工岗前培训率100%，未完成扣20分。	综合科
	5	劳资管理		薪酬发放严格执行中心薪酬相关规定，违反一次扣10分。	综合科
	6	普法参学率		普法教育全员参学率达到95%得满分，低于95%（不含95%）扣50分。	综合科
	7	固定资产差错率		计算方式：固定资产系统不符数量/固定资产总数量*100%。依据高管中心范围内统计排名，第一名不扣分，第二名扣1分，第三名扣2分，第四名扣3分，第五名扣4分，第六名扣5分，第7名扣6分。	综合科
	8	档案管理		对涉及本单位应搜集、保存、汇总、上报的基础进行妥善保管，能有效地保守机密，违反一次扣10分。	综合科
	9	责任性投诉起数		实际有责投诉起数小于等于基数的，不扣分；大于基数的扣50分。	调度中心
	10	责任性免费放行		发生有责免费放行的，每一次扣50分。	调度中心
	11	党、团费收缴		党、团费上缴达不到规定标准；发生侵害员工权益重大事件等，扣50分。	综合科

178

年度指标	12	民主生活会		未按时召开民主生活会的扣50分，会前未进行征求意见的扣10分，会上未开展批评与自我批评的扣30分，对存在问题未制定整改措施的扣10分。	综合科
	13	民主评议		未按时开展民主评议党员活动的扣50分，会前未进行征求意见的扣10分，会上未开展批评与自我批评的扣30分，对存在问题未制定整改措施的扣10分。	综合科
	14	纪检监察		人员发生违法违纪问题，扣100分；对各种违法违纪案件线索未能及时组织查处，有隐情不报和压案不办现象，扣100分。	综合科
	15	不发生被媒体曝光或上级单位通报的负面事件		被上级单位通报批评或被省级以上(含省级)媒体曝光的扣100分。其他情况每次扣20分。	综合科
	16		一票否决项（出现此项情形，每项次扣500分）	发生重大违纪违规、违法行为或事件（由领导小组认定）。	综合科
	17			印章管理混乱，给单位造成恶劣影响或重大经济损失的。	综合科
	18			维稳工作不到位，造成集体上访、重复上访、越级上访、违规上访、集体罢工、闹事等事件，并给单位造成恶劣影响的。	综合科
	19			未按规定执行警卫任务或重要保障任务造成严重影响的。	调度中心
	20			发生一次重伤1人以上（含1人）的有责生产安全事故，或发生亡人有责生产安全事故，或一次集体中毒4人（含4人）以上，或一次财产损失10万元（含10万元）以上的有责生产安全事故的。	道管科
	21			造成国有资产严重损失和在系统内外造成恶劣影响的违纪违规行为。	综合科

附件 3

江苏省通启高速公路管理处所属
收费站日常管理工作考核细则

考评项目（权重）	分项	编号	考核内容及要求	评分标准
综合管理总分 100 分（权重 20%）	基础管理	1	及时阅办 OA 文件，文字材料签阅流程规范，需经领导审阅的材料，需保留完整的审阅人、审阅时间、审阅意见等信息；在规定期限内签收（1分）。	OA 文件阅办不及时的，每一次扣 1 分，其他达不到要求的扣 1 分。
		2	各类文字材料的起草、校对、印制、登记和归档格式严谨规范，内容表述准确、无明显失误（1分）。文字材料工作台账统一规范，项目齐全，内容准确、数字真实；重要文件及时归档；装订整齐、规范、清洁，无缺项、漏项（1分）。	文字材料行文不规范、表述不准确，不符合行文要求的，扣 2 分。
		3	严格按照管理处下发各项工作任务节点准确、及时完成各项工作。	管理处根据日常工作情况直接评定，延误、错误一次扣 2 分。
		4	指定专人负责印信管理（1分）；申请用印手续齐全（1分）；用印准确、规范（1分）。	未指定专人负责印信管理的扣 1 分；申请用印手续不齐全的扣 1 分；用印不准确、不规范的扣 1 分。
		5	室内卫生良好，空气清新，墙壁、天花、台面、地面、门窗、床铺、桌椅、衣柜、相关设备等表面干净，无尘、无污渍、无蜘蛛网，窗户玻璃清洁明亮，室内物品按规定统一摆放整齐，井然有序。室外广场、绿化带整洁，无明显垃圾。	室内发现表面有污渍、灰尘、蜘蛛网、物品摆放不整齐等一次扣 2 分，室外有明显垃圾一次扣 2 分。
	信访维稳	6	按照属地管理和"谁主管、谁负责"的原则，严格落实信访维稳工作责任制，重大安全维稳事件要迅速上报（5分）；对工作不得推诿扯皮、上交矛盾（5分）；对群众来信、来访按照规定步骤认真办理（4分）。	发生重大安全维稳事件没有迅速上报的扣 5 分，职责范围内，未尽心尽责处理而把矛盾上交的扣 5 分。
	车辆保障	7	车辆资料台账统一规范，项目齐全，加油、维修、保养、保险数据准确、真实（2分）；装订整齐、规范、清洁（1分）。	资料台账不统一的扣 1 分，加油、维修、保养缺少内容的扣 2 分；装订不规范、装订不整齐的扣 1 分。

考评项目（权重）	分项	编号	考核内容及要求	评分标准
综合管理总分100分（权重20%）	车辆保障	8	建立驾驶员安全学习制度、定期组织学习、定期进行安全知识考试（2分）。	达不到要求的扣2分。
		9	每周利用GPS系统对车辆检查不少于1次（1分）。	每周利用GPS系统对车辆检查少于1次的扣1分。
	食堂后勤	10	成立职工食堂伙食管理委员会，一线职工代表不低于30%（1分）；定期召开会议，研究食堂管理措施，征求广大职工意见和建议，做到"三定期三公开"。（2分）	没有成立伙食管理组织的扣1分；没有定期召开会议的扣1分；没有定期公开菜谱、定期公开开支、接受职工监督的扣2分。参考文件：苏高管综（2013）12号《关于印发江苏省高速公路经营管理中心职工食堂标准化达标及创建活动实施方案（试行）的通知》。
		11	没有发生责任性食物中毒事件（3分）；炊事人员持有效真实健康证明上岗操作（1分）。	发生责任性食物中毒事件的考核直接定为不合格；炊事人员健康证明未公示的扣0.5分，健康证明过期的扣0.5分。
		12	严格按照职工满意食堂要求规范填写各类台账（1分）。	参考文件：苏高管综（2013）12号《关于印发江苏省高速公路经营管理中心职工食堂标准化达标及创建活动实施方案（试行）的通知》；台账不规范、缺项少项、内容错误、数字造假的扣1分；创建活动未能及时归档的扣1分；装订不规范、不整齐、出现缺项、漏项的扣1分。
		13	固定资产入库手续齐全，建立固定资产登记台账（1分）；固定资产转让、调拨及时办理相应变更手续（1分）。	固定资产没有及时更新固定资产信息管理系统，建立固定资产登记台账扣1分；固定资产转让没有办理变更手续、调拨没。

考评项目 （权重）	分项	编号	考核内容及要求	评分标准
综合管理 总分 100 分 （权重 20%）	固定资产管理			有办理变更手续扣 1 分。（参考文件：苏 高管综(2010)19 号《江 苏省高速公路经营管 理中心固定资产管理 暂行办法》）。
		14	固定资产按照账、卡、物三者统一的原则分类清点，每年至少两次（1 分）。	每年清点少一次的扣 0.5 分。
	信息工作	15	要紧紧围绕中心、管理处工作和信息报送要求，坚持及时、准确、全面的原则，对于重大信息，做到随时发生随时报送（2 分）。	重大信息没有及时报 送扣 1 分；报送超过 2 天的扣 1 分。
		16	报送信息的内容、观点、数据等要真实可靠，确保反映客观情况（1 分）；坚决防止粗制滥造，应付差事，盲目追求数量（1 分）；各单位每月上报的信息数量不得少于 4 篇（1 分）。	报送信息的内容、观 点、数据弄虚作假的 扣 1 分；粗制滥造， 应付差事的扣 1 分； 每月上报的信息数量 少于 4 篇的扣 1 分。
	法制宣传教育	17	普法宣传形式丰富，能运用多种载体和方式进行宣传；紧密联系工作实际，分层次、分对象开展专项普法教育；积极组织"12·4"国家宪法日宣传活动等。	普法宣传形式单一， 未采用多种载体和方 式进行宣传的扣 1 分； 未开展专项普法教育 的扣 2 分；未积极组 织"12·4"国家宪法 日宣传活动等其他活 动的扣 3 分。
		18	建立学法（培训）制度；管理人员结合岗位专项学习，其他职工基本法律常识学习。参学率达到 95% 以上。	未建立管理人员和其 他职工学法（培训） 制度的扣 1 分；未组 织集体学习的扣 1 分； 未组织管理人员专项 学习的扣 1 分，未组 织其他职工基本法律 常识学习的扣 1 分； 各项学习的参学率低 于 95% 的扣 1 分。
	人事劳资	19	工资薪酬造表及时、准确；建立健全员工岗位考核制度，定期开展月度岗位考核，考核记录规范有序，相关人员签字真实有效，岗位考核结果应当公开。	及时完成薪酬发放表 制作上报，违反一次 扣 1 分；月差错不能 超过 1 次，违反一次 扣 1 分。未定期开展 岗位考核，扣 2 分； 考核流程不合规、记 录不规范、结果未公

考评项目 （权重）	分项	编号	考核内容及要求	评分标准
综合管理 总分 100 分 （权重 20%）				开或未履行签字手续，扣 2 分；每月 6 日前报送考核汇总表及相关材料，违反一次扣 1 分。
		20	员工花名册正确无误，及时更新；建立员工个人信息材料袋，做好资料收集、整理。资料包括：人员情况登记表；身份证、学历证书、荣誉证书、专业技术等级证书复印件等。	员工花名册信息有误扣 1 分；人员发生变化，当月花名册未及时更新，无增加、减少表，扣 1 分；未建立员工信息材料袋，扣 1 分；资料明显缺失，扣 1 分。
		21	认真执行请销假管理制度，按实记录员工考勤；认真执行、落实政策性休假。	考勤弄虚作假一次扣 2 分；请销假手续不完善，扣 1 分；考勤表上员工未签字一次扣 1 分；每月 6 日前完成考勤汇总，违反一次扣 1 分；严格执行相关规章制度，违反一次扣 2 分；未统筹安排员工年休假，扣 2 分；政策性休假手续完善，违反一次扣 1 分。
		22	认真组织相关文件学习；及时告知员工工资调整及社保基数调整	未及时组织相关文件学习，无学习记录及员工签字，扣 1 分；工资、社保基数调整表无员工签字,扣1分。
综合管理 总分 100 分 （权重 20%）	党群工作	23	党支部集体学习制度落实情况。	1、各党支部学习每季度不少于一次。未按时组织学习，扣 2 分。
		24	召开组织生活会情况。	1、按照程序召开组织生活会，每年不少于 1 次。未按要求召开，扣 1 分；
		25	开展民主评议党员。	1、按时开展民主评议党员活动，每年 1 次。未按要求召开,扣1分；

考评项目（权重）	分项	编号	考核内容及要求	评分标准
				2、记录内容完整。包括：会前未进行征求意见，会上开展批评与自我批评，对存在问题制定整改措施。内容不完整，扣2分。
		26	党员"三会一课"制度落实情况。	1、支部党员大会每季度1次、支部委员会每月1次、党小组会每月1次、党员党课每季度1次。未按时召开会议，扣1分；2、会议记录在党支部工作记录本上体现，有时间、地点、与会人员签到、会议议程、学习内容或党课报告。记录不全，扣1分。
综合管理总分100分（权重20%）	党群工作	27	党建工作基础资料完整。	党建基础资料完整。包括：党总支及支部简介、组织机构网络图、党员名册、入党积极分子名册、党员党费缴纳标准。资料不完整，扣2分。
		28	工会台账齐全；组织开展工会活动和职工思想教育。	1、工会活动台账不规范扣1分；没有签到表扣1分；没有费用支出明细扣1分；没有活动通知、影像资料扣1分。2、没有工会活动扣2分；开展思想教育及文体活动，每季度不少于1次。未开展，扣2分；按照上级工会要求组织的专项活动，未按时组织，扣2分；记录完整，包括方案、过程（图片或视频资料）、总结、参加人员签到、微信公众号发布，记录不全，扣1分。

考评项目（权重）	分项	编号	考核内容及要求	评分标准
		29	做好困难职工帮扶，按规定对职工进行各项慰问。	1、建立困难职工档案，未建立，扣1分。 2、按规定对职工进行各项慰问，并有相关记录。未开展，扣2分。
		30	团建工作基础资料齐全。	包括团支部简介、组织机构网络图、团员名册、团费缴纳标准。内容不全，扣2分。
综合管理总分100分（权重20%）	党群工作	31	按照上级要求和计划及时组织开展专题学习和各项活动。	1、采取学习教育、自我批评和组织评议等相结合的方式开展各项活动。未开展，扣2分。 2、有图片或视频资料记录党、团工作活动记录。未按要求开展，扣2分。 3、记录完整，包括方案、过程（图片或视频资料）、总结、参加人员签到，记录不全，扣1分。
财务管理总分100分（权重20%）	报销管理	32	认真执行财务管理办法中的支出管理规定。	违反规定一项次扣1分。
		33	认真遵循会计监督原则，经费审批手续完整，经济事项的经办人、证明人、保管人、审批人等应职权分离、相互制约、相互监督。	违反规定一项次扣1分。
		34	原始凭证应记载准确完整，内容不得涂改，有错误应按规定重新填写，金额错误要退回重开。	违反规定一项次扣2分。
		35	按规定时间结报经费，每月6日和22日（节假日顺延，特殊情况除外）结报。	无故违反结报时间规定一次扣1分。
		36	每月及时结报水电费等定期结账费用，无故不得跨月结报。	违反规定一次扣1分。
		37	报销单据附件齐全，固定资产、低值易耗品、其他物资入账要附验收入库单、大额经费和计划外经费使用要附审批手续（预算表、签报且签字齐全）、万元以上经费使用需签订合同的要附合同签报单等，单据裁剪整齐，粘贴平整美观，有效部位不得遮盖。	应有附件少一份扣1分，单据粘贴不平整、裁剪不整齐一次扣0.5分。

考评项目（权重）	分项	编号	考核内容及要求	评分标准
	资金管理	38	严格周转金管理，按规范管理周转金。专人保管，建立周转金日记账；现金保管必须符合安全管理的要求，放入保险箱，使用密码；岗亭找零备用金领用、移交必须在交接登记簿上签字确认，落实经济责任；人员变动及时做好交接变更手续。	违反规定，一项次扣1分。
财务管理总分100分（权重20%）	资金管理	39	严禁挪用周转金、严禁坐支收入；严禁弄虚作假、私设小金库等违纪行为。	发生挪用周转金、坐支现金等一般性违反财经纪律行为一次扣5分，弄虚作假、私设小金库等违反财经纪律行为一次扣10分，并取消评选先进单位资格，情节严重的按有关规定另行处理。
		40	单位负责人定期或不定期对周转金进行检查，确保资金安全、账实一致，每月检查不少于一次并做好检查记录。	未检查一次扣0.5分，账实不符一次扣2分，长款没收，短款由责任人赔偿。
		41	妥善保管好通行费收入、找零备用金，及时解缴通行费收入，并做好交接记录。	没有交接记录一次扣1分。无特殊情况不及时解缴通行费收入，发生一次扣1分。
		42	建立食堂伙食账。伙食费专人保管，开设专用存折；伙食支出凭证必须经办人、证明人、验收人、审核人齐全，实行民主管理；伙食费使用情况每月公示。单位负责人定期或不定期对伙食费进行检查，并做好记录。	违反一项次扣1分。
		43	清障队及时解缴清障收入，记录核对相关明细。废票及时登记、上交。	违反一项次扣1分。
		44	每月及时解缴赔卡费，并与调度中心和财务部门及时核对赔卡数量、金额、明细。赔卡明细表单位负责人签字、盖章后及时上交财务部门一份。	违反一项次扣1分。
	固定资产和物资管理	45	固定资产要及时登记，做到账账相符、账实相符，对本单位的固定资产要做到每年至少一次清查盘点，并留有盘点记录。	违反一项次扣1分。

考评项目（权重）	分项	编号	考核内容及要求	评分标准
		46	建立物品保管台账。物品入库、领用手续齐全，如实登记物品进出台账，账实一致，每月进行盘点检查，并做好检查记录。	违反一项次扣1分。
	合同管理	47	严格执行合同会签规定，各单位不得擅自对外签订合同。	擅自对外签订合同一次扣5分，造成后果的另行处理。
营运管理总分100分（权重40%）	现场管理	48	收费广场、安全岛、设施设备等外场环境符合规范要求。各类物品、工具归类存放，标志标牌（限高限宽、提示）标线到位、齐全、清晰、规范。收费公示和服务承诺牌准确、完好，投诉、举报电话有效、畅通。外场环境（含两侧护坡、边沟）整齐、美观、协调，无废弃物、烟头、纸屑等。车道地面、收费亭外壁、挡车杆、费显、报警信号灯、摄像设备、大棚立柱及绿化干净、清洁，无杂物，无污水，无严重油污，无破损，无过期、多余张贴物等。	发现大量积灰、废弃物、烟头、纸屑，一处扣1分；发现严重油污、破损、过期或多余张贴物，一处扣2分；标志标牌不到位，一处扣3分。
		49	收费亭内场环境符合规范要求。各类物品、工具归类存放，设施设备完好齐全。亭内（含窗户玻璃、亭内壁、地面）干净、明亮、清洁，无破损、无蜘蛛网。亭内壁无过期、多余张贴物。工作台不得摆放与工作无关物品，机具摆放整齐，保持整洁。	发现污渍、破损、蜘蛛网，一处扣1分；发现破损、过期或多余张贴物，一处扣2分；工作台物品及机具未按规定摆放，一处扣1分。
		50	便民服务设施符合规范要求。配备便民服务用品，如：饮用水、简易修车工具、创可贴等，摆放整齐、干净。不得出现不符合规定的项目，外用药品必须在有效期限，便民服务箱（台）必须整洁、规范、无杂物。	未配备便民服务用品，扣10分；便民服务用品不全、不符合规定、外用药品过期，扣5分；摆放不整齐，不清洁等，扣2分。
		51	现场管理规范有序。人员在岗在位，亭外保持有人巡查，无串岗聊天或车道内聊天现象，收费区域遇闲杂人员和滞留车辆及时现场有人及时劝离。	人员未在岗在位，一人次扣1分；无亭外人员、串岗聊天或车道内聊天，一次扣2分；收费区域有闲杂人员或滞留车辆未及时劝离的，一次扣2分。

考评项目（权重）	分项	编号	考核内容及要求	评分标准
		52	严格执行警卫或重要保障任务工作规范。提前30分钟到达现场，维护现场秩序，做好环境卫生、引导与报告工作。非警卫任务或重要保障任务情况下，遇有中心及上级车辆通过时及时疏导，车队通过时行注目礼，通过后及时上报调度中心。	未按预定时间到达现场，一次扣3分；环境卫生、引导手势不规范，车队过后未及时上报，一次扣2分；非警卫任务或重要保障任务执行不利的，一次扣1分；工作滞后造成严重影响的，按年度一票否决指标认定。
营运管理总分100分（权重40%）	现场管理	53	严格遵守规章制度和工作纪律。严禁擅自离岗，无特殊情况，如厕不超过15分钟。严禁带与工作无关的物品上岗、当班期间做与工作无关的事和酒后上岗。	擅自离岗，一人次扣3分；超时超过3人次，扣1分；带私款或通信工具上岗、做与工作无关的事，一人次扣5分；酒后上岗，一人次扣10分。
		54	严格执行道口开放管理规定。合理均衡地安排道口，严禁擅自关道。特殊情况需关闭（临时关闭车道应选择无车辆时）或开放车道时，应及时关闭（开启）相应信号灯，同时关闭或打开车道栏杆，并认真做好安全保障工作。关道离岗须扣严窗户，锁好亭门，钱、卡放入密码箱再放入有人收费亭。当出现拥堵时，及时启用相应保畅措施，保畅流程标准、规范、快速、高效。	未按规定开放道口，一次扣2分；擅自关道，未按规定使用信号灯、车道栏杆的，每项次扣1分；离岗未按规定执行相关安全管理要求的，一处扣1分；保畅措施未及时启用，一次扣5分；保畅流程不标准、规范、高效，一处扣1分。
		55	严格执行夜班轮休管理规定。轮休时间不得超出00：00－06：00时段，除轮休外，全员均应保持良好的精神状态，严禁睡岗，轮休结束时及时到岗开启道口。轮休时段内至少保证一名或一名以上疏导员在岗。	轮休期间现场管理混乱，一次扣5分；超出规定时段，一次扣2分；精神状态不佳，一人次扣1分；提醒无效或睡岗，一人次扣3分。
		56	严格执行就餐管理规定。实行岗下就餐，就餐时间不超过30分钟，收费区域较远收费站不超过40分钟，就餐期间至少保证一名及以上疏导员在岗。	岗上就餐，扣5分；就餐超时，一次扣1分；亭外无疏导人员，一次扣2分；违反就餐安全管理规定，一次扣2分。
		57	严格执行岗前准备、班前会、列队上下岗、交接班、解缴款工作流程。	流程不规范，一处扣1分。

考评项目（权重）	分项	编号	考核内容及要求	评分标准
营运管理总分100分（权重40%）	现场管理	58	严格执行收费、发卡操作程序。除牵引车、车队等特殊情况外，必须坚持一车一卡（一票）一放行。严禁空落杆、空落杆。严禁对出示ETC卡的车辆发放普通卡。非本车ETC卡不得在人工车道进行发卡、扣费操作。	上班日期和班次错误影响收费拆账数据，一次扣2分；违反发卡操作流程，倒发卡一次扣5分；对出示ETC卡车辆发放普通卡、ETC卡内信息与车牌不符未核对造成发卡或收费错误，一次扣5分；造成投诉的按年度责任生投诉指标考核。
		59	严格执行特情上报（授权）制度。	特情未上报，一人次扣1分
		60	严格执行绿色通道查验作业标准。做到2人查验，规范、正确使用绿优查验PAD设备，查验流程、拍照标准符合要求。	作业标准不符合要求，每项次扣2分。
		61	严格执行重大节假日小型客车免费通行作业标准。做好相应时段临时通行卡发放、回收工作。	作业标准不符合要求，每项次扣2分。
		62	严格执行防范和打击偷逃车辆通行费作业标准。及时发现和制止各类逃费行为，货车过非整车磅做到有人监管。不发生与驾乘人员、"黄牛"勾结，以及其他方式协助车辆偷逃通行费行为。	对严重超时、车牌不符、U行、军车等车辆未及时上报，对跳磅、压磅、冲卡、假冒军车、走"S"型、垫钢板等逃费车辆未及时制止或上报，一次扣1分；未按规定核查或现场无人监管，一次扣2分；货车无重收费，造成通行费流失，一次扣2分；发生勾结、协助偷逃通行费行为，按年度指标发生重大违纪违规、违法行为或事件认定。
	现场管理	63	严格执行解缴款特情处理规定。长款（多卡）如实上交，短款（少卡）自行补齐（赔偿），电子银行进行相应操作。银行解缴过程中发现的长短款、假币等，以及系统故障均按规定处理。	未按规定处理，每项次扣5分。

189

考评项目（权重）	分项	编号	考核内容及要求	评分标准
营运管理总分100分（权重40%）	文明服务	64	严格遵守现场管理其他有关规定。	违反其他规定，视情节严重程度，每项次扣1-10分。
		65	着装统一规范。着装保持干净整洁，无明显折皱、污渍。袖口应系上纽扣，衬衫下摆应束在裤内（女员工穿夏装时不要求）。制服配套不混穿。西装、衬衫按要求系扣子。穿西装时衬衫外可穿V领羊毛衫，颜色以黑、灰为宜，佩戴实习生牌子的员工，着装相近即可。员工应系黑色皮带。	员工未穿着工作服，一人次扣5分；混穿、工装不统一，一人次扣2分；着装不整洁（折皱、污渍等）、不规范（袖口未系纽扣、未系黑皮带等），一人次扣1分。
		66	鞋袜穿着规范。男员工穿深色皮鞋、深色袜子；女员工穿深色皮鞋、深色或肉色袜子（穿裙装时，着肉色长筒丝袜；着长裤时穿深色袜子），需保持鞋面袜子干净、无破损。	员工未穿着深色皮鞋、袜子，一人次扣2分；鞋、袜不干净、破损，一人次扣1分。
		67	头发及面部符合要求。头发梳理整齐，保持清爽干净，不染黑色以外颜色。女员工头发应盘起用发兜束于脑后，不披肩散发。短发拢于耳后，前不遮眉、侧不遮耳；男员工不留大包头、光头，不留长鬓角和胡须，前不遮额，侧不盖耳，后不触领。面部保持清洁，男同志不留胡须，鼻毛不外露。可淡妆上岗，做到淡雅、清新、自然，不浓妆艳抹，不戴假睫毛。	染发，一人次扣10分；头发梳理不整齐、头发遮面、未盘发，一人次扣5分；发式和面部不符合标准（刘海遮眉、短发未拢于耳后、面部不清洁、手部不清洁等），一人次扣2分。
		68	手部、眼镜、配饰符合要求。保持手部清洁，不留长指甲（指甲长度不超过手指指尖）。除透明色外，不得涂染指甲油。不戴装饰性的发箍。除手表外，不佩带任何装饰性发箍。不佩戴夸张性饰物、眼镜等。收费员不得佩戴有色眼镜，眼镜镜框以金、银、黑色为主，不得佩戴彩色镜框眼镜。不佩戴玩具卡通手表、挂表。	手部不清洁、指甲过长、透明色以外指甲油、佩戴装饰性发箍、夸张性及多余饰品、有色眼镜、镜框不符合要求（黑色、银色、金色以外其他颜色），一人次扣5分。
		69	工作人员当班期间按规定出示监督牌，佩戴工号牌或工作证件，出亭作业须着反光背心，进入亭内脱下放于指定位置。	未出示监督牌、未配戴工号牌或工作证件、未着反光背心，一人次扣2分。
		70	坐姿、转体规范。来车时，收费员保持坐姿端正，面朝乘人员，挺胸收腹，双目平视，双手自然交叠，上身保持正直、立腰状态，不趴在台面、收费时严禁倚靠座椅背部等。长时间无车通过时不做与工作无关的事。	来车时收费员未开窗迎接，一人次扣5分；未面朝司乘人员、坐姿不规范，一人次扣2分。

考评项目（权重）	分项	编号	考核内容及要求	评分标准
营运管理总分100分（权重40%）	文明服务	71	手势动作规范。迎车时肘关节不低于窗台，小臂与地面垂直或45°，左臂贴靠窗沿，五指并拢，掌心面对来车方向。	挥手时肘关节低于窗台、小臂未与地面垂直或45°、左臂未贴靠窗沿、五指未并拢、掌心未面对来车方向等，一人次扣2分。
		72	接递规范。收费员伸左手，小臂外旋掌心向上稍向内张接取；打印发票正面向上，并放在找零款之上，以左手递给司机；够不到司乘人员卡、票时主动起身接递；无二指夹卡、票等。钱款收到先放置桌面。	收费员接递时掌心未向上，一人次扣2分；二指夹卡或票、够不到驾乘人员时未起身接递，一人次扣5分；发票未正面向上、找零未左手递给客户、钱款未放置在桌面，一人次扣2分。
		73	面部表情规范。表情友善、自然，嘴角微微上翘，伴随微笑自然地露出牙齿，微笑真诚、亲切、温馨、和善，与司机保持目光交流，并做到目迎、目送，微笑服务。	未做到友善、自然，微笑服务，一人次扣5分；未保持目光交流、未做到目迎、目送，一人扣2分。
		74	使用普通话和文明用语，表述完整、规范、亲切、清晰。声音响亮、柔和亲切不生硬；语速适中、吐字清晰，使用基本礼貌用语。讲话时思想集中，不允许收费期间与机动人员随便交谈。	未使用普通话，一人次扣10分；未使用基本礼貌用语，一人次扣5分；声音不响亮、语音不柔和亲切、语速不适中或吐字不清晰，一人次扣2分。
		75	礼仪用语规范。日常问候语无遗漏，节日问候语标准，唱收唱付齐全无遗漏。	未使用问候语，一人次扣5分；文明用语不全、未做到唱收唱付，一人次扣2分。
		76	业务用语规范。核证和特情处理时用语规范，用到"请"、"麻烦您"、"谢谢"、"对不起"等礼貌用语。	核证和特情处理时用语不规范，一人次扣2分。
	文明服务	77	行为举止规范。工作场合及班前班后站姿标准，无倾斜，亭外人员执勤时应保持基本站姿，不得随意倚靠；上岗时行姿站成一排，拿包方向一致，步伐整齐，抬头、挺胸。保持队列动作协调一致，严禁勾肩搭背，嬉笑打闹。	站姿、行姿不端正，一人次扣5分。
		78	岗上纪律符合要求。收费员工在操作时，无喝水、聊天等行为，言行举止文雅大方，车辆未走不关窗。	工作时有喝水、聊天行为、言行举止不雅、车辆未走已关窗，一人次扣5分。

考评项目（权重）	分项	编号	考核内容及要求	评分标准
营运管理总分100分（权重40%）		79	咨询服务规范。收费站员工应熟知本路段收费政策标准，热情为司乘人员解答疑问，如不能准确解答，可引导相关咨询途径。做到耐心、礼貌、有问必答、有难必帮等。绝不发生不负责任、不懂装懂、模棱两可、胡乱作答的现象。	未引导或解答驾乘人员询问、态度不热情或不礼貌，一人次扣5分。
		80	应急处理规范。无论任何原因造成车道不能正常通行的，收费员应及时将车道切换到禁止进入状态。如无车辆关上手动栏杆；如有其他车辆等候，亭外人员应马上向司乘人员解释，等候超过三分钟的需引导车辆改道后关上手动栏杆。无论何种原因（丢卡情况除外）造成耽误驾乘人员时间的，收费员应向司乘人员表示歉意，有必要时，向司乘人员解释原因。班长到现场处理前先表明身份再处理问题，使用规范的礼貌用语。班长15分钟内处理不了的问题应立即上报调度中心，由调度员通知收费站领导。	未做应急处理，一人次扣10分；应急处理不规范，一人次扣2分。
		81	严格遵守文明服务其他有关规定。	违反其他规定，视情节严重程度，每项次扣1-5分。
	内业管理	82	严格执行征收工作资料归档内容及要求。统一规范设置征管工作台账，档案盒封面、封底、背脊、目录，以及资料装订符合要求；各类文件、记录、单据、账簿、报表整理、归档、保管规范、及时，数据准确。	未按规定设置征管工作台账，扣20分；不规范，一处扣1分；缺失，一项扣2分。文件、记录等整理、归档、保管不及时，一项扣2分；数据不准确，一处扣1分。
		83	严格落实考勤、会议、学习等各项征收工作制度。考勤手续完善，定期召开站务会、班务会、班前会，学习频率、要求、记录符合要求。	违反规定，每项次扣1分。
	内业管理	84	严格执行备用金管理制度。按规定在解款室或岗亭进行备用金交接，并做好记录，做到准确无误。	未按规定执行备用金制度，造成备用金管理混乱或短缺，一次扣5分。
		85	认真执行模糊收费要求。严禁任何人员利用收费管理机向收费员、发卡员泄露当班收费额、发卡量。	违反解交款工作流程，先对账后交款，一次扣5分；发生多卡、长款未及时足额上缴，每项次扣10分。

考评项目（权重）	分项	编号	考核内容及要求	评分标准
营运管理总分100分（权重40%）		86	严格执行电子银行解缴款规定。按照电子银行操作规程及有关规定及时、准确地录入相关数据，不得在未完成解缴流程前提前离开解款室或请别人代为解缴。	电子银行操作不规范，导致设备损坏，一次扣2分；私自开启电子银行，一次扣5分；提前离开或代为解缴，一次扣2分。
	内业管理	87	严格执行票卡使用管理规定。做好票卡申领、使用、结存工作，规范使用各类票据和实行"班组IC卡集中管理"，产生的废票、弃票按规定签字上交、收存，产生的恢复卡、坏卡、多余卡应分类交班长，不得混入好卡上交。严禁发出无信息卡，严禁将恢复卡、坏卡、多余卡在当班期间再次发出，严禁私自调卡，严禁私自从收费道口调用通行卡到入口发放。按规定使用纸质通行券。严禁贪污、挪用通行费、备用金、赔偿款，倒卖、伪造、私藏打印票据、通行卡等行为。	未提前领取，造成一线IC卡、打印票据短缺，影响工作开展，一次扣2分；废票、弃票未按规定处理，坏卡、恢复卡未按规定处理，一次扣2分；发生贪污、倒卖、私藏通行费、票据、通行卡等行为，按年度指标发生重大违纪违规、违法行为或事件认定。
		88	正确使用征收管理系统中票据管理系统。确保账实相符，不得擅自修改系统数据，票据系统中凭证审核应于业务发生的次日内完成，发生差错时，3个工作日内（节假日顺延）做好冲销、调差工作。当月凭证于次月10日前装订成册。	账实不符，一处扣2分；未按照所授权限操作征收管理系统，越权或以他人名义进入系统进行操作，每项次扣2分；未按规定时效做好凭证调差、装订凭证，每项次扣1分。
		89	正确使用征收管理系统中稽查系统。稽查于发生的次日进行录入工作，车流量于每月3日前（节假日顺延）对上一月流量进行录入，数据准确无误。	未及时录入、录入差错，一项次扣1分。
		90	正确使用征收管理系统中服装管理系统。做好服装的登记、申领、审核等工作，确保信息准确。	信息不准确，一处扣1分。
		91	严格执行服务投诉处理规范要求。各收费站收到调度中心转发的投诉，应在48小时内处理结束，并按要求反馈上报。	未按规定时效处理上报的，一次扣5分；收费站未按管理处要求做好调查、沟通、上报的，一次扣2分。
		92	严格执行征管信息管理规定。及时、准确上报各类征收数据与报表。	未及时上报、数据不准确，每项次扣2分。

考评项目（权重）	分项	编号	考核内容及要求	评分标准
营运管理总分100分（权重40%）	征收监管	93	严格遵守内业管理其他有关规定。	违反其他规定，视情节严重程度，每项次扣1-5分。
		94	严格执行征收监管工作制度。按规定上报征收监管工作计划，对查实的稽查检查结果按要求进行录入、考核、上报，不弄虚作假、隐瞒包庇，做到客观、公平、公正。	无征收监管工作计划，扣2分；未按要求录入、考核、上报，一项次扣2分；弄虚作假、隐瞒包庇，一项次扣2分。
		95	收费站现场稽查符合要求。站长（主管）和管理员（征收）每个工作日对当班收费人员工作情况进行稽查，其中对出入口收费发卡操作、备用金、打印票据、工作纪律等情况，至少进行一次现场稽查，检查不少于5个开放道口，开放道口少于5个的全部检查。对收费人员仪容仪表、温馨服务等情况，至少一次现场稽查。	现场稽查不符合要求，一项次扣1分。
		96	收费站录像稽查（审带稽查）符合要求。1、管理员（征收）每天对前一日（含节假日）所有班次及出入口亭内及收费广场录像进行稽查，所查录像不少于15分钟/收费亭（有人），基本实现早、中、晚各班次平均覆盖，每天对解款室通行费解缴录像进行稽查。2、站长（主管）每天对任意一个班次，所有出入口亭内及收费广场录像进行稽查，所查录像不少于10分钟/收费亭（有人）；每周对管理员审带内容进行抽审，抽审出入口亭内录像不少于1.5小时，10人次。3、站长（主管）每天进行审带查看累计时长不少于1小时，管理员（管理员）每天审带查看累计时长不少于1.5小时。	稽查频次、数量不符合要求，一项次扣1分。
	征收监管	97	收费站特情车辆（数据）稽查符合要求。管理员对每日（含节假日）收费数据、对账解缴、优惠车辆查验、通行卡使用、特情处置、系统维护等情况进行检查审核，优惠车辆审核每天不少于150辆次，不足150辆的，全部审核，复核回复每日调度中心下发的反馈内容，及时、准确、规范填写《管理员征收工作日志》、《收费管理日常稽查记录》。站长（主管）对涉及钱、票、卡的特情进行复核，填写《主管征收工作日志》。	稽查频次、数量不符合要求，填写不及时、准确、规范，一项次扣1分。

194

考评项目（权重）	分项	编号	考核内容及要求	评分标准
营运管理总分 100 分（权重 40%）	征收监管	98	票卡检查符合要求。收费站票卡自查每月至少 1 次，对班组票卡检查每月每班至少 1 次，班组卡内信息抽查每月每班至少 1 次，每次至少 50 张，及时准备、规范填写《收费站票、卡检查记录》。每周站管理员需进入收费亭开展一次票卡稽查，检查需在监控下进行，检查内容包括核对票据和 IC 卡使用情况、备用金管理和交接情况、票箱检查等，做到每月班组全覆盖。站管理员必须按日将征收管理系统通行卡库存情况与收费系统通行卡库存情况进行核对，需进行系统数据维护的，必须认真在《管理员日志》上进行填写，并由站主管在填写处进行签字确认。	检查频次、数量不符合要求，填写不及时、准确、规范，一项次扣 1 分。
		（权重 40%）	严格遵守征收监管其他有关规定。	违反其他规定，视情节严重程度，每项次扣 1-2 分。
		100	严格遵守安全管理规定。无危害单位财产和人身安全的行为和现象。	发生财产损失或人员伤亡的，按安全管理考核标准考核。
		101	收费区域安全设施设备符合要求。标志标线、防撞设施清晰、完好、规范，照明设施完好率不低于 90%，防雾灯完好，消防设施齐全、有效，有防盗防抢设备等。	标志标线、防撞柱、防雾灯等损坏未及时上报的，一项扣 3 分。
	征收监管	102	现场管理符合安全管理要求。当班期间收费人员的密码箱、票据、钱款、IC 卡在监控范围内，按规定反锁亭门；关道离岗时，将钱、卡放入密码箱，再放入有人收费亭，关好窗户，锁好亭门。除工作需要外，无关人员不得进入收费亭。通过站区车道时，做到"一慢二看三通过"。亭外人员着反光背心，站立位置合理，能够有效预防车辆碰撞。	未在监控范围之内、未反锁亭门，一次扣 2 分；未执行关道离岗安全规定，一次扣 2 分；让无关人员进入收费亭，一次扣 2 分；亭外人员未按规定着反光背心、站立位置不合理，一次扣 2 分。
	征收监管	103	解款室、票据室安全管理符合要求。消防器材完好有效，无人情况下开启报警器，按规定填写《解款室进出登记台账》。银行上门收款时，检查银行收款人员的身份，仔细监督银行收款人员收款，及时、规范填写《银行收款及换零情况记录》。	消防器材不完好，一处扣 2 分；未开启报警器，扣 2 分；台账填写不及时、不准确，扣 1 分。

人力资源类

考评项目（权重）	分项	编号	考核内容及要求	评分标准
营运管理总分100分（权重40%）		104	网络安全符合要求。对服务器、终端计算机全部USB接口实行物理封闭。不得擅自连接外网、外设及其他方式造成征管系统感染病毒、瘫痪，不得影响路网联网运行；按规定对报表系统、征收管理系统、稽查监控系统等光驱、USB端口贴封条；加强密钥管理，无泄漏密钥、遗失密钥管理卡行为。	擅自连接外网、外设，一次扣5分；未对相关设备端口贴封条，一次扣2分；擅自泄漏密钥，一次扣10分。
		105	征收安全预案制定与演练符合要求。各类预案齐全，征管人员熟悉预案处置流程，按规定对预案进行演练，安全预案演练上下半年各二次，每年至少组织四次演练，三年全覆盖；收费类特情预案上下半年各至少一次，每年至少组织两次演练，两年全覆盖，演练计划、通知、图文、评审符合要求。	预案不齐全，一项扣10分；演练频率、内容不符合要求，一项扣3分；演练计划、通知、图文、评审记录不规范、真实，一项扣2分。
		106	严格遵守安全管理其他有关规定。	违反其他规定，视情节严重程度，每项次扣1-10分。
	军事化管理	107	严格执行列队升旗制度。每周一早班（恶劣天气除外）的升国旗仪式，参加人员应着装统一规范，神态严肃认真，队列整齐，行注目礼。	未按规定列队升旗，一次扣1分。
		108	严格执行列队上下岗制度。列队上下岗时同侧统一拎箱，步伐整齐，不得袖手或将手插入衣袋。	未按规定列队上下岗，一次扣1分。
	军事化管理	109	严格执行警卫迎宾制度。重大警卫任务或警备、贵宾车队经过站区时，疏导手势规范，车队通过时行注目礼，车队通过后及时上报。	迎宾时疏导手势不规范、未行注目礼、未及时上报，一次扣2分。
		110	严格遵守宿舍内务管理规定。制定宿舍内务管理制度并上墙，宿舍内务符合统一、规范、整齐、清洁、卫生的要求。	内务不规范，不整洁、卫生，一处扣1分。
		111	严格遵守准军事化管理其他有关规定。	违反其他规定，视情节严重程度，每项次扣1-2分。

考评项目（权重）	分项	编号	考核内容及要求	评分标准
营运管理总分100分（权重40%）	设备管理	112	按规定巡查责任范围内使用中的收费、通信、监控设备，发现故障及时登记并上报，故障修复及时登记确认。	未按规定频次巡查登记的，扣1分/次，未及时发现故障，扣1分/次，故障未及时登记上报或故障修复未及时登记确认的，扣1分/次，故障修复登记不完整、不真实，1分/次。
		113	定期组织对设备进行除尘、防锈等保养处理，做好线路防鼠防潮工作，确保设备环境温度，减少故障的发生。	未对责任范围内设备进行定期清洁保养的，扣2分，防鼠防潮不力造成管线故障的，扣2分，设备环境温度异常的，扣2分。
		114	按中心的部署使用好维护管理方面的科技成果、新技术、新产品。	未及时推广使用的，扣2分，使用不符合规范要求的，扣1分。
		115	新系统或新运用及时组织培训。	未组织培训，扣2分，培训记录不完整，扣1分，无培训考核的，扣1分。
		116	遵守三大系统网络安全规定，确保网络安全；加强外接接口、设备的管理；收费系统网络应与其他网络（办公网）进行物理隔离。	外接接口或设备未管理的，扣2分，系统网络未与其他网络（办公网）进行物理隔离的及其他违反网络安全规定的，扣5分/次，造成重大不良后后果的，扣20分。
营运管理总分100分（权重40%）		117	遵守监控系统管理办法，充分发挥监控系统的平台优势，规范监控系统的使用行为，保障监控系统安全稳定地运行。	未经允许，为外单位或人员调看监控系统相关视频、图片或录像，扣5分/次，未经同意，复制、摄录或打印相关视频和图片的，扣10分/次，利用监控系统终端或网络对监控系统进行修改、删除或破坏等操作，扣10分/次，因管理不力，造成相关视频图片流出造成不良社会影响的，扣20分/次。

考评项目 （权重）	分项	编号	考核内容及要求	评分标准
安全管理 总分100分 （权重20%）	事件考核	118	职工工伤。	发生一起违反操作规程、规定的职工工伤轻伤事故，扣2分。
		119		发生一起较大及以上非责任性职工伤亡事故，基本分扣完。
		120	火灾、中毒等事故。	发生一起一般火灾、爆炸、急性中毒责任性事故的扣5分，发生重、特大火灾、爆炸非责任性事故或较大及以上急性中毒非责任性事故，基本分扣完。
		121	自备车交通安全。	发生一起次责交通事故的，扣1分。
		122		发生一起同责交通事故的，扣3分。
		123		发生一起主责交通事故的，扣10分。
		124		发生一起因违反单位管理规定次责以上交通事故的基本分扣完。
		125	设备安全。	发生一起设备责任性事故经济损失在5000元以下、1000元（含1000元）以上的，扣1分。
		126		发生一起设备责任性事故经济损失在10000元以下的，扣2分。
		127		发生一起设备责任性事故经济损失在30000元以下的，扣6分。
		128		发生一起设备责任性伤亡一般事故或经济损失在60000元以下、30000元（含30000元）以上或造成较大社会影响的，基本分扣完。

考评项目（权重）	分项	编号	考核内容及要求	评分标准
安全管理总分100分（权重20%）		129	治安案件。	发生一起因防范不力的一般治安、刑事案件的,扣3分。发生重、特大治安、刑事案件,基本分扣完。
	建立组织明确责任建章立制	130	建立组织机构成立安全领导小组,如有人员调整及时变更。	组织机构设置不健全不完善;安全领导小组人员变动未及时进行调整,每项次扣1分。
		131	建立安全生产责任制,分解安全目标指标,签订安全责任状。	未建立健全安全生产责任制;未明确、分解安全生产目标指标并签订责任状（书）,每项次扣1分。
		132	建立健全安全生产管理制度。	未按安全生产标准化考评办法规定（以下简称标准化）建立健全安全制度,每次扣1分。
		133	结合岗位实际制定相应的岗位安全作业规程。	未按岗位实际和结合法规制度制定相应的岗位安全作业规程,每次扣1分。
		134	结合单位实际制定安全生产应急预案。	未结合单位生产安全工作实际制订相应应急预案,每次扣1分。
	安全日常工作	135	制订年度安全工作或活动计划,有目标、计划、措施（方案）、总结齐全。	年度安全工作（活动）目标、计划、措施（方案）和总结不齐全,每次扣1分。
		136	组织实施安全生产年度计划或活动,以月为单位实施安全生产年度计划的工作任务,并按活动计划实施专题活动。	未以月为单位实施安全生产年度计划的工作任务,每次扣1分,未按活动计划实施专题活动,每次扣1分。
		137	按规定组织召开安全生产工作会议。	未按规定召开安全工作会议,或签名不规范（漏签、代签等）,每次扣1分。

人力资源类

考评项目 （权重）	分项	编号	考核内容及要求	评分标准
安全管理 总分100分 （权重20%）	安全教育培训	138	按月完成上级下达安全工作任务，信息上报及时。	未按时有效完成上级下达安全工作（活动）任务（信息上报等），每次扣1分。
		139	按规定进行安全生产目标指标考核考评工作。	未按规定进行考核考评，或考核考评不符合标准化规定，每次扣1分。
		140	依法组织员工学习安全法规制度进行安全教育培训。	未依法组织员工学习安全法规制度和规范进行岗位生产安全及规程教育培训，每次扣1分。
		141	及时传达上级安全生产的文件精神。	未及时传达学习上级安全生产指示精神，每次扣1分。
		142	对新进员工进行三级安全教育培训。	未按规定对新员工进行三级安全教育培训（有1人），月度考核不达标。
		143	及时更新岗位变动人员更新教育培训内容。	未对岗位变动员工上岗前教育培训未经考核合格，每次扣1分。
		144	对设备及工艺等更新的操作员工进行针对性教育培训。	未对设备及工艺等更新的操作员工进行针对性教育培训，每次扣1分。
		145	按规定对员工进行岗位突发事件应急处置预案进行教育培训（演练）。	未按规定对员工进行岗位突发事件应急处置预案进行教育培训（演练），每次扣1分。
		146	按规范记载安全学习和教育培训情况记录，签名规范。	未按规范记载安全学习和教育培训情况记录，或签名不规范（漏签、代签等）。
		147	员工熟练掌握安全生产知识及技能。	员工没有应知应会岗位生产安全知识与技能，每项次扣1分。

考评项目（权重）	分项	编号	考核内容及要求	评分标准
安全管理总分100分（权重20%）	隐患排查与治理	148	按规定组织安全隐患排查，及时发现安全生产隐患。	未按规定组织进行安全隐患排查，或及时发现生产安全隐患，每项每次扣1分。
		149	按规范标准整治安全隐患。	未按规范标准要求整治安全隐患，每项每次扣1分。
		150	定期落实整治及时发现重大安全隐患。	未按期落实整治发现的重大安全隐患（有1处），月度考核不达标。
	落实安全生产措施	151	保障安全生产相关经费投入。	安全生产所需经费投入，不符规范标准要求，每项每次扣1分。
		152	切实落实安全法规制度、规范标准、作业规程、职业健康、安全监督、第三方安全管理举措。	安全法规制度、规范标准、作业规程、职业健康、安全监督、相关方安全管理执行不到位，每项每次扣1分。
	落实安全生产措施	153	依法规范配备检测使用和存管岗位生产劳动防护用品，落实岗位生产安全措施和应急预案措施。	岗位生产安全措施及劳动保护配备检测使用和存管不符规范，或应急预案措施不到位，每项每次扣1分。
		154	岗位生产设施设备和环境及防护措施等，符合相关安全作业要求与规范标准。	通行费及三大系统收费设施设备、后勤保障（消防用电、治安防盗、财金安全、车辆交通、食品卫生及液化气等）设施设备，配置、安装、使用、存储保管、检查、维修、报废更新，不符合国家或行业规范标准等安全规定和要求，每项每次扣1分。
	事故处理原则	155	发生安全生产事故及时上报，按照事故"四不放过"原则进行处理。	发生事故迟、漏、瞒报，或越级报，或处理事故未执行"四不放过"原则，月度考核不达标（有1次）。

考评项目 （权重）	分项	编号	考核内容及要求	评分标准
安全管理 总分 100 分 （权重 20%）	规范台账	156	安全生产信息化相关数据资料及时录入，安全生产标准化台账资料收集齐全并及时归档保存。	台账收集整理不及时，扣 1 分。
		157		台账收集不完整，扣 1 分。
		158		安全信息录入不及时、不齐全，每次扣 1 分。

人事档案管理办法（试行）

（2017 年 8 月 31 日印发）

第一章 总 则

第一条 为加强人事档案工作,提高科学管理水平,本着" 严格管理、安全保密、规范程序、方便利用 "的原则,根据《 中华人民共和国档案法 》、《 干部档案工作条例 》和中共中央组织部、省委组织部以及控股公司关于干部人事档案管理的有关规定,结合高管中心实际,特制定本办法。

第二条 人事档案是组织人事部门,在培养、选拔和任用干部和员工等工作中,形成的记载干部和员工个人经历、政治思想、品德作风、业务能力、工作表现、工作实绩等内容的文件材料,是历史地、全面地考察了解和正确选拔使用员工的重要依据。

第三条 在人事档案管理工作中,必须贯彻执行党和国家有关档案、保密的法规和制度,严密保管,确保人事档案的完整与安全。

第四条 本办法所称人事档案包括干部人事档案和员工人事档案。

第二章 管理权限、机构和职责

第五条 按照干部人事管理权限有关原则,人事档案管理实行三级管理的原则。其中:

1. 高管中心领导层人员的人事档案由控股公司管理;

2.高管中心机关负责本部各处室负责人及工作人员、所属单位领导人员的人事档案管理；

3.高管中心所属单位负责本单位领导人员以下人员的人事档案管理。

第六条 所属单位应结合管理实际,选择自行集中保管与委托保管相结合的方式。其中：本单位机关本部人员及基层负责人以上管理人员的档案应采取集中管理,其他工作人员的档案可结合单位实际采取集中管理或委托保管。委托保管机构须为属地县（含）以上党委组织部门和政府人社部门所属的人才流动服务机构（以下简称：人才流动服务机构）。

第七条 高管中心机关人事档案工作由人事教育处负责管理,并对所属单位的人事档案工作进行指导、监督和检查；所属单位人事档案工作由本单位组织人事部门负责管理。

第八条 人事档案管理部门的主要职责

（一）保管人事档案,为国家积累档案史料；

（二）收集、鉴别和整理人事档案材料；

（三）办理人事档案的查阅、借阅和转递；

（四）登记干部和职工职务变动情况；

（五）为有关部门提供干部和职工的情况；

（六）做好人事档案的安全、保密、保护工作；

（七）调查研究人事档案工作情况,制定规章制度,搞好人事档案的业务建设和业务指导,对人事档案管理工作人员进行业务培训；

（八）推广、应用人事档案现代化管理技术；

（九）按规定做好人事档案的移交；

（十）办理其他有关事项。

第九条 人事档案工作应明确专人负责。中心机关及所属单位应配备专职人事档案管理员或兼职人事档案管理员。

第十条 所属各单位应指定专人作为人事档案工作管理员,填写《人事档案管理员基本情况表》,报高管中心人事教育处备案。如管理员有更换,应及时重新报备。

第十一条 人事档案管理员工作变动,应在变动前五个工作日内办理好人事档案管理交接事宜。移交人及交接人应对人事档案进行当面清点交接,移交人事档案目录表及相关借阅查询等登记表,双方签字确认后,报人事档案管理主管领导批准。

第三章 人事档案的分类和内容

第十二条 高管中心各单位按照管理权限对负责管理的干部和员工都要建立人事档案,人事档案分正本和副本及销毁、备用材料。

第十三条 人事档案正本由历史地、全面地反映干部和员工情况的材料构成,分为十大类,内容包括:

第一类: 履历材料;

第二类: 自传材料,报告个人有关事项的材料;

第三类: 考察、考核、鉴定材料,审计材料;

第四类: 学历学位材料,培训材料,职业(任职)资格材料,评(聘)专业技术职称(职务)材料,反映科研学术水平的材料;

第五类: 政审材料,更改(认定)姓名、民族、籍贯、国籍、入党入团时间、参加工作时间等材料;

第六类: 党、团组织建设工作中形成的材料;

第七类: 表彰奖励材料;

第八类：涉纪涉法材料；

第九类：招录、聘用材料、劳动合同,任免、调动、授衔、军人转业(复员)安置、退(离)休材料,辞职、辞退、罢免材料,工资、待遇材料,出国(境)材料,党代会、人代会、政协会议、人民团体和群众团体代表会议、民主党派代表会议形成的材料。

第十类：健康检查和处理工伤事故材料,治丧材料,人事档案报送、审核工作材料,其他材料。

第十四条 人事档案副本是人事档案正本主要材料的复制件(或重复件),根据工作需要建立。

第四章 管理范围

第十五条 人事档案的管理范围,原则上应与人事管理范围相一致。

第十六条 干部和员工退(离)休或死亡以后,其人事档案按规定由原管理部门保存或办理移交。

第十七条 干部和员工辞职、退职、自动离职、辞退(解聘)等与原单位脱离关系后,另就业的,其人事档案按规定转至有关单位的组织人事部门,不具备保管条件的,转至人才流动服务机构保管;未就业的,原单位应在30日内将其人事档案移交人才流动服务机构保管。

依据保密回避原则,人事档案管理人员及其在本单位的直系亲属的人事档案,由所在单位指定有关部门专人保管。

第十八条 其他情况人事档案管理的要求,参照《中华人民共和国档案法》、《干部档案工作条例》以及国家、控股公司关于人事档案管理相关规定执行。

第五章 人事档案材料的收集、鉴别与归档

第十九条 为使人事档案能够适应组织人事工作的需要,要按照"完整、真实、及时、规范"的要求,由有关部门常态化收集员工任免、调动、考察考核、培训、奖惩等工作中新形成的反映员工德、能、勤、绩的材料,充实人事档案内容。

第二十条 高管中心各单位人事档案管理部门可根据工作需要及档案中缺少材料的情况,有计划地布置填写履历表、做年度考核以及干部任免表、奖励材料等,并及时充实人事档案。

第二十一条 高管中心各处室、所属各单位要建立主动送交人事档案材料归档的工作机制,在材料形成之日起一个月内按要求送交人事档案管理部门。符合归档要求的材料,人事档案管理部门须在接收之日起一个月内存入员工档案,并于各年度末集中整理归档。

第二十二条 收集待归档的材料,必须按照人事管理权限层层审查核实,重点审核归档材料是否办理完毕,是否对象明确、齐全完整、文字清楚、内容真实、填写规范、手续完备。材料须经组织审查盖章或本人签字的,应在盖章、签字后归档。

第二十三条 归档材料原则上应为原件。证书、证件等特殊情况需用复印件存档的,必须注明复制时间、复制人签章、复制审核意见,并加盖材料制作单位公章或人事关系所在单位组织人事部门公章。

第二十四条 凡属于应归档的材料,均应按照人事档案管理规定进行整理立卷。

第六章 人事档案的保管与保护

第二十五条 根据安全保密、便于查找的原则,对人事档案应严密、科学地保管。

(一)有条件的单位,可单独设立人事档案保管库房,依据管理的人事档案数量,库房面积一般不少于 15 平方米,设置铁质的档案柜、除湿、灭火等设备,并做到档案库房与阅档室"两室分开"。

(二)人事档案被纳入综合档案室管理的单位,其人事档案要有专柜保管、固定专人管理。

(三)库房的"六防"等设施和安全措施应经常检查,保持库房的清洁和适宜的温、湿度,具体要求为:温度 14℃ -24℃、相对湿度 45-65%。

(四)保管人事档案,应建立登记和统计制度。每年度末全面检查核对一次人事档案,发现问题及时解决。

第二十六条 人事档案原则上应永久保存。按规定需要销毁档案材料时,必须认真履行登记手续并经主管领导批准,方可粉碎销毁。

第二十七条 人事档案卷皮、目录和档案盒的样式、规格,应统一使用中共中央组织部最新规定的标准。档案材料和目录采用国际标准 A4 纸型,材料左边应留有 25mm-35mm 的装订边,档案卷盒和档案袋规格按照 A4 纸型相应调整。

第二十八条 人事档案保管人员不得擅自对各类存档人事档案进行删除、涂改、变更或销毁,并应严格保密,不得扩散。严禁任何人私自保存他人档案或利用档案材料营私舞弊。

第七章　人事档案的提供利用

第二十九条　因工作需要查（借）阅人事档案，须遵守下列规定：

（一）查（借）阅范围：高管中心本部各处室、所属各单位可根据人事档案管理权限提出查（借）阅人事档案申请。除办理案件外，查（借）阅单位只能查（借）阅人事关系在本单位的人事档案，任何个人不得查（借）阅同级、上级或本单位以外人事档案，因工作需要确需查（借）阅的，按照隶属关系或人事关系由上述单位代为查（借）阅。

（二）查（借）阅事由：干部考察、任免、调动、政治审查、组织处理、入党、出国（境）、退（离）休、工资待遇、治丧、制作档案副本等组织人事工作；办理案件；办理社会保险、公证；经批准的其他工作需要。

（三）查（借）阅手续：查（借）阅单位按要求如实填写《人事档案查（借）阅审批表》，按照人事管理权限办理审批手续，并在审批之日起五个工作日内进行查（借）阅；人事档案管理员验明审批表及阅档证件后，由阅档人在相应簿册上登记并将人事档案交其查阅；归还的人事档案由档案管理员检查无误后，阅档人方可离开。

（四）查（借）阅人员要求：各单位应当对查（借）阅人员进行审查把关，查（借）阅人员必须政治意识强、严格遵守保密制度；查（借）阅人员必须两人以上，且系中共党员和查（借）阅单位的正式员工；查（借）阅人员须持《人事档案查（借）阅审批表》和本人有效工作证件或身份证件。任何人不得查（借）阅本人及与其有夫妻关系、直系血亲关系、三代以内旁系血亲关系以及近姻亲关系的人事档案。

第三十条 人事档案材料一般只能摘抄。特殊情况需要复制的,须事先在《人事档案查(借)阅审批表》中列出需要复制的材料明细,并经组织人事部门批准方可复制。摘抄、复制的档案材料,须经档案管理员审核并办理登记手续,用后由查阅单位存档或销毁。

第三十一条 人事档案一般不予外借。因退(离)休、治丧等特殊情况确需借阅人事档案的,须履行审批手续。向高管中心人事教育处借阅人事档案的,在宁单位须在借出之日起五个工作日内归还,非在宁单位须在借出之日起十个工作日内归还。因特殊原因不能按期归还的借用单位应向高管中心人事教育处说明原因,并办理续借登记手续,续借只能一次,时间要求同上。

第三十二条 借出使用的人事档案和摘抄的档案材料,要妥善保管,防止人事档案受损,不得转借,不准无关人员和员工本人翻阅,不得泄露或擅自对外公布人事档案内容,严禁涂改、圈划、污损、撤换、抽取、增添、拍摄人事档案材料。

第八章 人事档案的转递

第三十三条 因工作调动或职务变动后,应及时将人事档案转给新的主管单位。

第三十四条 转递人事档案应遵守下列规定:

(一)人事档案应派专人送取,不准邮寄或交本人自带;

(二)转出的人事档案必须完整齐全,并按规定整理装订,不得扣留材料或分批转出;

(三)转递人事档案必须按统一规定的《人事档案转递通知单》的项目详细登记,严密包封;

（四）收到人事档案的单位，经核对无误后，应在回执上签名盖章立即退回。逾期一个月未退回者，转出单位应催问，以防丢失。

第九章　纪律和监督

第三十五条　各单位组织人事部门应加强对人事档案管理工作的监督和检查，严肃纪律、严格管理，保证人事档案安全。

第三十六条　人事档案材料形成部门、人事档案工作人员、干部和员工本人必须严格执行本规定，并遵守以下纪律：

（一）不准以任何借口涂改、伪造人事档案材料；

（二）不准将应归档材料据为己有或者拒绝、拖延归档；

（三）不准将本规定所列归档范围之外的材料擅自归档；

（四）不准将虚假材料和不符合归档要求的材料归入档案；

（五）不准私自、指使或者允许他人抽取、撤换或销毁档案材料。

第三十七条　对违反规定者，视其性质、情节轻重和造成的后果，对负有主要责任的领导人员和直接责任人员进行批评教育，或按照《中华人民共和国档案法》、《中国共产党纪律处分条例》等法律法规给予相应的党纪政纪处分，直至追究法律责任。其中，人事档案工作人员参与涂改，伪造人事档案材料的，要从严从重处理，且不得继续从事人事档案工作。

第十章　附　则

第三十八条　本办法由高管中心人事教育处负责解释。

第三十九条　本办法自下发之日起执行。各单位可结合本单位实际情况制定具体实施细则,并报高管中心备案。

附件:1.《人事档案管理员基本情况表》
　　　2.《人事档案查(借)阅审批表》
　　　3.《人事档案目录》
　　　4.《人事档案材料转递单》

附件 1

人事档案管理员基本情况表

填报单位：

姓　名		性　别		出生年月		电子照片
民　族		籍　贯		专业技术 职称		
政治 面貌		入党 时间		参加工作 时间		
学历 （学位）		毕业院校 系及专业				
工作单位及 职务（岗位）						
简 历						
所在单位 组织人事 部门意见	部门负责人签字：　　　　　　　　　　　　　（公　章） 　　　　　　　　　　　　　　　年　　月　　日					
所在 单位 意见	单位领导签字：　　　　　　　　　　　　　　（公　章） 　　　　　　　　　　　　　　　年　　月　　日					

注：1. 此表一式两份，高管中心及填报单位各留存一份。
　　2. 各单位人事档案管理员如有变动，应重新填写此表，并于五个工作日内报备中心。

附件2

人事档案查（借）阅审批表

查档对象	姓　名	单　位	职　务	政治面貌
查档人员				
查档事由				
查阅单位				

去何单位：　　　　　　　　　　　　　　　　　年　　月　　日

人事档案查（借）阅审批表

项目＼内容	姓　名	单　位	职　务	政治面貌
查档对象				
查档人员				
查档事由				
查档内容	（如需复制档案材料，须注明复制事由要求并列明材料明细）			
查档单位 意　见	领导签字：　　　　　　　　　　　　（公　章） 　　　　　　　　　　　　年　　月　　日			
组织人事 部门意见	负责人签字： 　　　　　　　　　　　　年　　月　　日			

人事档案查（借）阅审批表填表说明

1. "查档对象"、"查档人员"、"查档事由"、"查档内容"、"查档单位意见"等栏目须认真填写。

2. 查档对象和查档人员在3人以上时另附名单, 并在所附名单上加盖公章。

3. 因特殊情况需将人事档案借出使用的, 或需复制档案材料的, 须在"查档事由"、"查档内容"内详细说明。

4. 查档单位领导签批之日起5个工作日内办理有效。

5. 本表由各单位按版式翻印。

6. 《人事档案查（借）阅审批表》, 查档单位按以下要求签报, 并在三处盖章（骑缝处、查阅人员姓名处、公章处）, 领导签字须为亲自签名:

（1）查（借）阅高管中心机关管理的人事档案, 所属单位由分管组织人事工作的领导签字, 盖所属单位党组织印章; 中心机关各处室由处室负责人签字, 盖本处室印章。

（2）因办理案件查（借）高管中心机关管理的人事档案, 高管中心纪委（监察室）由负责审查该案件的领导签字, 盖纪委（监察室）相关印章。

7. 查（借）阅的基本程序如下图:

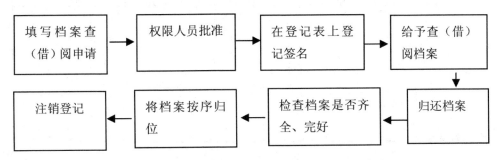

附件 3

人事档案目录

序号	材料名称	材料形成时间			页数	备注
		年	月	日		

附件 4

人事档案材料转递单

_____字第_____号

_____：

　　兹将_____等_____名同志的档案材料转去，请按档案目录清点查收，并将回执及时退回。

　　发件人签名：　　　　　　　　　　发件机关盖章

　　　　　　　　　　　　　　　　　　　　　　　　　年　　月　　日

姓　　名	单位及职务	转递原因	正本（卷）	副本（卷）	档案材料（份）

- -

回 执	_____： 　　你处于_____年___月___日转来_____字第____ 号_____等_____名同志的档案正本_____卷，副本___ 卷，材料共_____份，已全部收到，现将回执退回。 　　收件人签名：　　　　　　　　　　收件机关盖章 　　　　　　　　　　　　　　　　　　　　　年　　月　　日

企业性质员工招聘管理暂行办法

（2017 年 12 月 28 日印发）

第一章 总 则

第一条 为进一步规范江苏省高速公路经营管理中心（以下简称"高管中心"或"中心"）员工招聘录用管理工作, 促进人力资源优化配置, 降低员工招聘录用成本, 满足高管中心事业发展与运（经）营生产需求, 根据《劳动法》《劳动合同法》等法律法规, 以及江苏交通控股公司相关工作精神, 结合高管中心实际, 特制定本暂行办法。

第二条 本暂行办法适用于高管中心企业性质人员的招聘录用管理。

第三条 员工招聘录用应遵循以下原则:

（一）坚持战略导向、满足需求的原则;

（二）坚持定员控制、按需招录的原则;

（三）坚持以岗选人、能岗匹配的原则;

（四）坚持德才兼备、全面考察的原则;

（五）坚持公平择优、双向选择的原则。

第二章 管理职责

第四条 中人事教育处是高管中心员工招聘工作的归口职能部门, 主要负责:

（一）根据中心事业发展战略,编制高管中心人力资源需求规划;

（二）编制高管中心年度及专项招聘方案;

（三）员工招聘工作的组织实施与规范控制;

（四）组织应聘人员选拔测评,提供录用建议;

（五）健全完善高管中心招聘录用及调配工作相关程序;

（六）组织新招聘录用人员进行岗前培训,办理劳动合同签订等入职手续;

（七）对中心所属单位招聘工作进行指导、协调与监督;

（八）跟踪和评估招聘效果。

第五条 用人单位（部门）主要负责:

（一）根据实际,提出本单位（部门）用人招聘需求,报高管中心审核;

（二）考核应聘人员的业务能力及专业技能;

（三）对新招聘录用人员试用期进行考评;

（四）经高管中心授权同意,依据本暂行办法实施部分岗位人员的招聘工作。

第三章 基本资格条件

第六条 招聘录用人员应具备以下基本资格:

（一）外部招聘普通管理、专业及技能岗位人员一般不超过 35 周岁; 条件特别优秀的,或者岗位需求具有较强专业技术或技能的,年龄可适当放宽,但一般不超过 42 周岁; 通过内部选拔招录的,可根据实际确定年龄要求;

（二）管理、专业岗位人员应具有大专及以上学历,其中: 高管中心机关管理、专业岗位一般应具有本科及以上学历；技能岗位人员应具有高中及以上学历；

（三）具有履行岗位职责所需的专业、能力或技能；

（四）岗位需要的其他资格条件。

第七条 招聘录用人员应具备以下基本条件：

（一）遵守中华人民共和国宪法和法律，无犯罪记录；

（二）具备良好的品行和职业道德，认同江苏交通控股公司和高管中心企业文化；

（三）适应岗位要求的身体条件与心理素质；

（四）符合用工所在地相关就业政策；

（五）岗位所需的其他条件。

第四章 招聘组织与实施

第八条 招聘渠道一般分为内部选拔和外部招聘两种形式；高管中心将根据岗位性质特点、人员需求数量、招聘录用成本等因素研究确定合适的招聘渠道。

（一）**内部选拔**：在一定范围内发布招聘信息，通过竞争性选拔或组织推荐的方式实施招聘。

内部选拔一般是选拔经营管理干部、重要技术、技能岗位人员以及基层生产骨干的主要招聘渠道。

（二）**外部招聘**：一般通过社会网络媒体、公共就业平台、职业中介机构或者校园招聘合作机构等发布招聘信息，通过相关规定程序的进行筛选招聘。

高层次经营管理人才、高学历高校毕业生以及关键技术与特殊技能人才的引进,原则上根据江苏交通控股公司的统一组织参与外部招聘。

第九条 招聘程序管理

(一)**提出招聘需求**。用人单位(部门)应在每年初根据本单位(部门)岗位设置与定员方案提出年度招聘需求;招聘需求中应详细说明招聘原因,拟招聘人员的岗位、职责、人数、资格条件与能力要求等。对非计划性招聘需求,用人单位(部门)应提前2个月提交专项招聘需求。

(二)**招聘需求审核**。中心人事教育处应对用人单位(部门)的招聘需求进行分析和审核,审核内容包括招聘人数及职位是否超出核定编制、招聘条件是否符合岗位要求等;在审核过程中应及时与用人单位(部门)进行沟通。

(三)**制定招聘计划**。中心人事教育处对现有人力资源状况进行分析,结合中心人力资源发展规划和各单位(部门)的招聘需求,制定详细的招聘计划,内容应包括:招聘岗位、招聘人数、条件(包括经验、专业知识和能力素质)、薪资待遇、招聘方式、招聘渠道、招聘时间安排、甄选程序、到岗时间等。

(四)**中心研究审批**。招聘计划须报人力资源分管领导与主要领导同意并报经党委会研究。

(五)**发布招聘信息**。内容包括:单位的基本情况介绍、岗位名称、职责描述、任职条件和资格、工作经验、技能要求、薪资待遇、招聘有效期限和联系方式等。

(六)**应聘资格审查**。对应聘人员的个人基本情况、教育背景和工作经历等情况进行核实与分析,初步审查应聘人员是否符合应聘岗位任职资格的基本要求。

应聘人员应一次性提供以下材料：

1. 近期 2 寸免冠彩照；

2. 身份证原件和复印件；

3. 学历证书原件和复印件、学信网学历信息验证材料；

4. 相关证明材料；

5. 岗位要求的其他材料。

（七）**应聘甄选测评**。对初审通过的应聘人员进行甄选测评，主要包括笔试、面试、体检（含心理测试）等程序，必要时须对应聘人员进行胜任力测评与背景调查。主要考察应聘人员的业务知识、实操技能、专业特长、性格态度、求职动机、待遇要求等有关情况。

成立应聘甄选测评小组，成员一般由相关领导、人力资源部门、用人单位（部门）相关人员组成，必要时邀请外部专家、内部考官与其他有关人员。

（八）**招聘录用审批**。应聘甄选测评小组形成招聘录用建议方案，报党委研究确认。

（九）**办理入职手续**。新入职的录用人员在规定时间内至指定单位（部门）报到，人事教育处负责协调与指导用人单位（部门）办理入职手续。

1. 签订劳动合同；

2. 分配工作单位并出具人事介绍信；

3. 填写职工登记表；

4. 本人阅读《员工手册》内容并签收；

5. 协调定制工作服、发放劳保用品、安排住宿等；

6. 建立、办理社会保险和住房公积金关系转接等工作；

7. 自劳动合同签订之日起 1 个月内转入个人档案。

第五章 试用期管理

第十条 对新入职的员工（包括应届毕业生、社会招聘人员、以及其他方式引进的人员），实行试用期制度，试用期不得超过六个月。

第十一条 对新入职的员工加强试用期管理。

（一）组织岗位（前）培训。根据高管中心教育培训管理制度，组织新入职员工进行岗位（前）培训，培训考核鉴定结果作为履行劳动合同的依据。

（二）实行导师辅导制度，由用人单位（部门）和新入职员工共同制定辅导计划，明确辅导目的和工作目标，并指定导师负责新入职员工的工作引导，帮助新员工尽快熟悉工作。

（三）加强新入职员工追踪管理，用人单位（部门）对新入职员工的工作胜任情况和绩效情况进行跟踪管理，并定期将试用期工作情况向中心人事教育处反馈。试用期期间，中心人事教育处或用人单位人力资源部门对新入职人员至少面谈一次。

第十二条 试用期结束前，用人单位（或基层单位）根据其工作表现进行综合评估，填写试用期表现评估表（鉴定表），并提出试用期考核意见。试用期考核不合格者，按高管中心企业性质劳动用工管理暂行规定等规章制度，可单方面解除劳动合同。

第十三条 具有以下情形之一的，视为不符合录用条件（包括不仅限于）：

（一）伪造学历、学位、资格证书等证件的；

（二）提供虚假身份证件及其他虚假信息的；

（三）未提供原单位离职证明的；

（四）提供原单位的离职证明，但处于竞业限制期间的；

（五）夸大、伪造实际工作经验的；

（六）隐瞒影响正常工作的病史或受伤经历的；

（七）被依法追究刑事责任的；

（八）严重违反高管中心规章制度的；

（九）不能履行岗位职责，完不成工作任务的；

（十）严重失职，营私舞弊，给单位造成重大损害的；

（十一）试用期培训考核不合格、不能完成工作任务或不能达到岗位职责或岗位描述要求的；

（十二）拒绝接受单位交办的临时任务的。

（十三）国家法律、法规规定不得录用的人员；

（十四）单位规章制度中规定的其他不得录用的人员；

第六章 附 则

第十四条 高管事业性质人员的招聘录用根据国家、省相关法律政策，以及江苏交通控股公司相关规定执行。

第十五条 中心监察室对招聘录用工作进行监督检查。

第十六条 本办法由高管中心人事教育处负责解释。

第十七条 本办法自印发之日起执行。

附件：1. 招聘组织及实施工作流程

2. 人员需求申请表

3. 应聘登记表

4. 应聘面试记录表

5. 员工试用期表现评估（鉴定）表

附件1

江苏省高速公路经营管理中心
招聘组织及实施工作流程

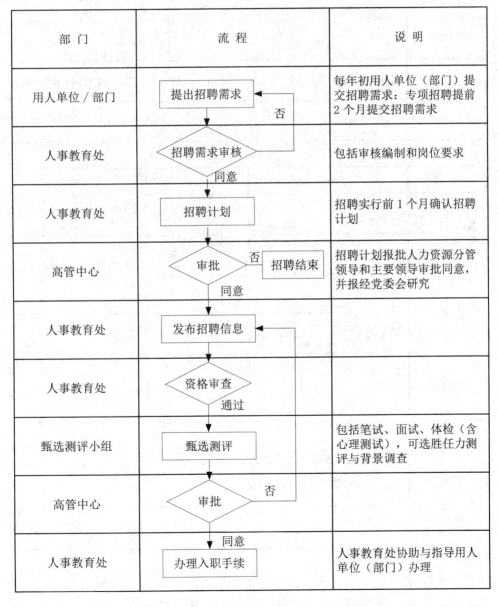

部　门	流　程	说　明
用人单位／部门	提出招聘需求　否	每年初用人单位（部门）提交招聘需求；专项招聘提前2个月提交招聘需求
人事教育处	招聘需求审核　同意	包括审核编制和岗位要求
人事教育处	招聘计划	招聘实行前1个月确认招聘计划
高管中心	审批　否　招聘结束　同意	招聘计划报批人力资源分管领导和主要领导审批同意，并报经党委会研究
人事教育处	发布招聘信息	
人事教育处	资格审查　通过	
甄选测评小组	甄选测评	包括笔试、面试、体检（含心理测试），可选胜任力测评与背景调查
高管中心	审批　否	
人事教育处	同意　办理入职手续	人事教育处协助与指导用人单位（部门）办理

附件2

江苏省高速公路经营管理中心
人员需求申请表

申请日期：　　　　　　　　　　　　　　　　　　要求到岗日期：

需求部门		需求岗位名　称		需求人数	
申请原因		□离职补充　□调动补充　□岗位新增（编制内）　□岗位扩编（编制外）			
		补充说明：			
岗 位 要 求					
项　目		基本要求	项　目		基本要求
基本期望	性别	□不要求 □要求：＿＿＿＿	工作经验	行业背景	□不要求 □要求：＿＿＿＿
	年龄	□ 不要求 □ 要求：＿＿＿		工作年限	□不要求 □要求：＿＿＿＿
教育背景	学历	□ 不要求 □ 要求：＿＿＿	必备技能	电脑水平	□不要求 □要求：＿＿＿＿
	专业	□ 不要求 □ 要求：＿＿＿		外语水平	□不要求 □要求：＿＿＿
岗位职责			其他补充要求		
单位（部门）申报意见				年　　月　　日	
人事教育处意　　见				年　　月　　日	
中心分管领导意见				年　　月　　日	
中心主要领导意见				年　　月　　日	

附件3

江苏省高速公路经营管理中心应聘登记表

提醒：请您用正楷中文字完整填写下列信息，谢谢合作！

应聘职位：	联系电话： 电子邮件地址：

■ 个人资料

姓名：		出生年月：		性别：□男　□女		民族：
婚姻：□单身　□已婚	籍贯：		政治面貌：		身份证或护照号码：	
家庭住址：					户口所在地：	

■ 教育背景（请从最高学历倒序填写，填至高中以上学历）

期间（年／月）		学校名称	专业	学历	学历性质 （如全国统一高考、成人高考、自考、函授等）
从	至				

■ 经历（请从最近经历倒序填写）

期间（年／月）		单位	岗位	主要工作内容
从	至			

■ 特长及技术等级

特长说明	主要工作内容

■ 其他个人情况说明

是否存在潜在疾病:□是 □否; 如是，请说明	是否与其他单位有未到期劳动合同:□是□否

■ 最低期望年薪（税前）及其他说明

*** 请您仔细阅读以下声明，并在下面的横线上签名以明确是您本人的意思：

声明：本人承诺并保证所提供的资料以及所陈述的内容均属实，若有虚假或隐瞒，高管中心有权追究本人责任，即使与高管中心建立了劳动关系，亦有可能因欺诈、不实陈述或不符合聘用条件等因素而遭至解雇，并由本人承担一切责任。

本人签名：_____　　签字日期：_____

附件4

江苏省高速公路经营管理中心应聘面试记录表

面试日期：　年　月　日

面试环节：□初面　□复试　□终面		记录人：	
面试岗位：	应聘者姓名：	性别：	年龄：
应聘者学校：	专业：	学历：	教育类型： □统考 □自考 □专升本

面试及评估记录

评价方向	能力评估、评估标准、面试评语和审批 5-优秀；4-良好；3-一般；2-较差；1-差；NA-未考察				
气质形象					
专业能力					
协调能力					
沟通能力					
执行能力					
教育背景					
稳定性					
发展潜力					
评估意见					
优势评价					
劣势评价					
意见及签字					

附件5

江苏省高速公路经营管理中心
员工试用期表现评估（鉴定）表

试用单位（部门）：

员工姓名		岗位		入职时间			
评估要素	评价要点			评价标准			
				优秀 5	良好 4	合格 3	不合格 0
政治素养	自觉遵守国家法律法规，具有高度责任意识、服从意识、忠诚意识等。						
学习能力	能够快速学习岗位知识，熟悉新的环境，积极参加培训并且能够认真学习，积极转化。						
工作纪律	按时上下班，准时考勤，遵守单位规章制度。						
适应能力	快速适应单位工作生活，与同事和睦相处。						
执行能力	完成领导指派的工作任务，快速解决问题。						
专业能力	具备适应本岗位所需的专业知识技能和水平，能够胜任本职岗位的工作。						
工作业绩	优质高效地完成本职岗位工作内容，完成合理的其他工作任务。						
工作作风	爱岗敬业，作风务实，认真履行岗位职责廉洁从业，诚实守信，尊重领导，举止文明等。						
平均分值							
单位（部门）综合评价意见							
人事教育处意见							
中心领导审批意见							

职工教育培训办法（试行）

（2018 年 2 月 7 日印发）

第一章 总 则

第一条 为进一步规范和加强江苏省高速公路经营管理中心（以下简称"高管中心"或"中心"）职工教育培训管理，造就培养高素质人才队伍，打造学习型单位，塑造学习型职工，为高管中心事业发展提供强有力的人才支撑与智力支持。依据《中华人民共和国职业教育法》、《江苏省职工教育条例》等法律政策规定，以及《江苏交通控股有限公司职工教育培训工作意见》（苏交控人资〔2017〕93 号），结合高管中心实际，特制定本试行办法。

第二条 高管中心职工教育培训工作以习近平新时代中国特色社会主义思想为指引，深入贯彻党的十九大关于教育强国的战略部署，紧紧围绕控股公司"一主两翼、双轮驱动"的发展布局，深化"改革、创新、开放、实干、发展"工作主题，按照"科学统筹、分级管理、条线结合、整体推进"的思路，优化教育培训体系，整合教育培训资源，扩大教育培训覆盖面，提升教育培训工作的层次和质量，进一步增强高管中心干部职工思想政治素质与岗位业务技能。

第三条 高管中心职工教育培训工作遵循以下原则：

（一）整体规划，服务大局。从全局角度统筹考虑高管中心人才队伍建设，加强职工教育培训工作的顶层设计，服务和保障高管中心战略发展大局，结合职工岗位履职和成长需求，从制度、资源、运作三个维度，系统谋划、精心组织好职工教育培训工作。

（二）**资源共享，改革创新**。适应形势任务发展变化，遵循人才成长规律和职工教育培训规律，整合培训资源，搭建培训平台，完善培训内容，改进培训方式，优化培训队伍，不断推进职工教育培训理论创新、实践创新、制度创新。

（三）**分级分类，全员培训**。构建统一决策、分级实施的职工教育培训组织体系，把教育培训的普遍性要求与不同类别、不同层次、不同岗位职工的特殊需要结合起来，增强针对性，确保全覆盖。

（四）**归口管理，质效并举**。加强职工教育培训工作的统一管理和系统支撑，既做到理念先进、方法合理，又兼顾效率，简便易行。注重培训效果评估，坚持以德为先，注重能力，联系实际，学以致用，将职工培训成果与竞争上岗、绩效考核、薪酬激励、职业发展等紧密结合，全面提高培训质量和效益。

第二章 管理职责

第四条 高管中心职工教育培训工作实行分层、分级管理。在高管中心党委坚强领导下，成立高管中心职工教育培训工作领导小组，下设办公室（以下简称中心培训办公室），与人事教育处合署办公；中心机关各职能处室和所属单位配合协作实施。

第五条 中心培训办公室主要工作职责：

（一）加强高管中心职工教育培训工作统筹计划、组织实施、监督检查和服务保障，负责高管中心职工教育培训制度的制定与修订。

（二）负责高管中心培训体系的建立、培训资源的整合，组织开展适合高管中心实际和岗位需求的教育培训工作，切实加强三支人才队伍建设。

（三）做好高管中心职工教育培训日常管理工作，在积极配合控股公司统一组织的教育培训工作的同时，充分利用各类资源，开发具有高管中心特色的培训课程，结合实际开展面向高管中心经营管理、专业技术和生产技能人员的内部培训。加强与外部培训机构、学校等合作，定期组织开展各类专项培训。

（四）负责制定高管中心职工教育培训年度计划或工作方案。重点组织实施高管中心中（基）层经营管理、专业技术岗位和生产技能岗位人员能力提升培训项目，包括：日常政治教育、管理技术培训、生产技能和服务技能培训、新员工入职培训等，指导督促检查所属单位职工教育培训工作。

（五）定期开展培训需求调研和培训效果评估，不断改进培训工作方式方法，提升培训工作成效。加强高管中心内部培训师的选拔、推荐和管理工作，建立健全培训信息库，做好培训工作考核总结与归档等工作。

（六）负责高管中心教育培训预算的扎口管理和编制申报，按规定做好培训经费的日常管理，接受高管中心及有关部门对培训费用的检查、审核、审计等工作。

（七）完成高管中心交办的其他职工教育培训工作。

第六条 中心机关职能处室的主要职责：

（一）负责制定本业务条线的年度培训计划，统筹安排所属单位的个性化需求培训工作，积极开展相关职工教育培训工作。

（二）组织实施相关专业技术、技能培训，开展针对性的岗位技能培训，保障高管中心教育培训工作顺利开展实施。

（三）指导高管中心所属单位的个性化培训工作的具体开展，并提供培训工作相应的人力物力支持。

（四）完成高管中心交办的其他教育培训工作。

第七条 所属单位的主要工作职责：

（一）积极配合各职能处室业务条线培训，并结合本单位自身培训需求，开展相对应的内部培训。负责具体培训工作的实施，台账整理，培训结果上报等日常管理工作。

（二）所属单位主要负责人对本单位职工教育培训工作负总责，其他负责人按照教育培训目标分解的任务分工负责。职工教育培训工作纳入本单位综合检查目标管理，接受高管中心的监督和考核，接受职工的评议。

（三）严格做好职工各类教育培训证书的验证管理。

（四）完成高管中心交办的其他教育培训工作。

第三章 对象与内容

第八条 高管中心职工教育培训按照培训对象的不同，主要分为：中心领导层人员（含后备领导人员）培训、中心中层管理（专业）人员培训、基层单位（部门科室）负责人培训、基层生产骨干培训、专业技术人员培训、工勤技能岗位培训等。

第九条 新入职员工、在职转岗、以及有明确职业资质要求的岗位必须进行培训。各层级骨干人员、工作表现优异的员工可进行优先参与相关培训。

第十条 高管中心教育培训内容划分为综合性教育培训、专业性教育培训和基础性教育培训；

（一）综合性教育培训，主要指为满足基层生产骨干及以上层次人员综合素质提升需求组织的培训，一般由中心人事教育处牵头实施。

（二）业务性教育培训,主要指为满足条线专业业务能力提升或专项业务知识学习需求组织的培训,一般由中心相关职能处室（含应急中心）牵头实施。

（三）基础性教育培训,主要指所属单位为满足职工日常工作需求以及能力提升需要而组织的培训,一般由所属单位自行组织安排。

第十一条 根据高管中心岗位设置情况,科学确定经（运）管理岗位、专业技术岗位和工勤技能岗位三类岗位具体培训内容。

（一）经（运）营管理岗位：以增强经（运）营管理能力建设为核心,以提升管理人员综合管理能力和业务管理水平为主要目标,改进经（运）营管理工作绩效,拓宽经（运）营管理岗位人员的岗位维度,强化经（运）营管理岗位履职能力来开展教育培训,着力提升政治能力、变革与创新能力、判断和决策能力、协调控制能力。

（二）专业技术岗位：以提升专业技术能力为主要目标,推动专业技术人员爱岗敬业、创新创效,持续增强专业技术人员的专业能力素质来开展教育培训,着力提升专业业务能力、计划组织能力、沟通执行能力、人际关系能力等。

（三）生产技能岗位：以提高生产技能人员技能业务水平为主要目标,推动一线职工立足岗位、钻研业务,实现技能本领提优,工作质量提效来开展教育培训,着力增强责任意识、忠诚意识、团队意识、创新意识等。

第四章 方式与方法

第十二条 高管中心职工教育培训工作以需求为导向,充分考虑受训对象的学历层次、岗位类型、年龄结构、职级分布等情况相适应。从高管中心实际出发,建立健全政治学习和业务学习相结合,集中教学授课和在职自习相结合、内部自训与外部委培相结合等机制。

第十三条 高管中心培训办公室与各职能处室、所属单位依托自主培训、合作办学和网络平台相结合的"三维一体"培训体系,综合运用在职自学和继续教育等培训方式,帮助职工加快知识更新、优化知识结构、积累知识储备等。

(一)自主培训。加强高管中心内训师队伍建设、内部培训基地建设规划,建立自主教育培训平台,满足高管中心职工的政治理论、岗位技能、安全生产教育等基础性、一般性和日常性培训需求。

(二)合作办学。借助社会办学资源,构建专业化、合作化教育平台,加强与高等院校、科研院所、知名企业等办学合作,满足高管中心职工在管理知识、专业技术、岗位技能等拓展性、提升性培训需求。

(三)网络平台。主动对接交通控股"1+N+1"教育培训模式和高管中心人力资源标准体系建设规划布局,整合内部网络资源,完善网络学习制度,提高职工教育培训便捷化、信息化、移动化水平。

(四)继续教育。完善广覆盖、多层次的继续教育培训网络,逐步确立以个人为主体、单位为支持、政府为资助的继续教育保障机制,探索建立非全日制教育培训学分的认证及积累制度。具体制度规范和实施细则参照《江苏省专业技术人员继续教育条例》另行制订。

第十四条 职工教育培训工作以年度为开展周期,有序组织高管中心领导班子、中层管理人员、基层单位负责人、专业技术人员、基层班组长和一线生产人员参加各类培训。

(一)中心领导层人员的教育培训一般由控股公司统一组织开展,高管中心培训办公室做好配合协助等工作。

（二）中心中层人员综合教育培训由中心培训办公室统筹组织实施,一般每年不少于 1 次。

（三）中心所属基层单位（部门科室）负责人综合教育培训由中心培训办公室统筹组织实施轮训,一般每半年为一期。

（四）专业技术人员根据有关规定参加相应继续教育培训。

（五）基层班组长（生产骨干）综合教育培训由中心培训办公室组织实施轮训,一般每半年为一期,原则上每两年完成基层班组长（生产骨干）轮训。

（六）生产技能岗位人员技能等级培训考评,根据江苏省有关政策及控股公司、高管中心有关规定执行。具体办法另行制订。

（七）其余业务性培训与基础性培训由中心各职能处室和所属单位根据计划统筹组织实施。

第十五条 高管中心积极引导和支持职工教育培训方式方法创新创效。可综合运用课堂讲授、员工讲坛、案例教学、模拟体验、现场教学和素质拓展等方法,情景教学、相互学习,提高教育培训学习效率。

第五章 日常管理

第十六条 根据总体布局、分级管理、统分结合,协同推进的思路,高管中心各职能处室和所属单位结合实际制定本单位（处室）教育培训计划和基本方案,每年 11 月底前报中心培训办公室汇总统筹,经中心相关程序审定后下发执行。

第十七条 各职能处室和所属单位具体组织实施各类培训活动前,应当提前 1 个月向高管中心培训办公室报备。报备事项包括：培训目的、培训对象及人数、课程计划、考核方式、经费预算等相关情况。

第十八条 各职能处室和所属单位委托（联合）社会专业教育培训机构举办具有行业资质的培训,应当提前 2 月向高管中心报批。报批内容包括：协作方式、协作对象、培训目的、培训对象、培训时间、培训人数和经费预算等。

第十九条 职工参加与本岗位相同、相近专业的学历教育、专业技术岗位人员参加专业技术资格培训、工勤技能岗位人员参加技术等级考评及有关职业资格培训的审批程序如下：

（一）高管中心机关职工：个人书面申请、所在部门初审、人事教育处审核、高管中心分管领导审批；

（二）高管中心所属单位职工：个人书面申请、所在基层单位（部门）初审、综合（人事）部门审核、所在单位领导人员审批。

（注：根据上级有关规定须高管中心审批的按有关文件规定执行。）

（三）高管中心机关职能处室及直属单位主要负责人参加各类教育培训,除按 1.2 程序办理外,还须报高管中心主要领导审批。

第二十条 职工参加第二十条所规定的教育培训,所学专业（类别）应符合单位或本人岗位实际需求,否则,不予审核、审批。

第二十一条 培训档案管理

（一）建立完善职工教育培训档案。实行登记管理,如实记载职工参加教育培训情况和考核结果,作为单位岗位管理、职工职业生涯发展以及培训工作滚动安排等的重要依据。

（二）培训档案主要分为职工培训档案、培训记录、培训资料等三类。

1. 培训档案包括：培训申请、培训证书、培训成绩单、培训考核表、培训协议书等。培训档案作为职工职业生涯发展的重要记录与任职资格的重要依据,纳入职工个人档案,根据人事管理权限由所在单位人事档案管理部门统一管理。

2. 培训记录包括：培训费用台账、培训计划、方案、工作总结、培训合同、培训签到表、培训评估记录、培训考核记录等,由培训主办部门建档、组卷,各级教育培训职能部门统一管理。

3. 培训资料包括：培训机构、培训教材、培训讲师资料及培训相关影音资料等,由培训主办单位（部门）建档、组卷,各级教育培训职能部门统一管理。

第六章 考核与评估

第二十二条 健全完善职工教育培训考核机制。职工接受教育培训情况应作为绩效考核的内容,考核结果作为个人任职、晋升和薪酬调整的依据之一。

第二十三条 职工教育培训考核包括：职工的学习态度和表现,知识掌握程度,综合素质和解决实际问题的能力等。根据具体的培训内容,考核可采取实际操作、理论测试、心得写作等方式。

第二十四条 建立健全职工教育培训评估制度,加强对培训机构、项目、讲师及课程的评估。培训评估由参与培训的职工结合培训课程项目评估表进行评估打分,并建立评估记录,作为改进培训工作、优化培训课程、比选培训机构、提高培训质量的重要标准。

（一）培训机构和项目评估的内容包括：培训设计、培训实施、培训管理、经费管理、培训质量、师资队伍、培训效果等。

（二）课程评估的内容包括：教材课件适用性及有效性、教学态度、教学内容、教学方法、教学效果等。

第二十五条　高管中心在对中心机关职能部门负责人、所属单位领导人员进行年度考核、任用考察时，应当将接受教育培训情况作为一项重要内容。中心机关职能部门负责人、所属单位领导人员参加脱产培训情况应当记入本人年度考核表，参加 2 个月及以上的脱产培训情况应当记入干部任免审批表。

第七章　经费与奖励

第二十六条　职工教育培训经费按照省财政部预算下达的标准，由高管中心培训办公室会同财务审计处统筹管理。

第二十七条　加强教育培训经费管理，厉行节约，勤俭办学，提高经费使用效益。培训经费专款专用，不得挪作他用或列支其他支出。职工参加教育培训发生的交通费、食宿费、培训费用等，按照江苏省及高管中心有关规定核准报销。

第二十八条　培训教育经费应合理、有效使用。培训教育经费使用范围包括：经审核批准的各类培训发生的培训费、教材费、资料费；外聘教师的劳务费、交通费、食宿费；考试、考核的命题、评卷、监考的考务酬金；不属于固定资产的教具和教学设备购置费等。

第二十九条　培训费用报销。

（一）由高管中心统一组织或选派的各种培训、继续教育等，经考核合格或取得相应证书的，费用由高管中心各职能处室和所属单位分别列支报销。因个人原因未完成培训任务的，费用由被选派职工个人承担。

（二）除参加高管中心统一组织或选派同意的各种培训、继续教育外,职工参加其他培训学习所需的培训费、交通费、食宿费等费用由个人自理。

第三十条 职工经审批同意参加较原有学历进阶培训的学历教育,学费由个人自理;完成学业并取得毕业证书的,按以下标准予以相应奖励:

(一)专科:2000元;

(二)本科:4000元;

(三)硕士研究生:6000元;

(四)博士研究生:8000元。

职工学历教育进阶奖励可连续享受,但每个学历层次的奖励仅限一次。

第三十一条 高管中心职工经批准参加由上级单位统一组织的职工继续教育培训(含学历教育),按有关规定执行。

第三十二条 职工经所在单位审批同意参加专业技术资格、职业资格考前培训,其通过考核后,所学费用予以报销(同样专业、类别、等级只能报销一次);未经单位批准自行参加的各类培训,费用由个人承担。

第三十三条 职工经所在单位审批同意参加各类教育培训,完成学业或通过考核后,符合国家、省及高管中心关于工资晋升或专业技术职务聘任条件的,经报批后按有关规定执行。

第八章 附 则

第三十四条 高管中心所属单位应结合自身实际制定相应的实施细则,并向高管中心人事教育处报备。

第三十五条 本试行办法未尽事宜，按照国家、省、交通控股公司有关规定执行。

第三十六条 本规定由高管中心人事教育处负责解释。

第三十七条 本规定自印发之日起执行。原《江苏省高速公路经营管理中心职工教育培训管理办法（试行）》（苏高管人〔2004〕31号）同时废止。

附：1. 江苏省高速公路经营管理中心年度教育培训计划表

2. 江苏省高速公路经营管理中心职工教育外部培训申请表

3. 江苏省高速公路经营管理中心职工个人培训申请表

4. 江苏省高速公路经营管理中心职工教育培训考核成绩表

5. 江苏省高速公路经营管理中心职工学历教育奖励申请表

附件1

江苏省高速公路经营管理中心年度
教育培训计划表

单位（部门）： 填报日期： 年 月 日

序号	培训对象		培训类别	培训内容	培训时间（月份）	培训时长（天/次）	总参训人数	培训次数	培训形式	培训费用	备注
	岗位层级	岗位									
1											
2											
3											
4											
5											
6											

填表说明：
1. 岗位层级：中心中层管理人员、所属各基层单位（部门科室）负责人、其他管理技术人员、基层班组长（生产骨干）、一线生产技能人员、其他
2. 培训类别：综合性培训、业务性培训、基础性培训、其他
3. 培训形式：内部培训、外部培训、外出交流、网络平台、继续教育、学历教育、其他。

附件 2

江苏省高速公路经营管理中心
职工教育外部培训申请表

申报单位（部门）：　　　　　填报时间：　　年　月　日

培训名称				
培训对象		参加人数		
培训时间		总课时数／天数		
合作机构		培训地点		
是否年度计划内培训	□是 □否			
培训目标及课程设置				
经费预算	序号	项目	预算金额	备注
	合计预算			
考核方式	□现场操作 □书面测试 □论文写作 □（学习心得、考察报告） □其他			
人事教育处 审核意见			年　月　日	
中心分管 领导意见			年　月　日	
中心主要 领导意见			年　月　日	

附件 3

江苏省高速公路经营管理中心
职工个人培训申请表

填报时间：　　年　月　日

姓名		性别		出生年月		政治面貌	
单位				工作岗位及职务			
现学历				现专业技术职称（技能等级）			
申请学习内容				学习形式			
培训地点及机构							
培训费用				培训日期		自　　年　月　日 至　　年　月　日	
本人声明	本人已知晓高管中心职工教育培训制度，相关培训学习费用根据高管中心有关规定报销 　　　　　　　　　　　　　　　本人签名： 　　　　　　　　　　　　　　　　年　　月　　日						
单位（部门）审批意见	 　　　　　　　　　　　　　　　　年　　月　　日						

备注：中心机关职能部门及所属单位（含应急中心）负责人个人申请应报中心领导审批，并送中心人事教育处备案。

附件4

江苏省高速公路经营管理中心
职工教育培训考核成绩表

主办部门：

课程名称		组织单位	
培训机构		培训讲师	
培训时间		培训地点	
考核方式	□现场操作□书面测试□论文写作 □（学习心得、考察报告）□其他		

序号	受训人	部门／单位	考核成绩	异常情况说明
1				
2				
3				
4				
5				
6				
7				
8				
9				
10				

附件5

江苏省高速公路经营管理中心
职工学历教育奖励申请表

填报时间：　年　月　日

申请人姓名		性别		出生年月		政治面貌	
所在部门（基层单位）				工作岗位及职务			
现学历				现专业技术职称（技能等级）			
申报学历奖励		□大专 □本科 □硕士 □博士				申请奖励金额	
原毕业院校毕业时间				原所学专业学位			
现毕业院校毕业时间				现所学专业学位			
学习地点或学习方式				学习起止日期		年　月至　年　月	
所在部门（单位）意见		年　月　日					
管理处（公司）审批意见		年　月　日					

备注：本人教育培训申请表及新修学历毕业证书作为附件。

246

江苏省高速公路经营管理中心
职工个人培训申请表（通启处）

填报时间：　　年　　月　　日

姓名		性别		出生 年月		政治 面貌	
所在单位（部门）				工作岗位及职务			
现学历				现专业技术职称 （技能等级）			
申请学习内容				学习形式			
培训地点及机构							
培训费用				培训日期		自　年　月　日 至　年　月　日	
本人声明	本人已知晓高管中心职工教育培训制度，相关培训学习费用根据高管中心有关规定报销 　　　　　　　　　　　　　　本人签名： 　　　　　　　　　　　　　　　年　　月　　日						
所在单位（部门） 初审意见	年　　月　　日						
管理处综合科 审核意见	年　　月　　日						
管理处分管领导 审核意见	年　　月　　日						
管理处主要领导 审批意见	年　　月　　日						

江苏省高速公路经营管理中心职工
学历教育奖励申请表（通启处）

填报时间： 年 月 日

申请人姓名		性别		出生年月		政治面貌	
所在单位（部门）				工作岗位及职务			
现学历				现专业技术职称（技能等级）			
申报学历奖励		□大专 □本科 □硕士 □博士				申请奖励金额	
原毕业院校毕业时间				原所学专业学位			
现毕业院校毕业时间				现所学专业学位			
学习地点或学习方式				学习起止日期		年 月至 年 月	
管理处综合科审核意见				年 月 日			
管理处分管领导审核意见				年 月 日			
管理处主要领导审批意见				年 月 日			

备注：本人教育培训申请表及新修学历毕业证书作为附件。

工勤技能等级岗位（事业性质）考评暂行办法

（2017 年 12 月 25 日印发）

第一章 总 则

第一条 为加强江苏省高速公路经营管理中心（以下简称高管中心）工勤技能岗位人才队伍建设,发挥工勤技能岗位人员作用,规范高管中心事业性质工勤技能等级岗位考评管理工作,根据《江苏省机关、事业单位工勤技能等级岗位考核实施意见》（苏人工考〔1995〕2 号）、《江苏省事业单位岗位设置管理实施意见》（苏办发〔2008〕23 号）等文件精神,制定本暂行办法。

第二条 基本原则

（一）坚持公平公正,竞争择优的原则。

（二）坚持统一领导,分级管理的原则。

（三）坚持规范考评,评聘分开的原则。

（四）坚持按需设岗,科学合理的原则。

第二章 适用对象及考评范围

第三条 适用对象

本试行办法适用于高管中心事业性质在职工勤技能岗位人员（含调度员、收费员、排障员、驾驶员、电工等岗位人员）

第四条 考评范围

本暂行办法工勤技能等级岗位考评工种包括：车辆通行费征收、

汽车驾驶、电工等工勤技能（术）工种。

第三章 管理职责

第五条 高管中心人事教育处为全中心工勤技能等级岗位考评工作管理的归口职能部门，主要负责工勤技能岗位设置管理、工勤技能等级岗位考核需求汇总及分析，负责中心机关及所属单位工勤技能岗位考评材料汇总审查，以及协助做好省相关主管部门岗位考评组织实施等工作。

第六条 高管中心所属单位（处室）负责提出当年度本单位（部门）工勤技能岗位等级考评意向、需求及计划并向人事教育处备案；负责按照本试行办法的要求对考评申报材料进行初审及上报高管中心。

第四章 考评等级分类及申报条件

第七条 根据运营生产工作需要，高管中心工勤技能岗位等级一般设置高级工、中级工、初级工，暂不设置高级技师，对专业技能（术）要求较高的工勤技能岗位，经高管中心审批同意后可设置技师层级岗位。

第八条 高级工及以下技术等级考评申报条件

（一）一般申报条件

1. 近三年年度考核结果为合格及以上等次；

2. 按规定参加相应的继续教育培训且考核合格（附件1）；

3. 工作年限20年并在本等级工作满5年的中级工（持有中级工等级证书），具备高中或同等及以上学历，可申报高级工技术等级培训考核；

4. 工作年限 10 年并在本等级工作满 5 年的初级工（持有初级工等级证书），具备初中或同等及以上学历，可申报中级工技术等级培训考核；

5. 当年度学徒期满转正定级的、未考取技术等级的、以及由普通工岗位转换到技术工岗位的工勤人员，普通学校毕业生，招录到机关事业单位工勤技能岗位的，见习试用期满，可申报初级工技术等级培训考核。

（二）破格申报条件

具备下列条件之一，可放宽申报工作年限 3 年和本等级工作年限 2 年（每个放宽条件在整个岗位技术等级晋升期间只能使用一次）：

1. 本单位年度考核中连续 2 年考核结果为优秀等次；

2. 在人力资源和社会保障部门组织或参与的省部级技能竞赛取得前 10 名、市级技能竞赛取得前 6 名；

3. 在技术革新、技术发明中取得优秀成果，本人为该成果主要工作人员之一，并有省、部级以上奖励证书；

4. 获得市级以上劳动模范称号并保持荣誉；

5. 在本工种岗位上刻苦自学，取得本工种（专业）专科以上学历。

第九条 技师技术职务考评申报条件

（一）一般申报条件

1. 近五年年度考核结果为合格以上等次；

2. 取得机关事业单位工勤技能岗位高级工证书满 5 年；

3. 按规定完成相应继续教育培训，且考核合格（附件 1）；

4. 具有高级技工学校、技师学院、中等以上专业技术学校、普通高等学校本工种毕业证书，或取得政府人力资源和社会保障部门颁发的成人高等教育专业证书；

5.须满足申报工种的相关具体要求（具体要求按照省人力资源和社会保障厅的相关文件执行）。

（二）**破格申报条件**

具备下列条件之一,可放宽申报工作年限3年和本等级工作年限2年（每个放宽条件在整个岗位技术等级晋升期间只能使用一次）：

1.连续2年年度考核为优秀等次；

2.在人力资源和社会保障部门组织或参与的省部级技能竞赛中取得前10名或市级技能竞赛中取得前6名；

3.在本工种岗位上刻苦自学,取得本工种（专业）专科以上学历。

具备下列条件之一,可直接申报技师资格的考核评审：

1.在技术创新、技术发明中取得成果,并获得省、市级以上证书；

2.在人力资源和社会保障部门组织或参与的省、部级技能竞赛中获得前3名、市级技能竞赛获得第1名；

3.获得市级以上劳动模范称号并保持荣誉。

以上凡符合放宽条件者,由所在单位综合（人事）部门出具相关文字材料证明或复印件,经人事教育处和机关事业单位工勤技能等级岗位考核办公室审核后方可执行。各单位（处室）须严格执行文件规定的放宽条件,不得自行突破。

第十条 其他特殊申报条件

（一）为了适应机关人事制度改革和事业单位岗位设置管理的需要,结合单位实际,对于工作岗位已经变动或即将调整岗位的工勤人员,经本人申请、单位同意后,可申报同等级工种转岗培训、考核。

（二）对新进入机关事业单位工勤技能岗位已取得技术等级岗位证书的人员,以及部队退役士兵分配安置到机关事业单位工勤技能岗位工作的人员,比照同期参加工作同等条件的工勤人员,对符合技术等级考核政策规定的,通过省人社厅工考办岗前集中培训考核后,按《机关事业单位工勤技能等级岗位考核暂行办法》复核认定相应岗位技术等级证书。

第五章 考评申报程序

第十一条 考评申报程序

工勤技能考评申报程序分为职工本人申请、所在单位(部门)初审、高管中心审查、考核实施、结果备案五个流程,具体为:

(一)职工本人申请

符合申报工勤技能考评条件的事业性质工勤技能岗位人员,须主动向所在单位综合(人事)部门提出书面申请,并填写《江苏省机关事业单位工勤技能岗位技术等级考核审批表》(附件2)一式二份;申报晋升技术等级人员另需提供近三年年度考核情况、毕业证书复印件和机关事业单位技术工人继续教育证书、原技术等级岗位证书原件及复印件各一份上交所在单位进行初审。

(二)所在单位(部门)初审

高管中心所属单位(部门),严格对照各工种等级报名条件审核报名人员,凡符合破格申报条件的还须由所在单位(部门)附相关证明材料,审核人须在申报材料各类复印件上注明原件已核,签名并加盖公章。各单位(部门)初审确定符合申报资格后,报高管中心审查。

(三)高管中心审查

高管中心所属单位(部门)申报人员申报资料统一归口由人事教育处负责审查,凡符合破格条件的由高管中心统一出具相关证明材料并加盖公章,复审确定符合申报资格后,报省工考部门和培训单位。

（四）考评组织实施

高管中心根据工勤技能人员等级划分及属地化管理原则,分层级组织实施考评工作,其中:

1.通行费征收岗位:由高管中心牵头组织实施,会同省人社厅工考办委托培训单位开展培训和考核;

2.汽车驾驶、电工等岗位:结合属地化管理原则分别开展考评,其中:在宁单位统一参加省机关工考办举办岗位培训和考核（附件3）;非在宁单位参加所在地市人社部门开展的岗位培训和工勤技能等级考评。

（五）结果备案

各单位考评人员在培训考评结束后,应及时将培训合格情况报送所在单位,并统一汇总报送至人事教育处上报省工考办审批及发放《江苏省机关事业单位工勤技能等级岗位证书》和《机关事业单位工勤技能等级岗位考核审批表》,各类考评审批资料由职工所在单位及时做好个人人事档案归档工作。

第六章 考评计划安排

第十二条 考评培训工作计划

高管中心所属单位要结合各年度本单位职工教育培训计划,统筹安排当年度工勤技能岗位考评培训计划和培训申请备案制度,加强对培训过程的计划管理,并于各年度3月上旬将考评培训计划、考评培训报告说明、考评人员名册、考核审批表、继续教育审批表等（附件4.5),报送至高管中心人事教育处审核。

第十三条 培训工作年度时间安排

（一）材料初审阶段（各年度2月底前）

高管中心所属单位调查摸底和初审编制本单位当年度拟申报考评人员的人数、工种和等级。

（二）资格审查阶段（各年度3月底前）

高管中心所属单位将初审材料统一报送至人事教育处集中审查，并按要求做好申报材料的整改和完善工作。

（三）培训考核阶段（各年度4－6月）

根据省人社厅工考部门工作部署，人事教育处会同委托培训单位，编制培训报批材料，统筹时间组织人员参加培训和考核。

凡属属地化管理原则的，按各地人社部门工考单位有关规定执行。

第七章 附　则

第十四条　本试行办法中有关内容如遇国家、省相关规定不一致的，按国家、省相关规定执行。

第十五条　高管中心企业性质生产技能人员技能考核办法另行制定。

第十六条　本办法由高管中心人事教育处负责解释。

第十七条　本办法自印发之日起执行。

附：1. 江苏省机关事业单位工人继续教育审批表

　　2. 江苏省机关事业单位工勤技能岗位技术等级考核审批表

　　3. 高管中心岗位技能等级考核报名计划汇总表

　　4. 全省机关事业单位工勤技能岗位技术等级考核人员名册表

附件1

江苏省机关事业单位工人继续教育审批表

填报单位盖章：　　　　　　　　　　　年　月　日

姓　名		性　别		出生年月			免冠照片
工作单位							
参　加工作时间	年 月 日	从事本工作时间	年 月 日	文化程度			
参加继续教育年度			参加继续教育等级	普通班			
				提高班			
技术等级持证情况	技术工种		技术等级	发证单位	证书号码		发证日期
拟参加岗位升级培训技术等级及年度				联系电话			
工作简历							
继续教育培训情况				继续教育主管部门意见			
	年　月　日				年　月　日		

注：填写本表一式二份。

附件2

江苏省机关事业单位工勤技能岗位
技术等级考核审批表

姓　名		性　别		出生年月		免冠照片
工作单位						
参加工作时间	年 月	从事本工作时间	年 月	文化程度		
中断工龄年限		年　月至　年　月				
身份证号码			手机号码			
申报考核工　种			申报考核等级			
原持证情况	技术工种	技术等级	发证单位	证书号码		发证日期
符合放宽申报条件						
工作简历						

单位考核情况	思想政治表现		生产工作业绩	
单位推荐意见	年　月　日　（章）		主管部门审批意见	年　月　日　（章）
培训考核情况	理论	操作	行业考评委考核意见	
				年　月　日　（章）
	年　月　日　（章）			
市（区）县工考部门意见	年　月　日　（章）		省工考部门意见	同　意 年　月　日　（章）
发证日期			发证号码	
备注	自我小结材料报主管单位人事部门			

该表格请用 A4 纸正反面打印

258

附件3

高管中心＿＿＿＿＿岗位技能等级考核报名
计划汇总表

（＿＿＿＿年度）

报考等级\下属单位	初级工	中级工	高级工	小计
合　计				

附件4

全省机关事业单位工勤技能岗位技术等级考核人员名册表

序号	工作单位	姓名	性别	出生年月	参加工作时间	从事本工种时间	文化程度	原持证情况				申报工种	申报等级	发证日期	综合成绩	证书编号	备注
								技术工种	技术等级	发证单位	证书号码	发证日期						

年　月　日

填报单位：（章）　　　　　填表人：　　　　　联系电话：

关于进一步规范员工应急加班的通知

（2019 年 2 月 28 日印发）

各部门，各单位：

为进一步规范全处考勤管理，保障全处征收工作正常有序开展，根据高管中心、通启处有关管理规定，现将进一步规范员工应急加班的相关事项通知如下：

1. 各单位要以道口保障生产运营秩序稳定畅通为原则，根据道口流量变化需要，从严控制，合理安排当班人数。确需安排应急加班的，原则上应优先安排员工事后补休。

2. 遇到法定节假日及可预见的流量增加等情况，确需要安排应急加班的，要提前两天填写加班审批单，报经调度中心（道管科）、综合科及处领导审批同意后方可安排加班，并报综合科备案。

3. 如遇分流、封道、交通事故、恶劣天气或系统故障等突发事件，临时需要应急加班的，可通过电话请示同意后安排加班，事后履行加班审批手续。

4. 安排应急加班的班组，当班人员不得请事假及一般性病假、公休等。

5. 员工加班后，应优先安排调休，确因工作需要无法调休的，可发放加班工资，附已审批的加班审批表。未按上述规定履行加班审批手续或未经批准擅自加班的，均不视为加班，不得计发加班工资。

特此通知。

附件：1. 通启高速公路管理处一线生产人员应急加班计划审批表

2. 通启高速公路管理处员工加班审批表

3. 加班费明细表

附件1

通启高速公路管理处一线生产人员
应急加班计划审批表

单位（部门）：　　　　　　　　　　　　　　　　年　月　日

加班事由					
日　期	预计车流量	计划开通道口数	正常上班人数	拟安排加班人数	拟安排加班人员名单
月　日　班					
月　日　班					
月　日　班					
所属单位意见	年　月　日				
主管部门意见	年　月　日				
综合科意见	年　月　日				
处分管领导意见	年　月　日				
处主要领导意见	年　月　日				
备　注	1、处调度中心及处属单位安排一线收费员、调度员、清障员加班的，填写本表。 2、至少提前2天填写书面申请，报调度中心（道管料）、处人事部门和处领导审批同意后，方可安排加班，并报处人事部门备案。 3、加班人员加班费明细附后。				

附件2

通启高速公路管理处员工加班审批表

单位（部门）：　　　　　　　　　　　　　　　　　　　　　年　　月　　日

序号	姓名	岗位	加班时间	天数	事由	当事人意见
						本人同意加班工作。 加班人签字：
						本人同意加班工作。 加班人签字：
						本人同意加班工作。 加班人签字：
						本人同意加班工作。 加班人签字：
						本人同意加班工作。 加班人签字：
						本人同意加班工作。 加班人签字：

单位（部门）意见	年　　月　　日
主管部门意见	
处综合科意见	年　　月　　日
处分管领导意见	年　　月　　日
处领导意见	年　　月　　日
备注	1. 处机关部门及处属单位安排除一线员工以外人员加班的，填写本表。 2. 至少提前1天填写书面申请，征得员工本人同意签字后，报处综合科和处领导审批同意后，方可安排加班，并报综合科备案。 3. 加班人员加班费明细附后。

附件 3

加班费明细表

单位（部门）：   年   月   日

序号	姓名	日工资	加班天数	加班费

综合科审核：   单位（部门）负责人：   制表人：

请销假管理规定

(2019 年 2 月 28 日印发)

为严格请销假管理,保障员工合法权益,维护运营秩序规范稳定,根据国家、省法律法规及高管中心有关规定,结合本单位实际,特制定本规定。

一、适用范围

本规定适用于全处所有在职管理、生产、辅助岗位工作的人员。

二、请假种类及相关待遇

(一)员工依法在国家规定的年节及纪念日休假。休假期间,正常享受工资报酬、福利待遇以及各类津补贴。

(二)年休假

1. 累计工作已满 1 年不满 10 年的,年休假 5 天;已满 10 年不满 20 年的,年休假 10 天;已满 20 年的,年休假 15 天。国家法定休假日、休息日及探亲假、婚丧假、产假、护理假的假期不计入年休假的假期。

2. 员工有下列情况之一的,当年度不再享受年休假:

(1)员工请事假累计 20 天以上且单位按照规定不扣工资的;

(2)累计工作满 1 年不满 10 年的员工,请病假累计 2 个月以上的;

(3)累计工作满 10 年不满 20 年的员工,请病假累计 3 个月以上的;

(4)累计工作满 20 年以上的员工,请病假累计 4 个月以上的。

(5)当年享受过年休假后,再出现上述 (2)、(3)、(4) 情形之一的,不享受下一年度的年休假。

为严格请销假管理,保障员工合法权益,维护运营秩序规范稳定,根据国家、省法律法规及高管中心有关规定,结合本单位实际,特制定本规定。

一、适用范围

本规定适用于全处所有在职管理、生产、辅助岗位工作的人员。

二、请假种类及相关待遇

(一)员工依法在国家规定的年节及纪念日休假。休假期间,正常享受工资报酬、福利待遇以及各类津补贴。

(二)年休假

1. 累计工作已满 1 年不满 10 年的,年休假 5 天;已满 10 年不满 20 年的,年休假 10 天;已满 20 年的,年休假 15 天。国家法定休假日、休息日及探亲假、婚丧假、产假、护理假的假期不计入年休假的假期。

2. 员工有下列情况之一的,当年度不再享受年休假:

(1)员工请事假累计 20 天以上且单位按照规定不扣工资的;

(2)累计工作满 1 年不满 10 年的员工,请病假累计 2 个月以上的;

(3)累计工作满 10 年不满 20 年的员工,请病假累计 3 个月以上的;

(4)累计工作满 20 年以上的员工,请病假累计 4 个月以上的。

(5)当年享受过年休假后,再出现上述 (2)、(3)、(4) 情形之一的,不享受下一年度的年休假。

3. 员工年初应向单位提出当年度带薪年休假计划;单位根据生产、工作的具体情况,并考虑员工本人意愿,统筹安排员工年休假;年休假在 1 个年度内可以集中安排,也可以分段安排;根据单位生产、工作特点,一般不跨年度安排。

4. 年休假期间,享受与正常工作期间相同的工资收入及福利待遇,不享受各类津补贴。

5. 员工参加在职学历、学位等教育的,经本人申请或自愿,其参加学习和考试(工作日内)的天数,可计算为本人的年休假天数;员工病、事假,经本人申请或自愿,可充抵年休假天数;一次事假超过 5 天的,超过的天数应当抵算年休假。

6. 各单位应确保员工年休假制度的保障落实,采取书面通知形式安排或批准员工年休假;个别员工当年不能休完年休假的,应在每年度 10 月底前向单位书面说明,单位应当协助员工做好休假计划的安排并确保员工年休假计划的全面落实。

7. 各单位(部门)负责人须带头执行年休假制度,以实际行动带动和支持年休假制度的落实。每年年初,所属单位、部门负责人应将当年度年休假计划安排报管理处,经相关程序批准后执行。

8. 各单位应定期加强对本单位员工年休假制度及休假计划的落实情况进行督促检查,每季度末应向管理处书面报告本单位带薪年休假计划落实情况。

9. 员工带薪年休假相关制度执行情况纳入所属单位年度考核,对未能保障员工年休假计划落实完成的单位,追究相应人员责任。

10. 各单位(部门)为员工建立当年度年休假休假记录,员工申请休假时需附该记录。

(三)婚假

1. 法定婚假时间为 3 天。依法办理结婚登记的夫妻,在享受国家规定婚假的基础上,延长婚假 10 天。国家法定休假日不计入婚假。

2. 婚假期间,员工正常享受工资报酬及福利待遇,不享受各类津补贴,车船费自理。

（四）丧假

1. 员工直系亲属（父母、配偶或子女）去世,可享受 3 天丧假；岳父母、公婆、兄弟姐妹、祖父母、外祖父母去世的,视情可给予丧假 1 至 3 天。丧事在外地料理的,可根据路程的远近,给予一定天数的路程假。

2. 丧假期间,员工正常享受工资报酬及福利待遇,不享受各类津补贴,车船费自理。

（五）产假、护理假

1. 女员工的产假为 98 天,其中：含产前假 15 天。对符合《江苏省人口与计划生育条例》规定生育子女的,女方可享受产假 128 天（含法定产假 98 天）,男方可享受护理假 15 天。女员工如果是难产的,增加产假 15 天；多胞胎生育的,每多生育 1 个婴儿,增加产假 15 天。国家法定休假日不计入产假与护理假假期。

2. 经过二级甲等以上医疗单位开具证明,女员工怀孕 3 个月（含）以内流产的,给予 20 至 30 天的产假；怀孕满 3 个月至 7 个月（含）以内流产的,给予 42 天的产假；怀孕 7 个月以上流产的,给予 90 天的产假。

3. 放置宫内节育器的,自手术之日起休息 2 天,手术后 7 天内不从事重体力劳动；经计划生育部门批准取宫内节育器的,当日休息 1 天；输精管结扎的,休息 7 天；输卵管结扎的,休息 21 天；同时施行两种节育手术的,合并计算假期。

4. 参加生育保险的女员工,产假期间按照属地生育保险规定和支付标准享受生育津贴,由生育保险基金支付；享受的生育津贴低于其产假或者休假前工资的标准的,由用人单位予以补足,高于其产假或者休假前工资的标准的,用人单位不得截留;未参加生育保险的,管理处按当事人月基础薪酬(岗位工资)与绩效薪酬(工资)两项之和计发工资报酬,正常享受福利待遇,不享受各类津补贴。

5. 男员工在护理假期间,正常享受工资报酬和福利待遇,不享受各类津补贴。

6. 怀孕女员工在劳动时间内进行产前检查,应当算作劳动时间。

7. 女员工在怀孕及生育期间产生的生育医疗费,参加生育保险的,按照生育保险规定执行;未参加生育保险的,按照有关规定和标准执行。

8. 参加生育保险的男性员工,其配偶未列入生育保险范围,也不能在其所在单位享受生育有关待遇的,由生育保险基金按照规定的支付标准报销生育医疗费的 50%。

9. 员工符合计划生育政策规定的,方可享受上述待遇。

(六)哺乳假

1. 女员工有不满 1 周岁婴儿的,每班劳动时间内给予两次哺乳(含人工喂养)时间,每次 30 分钟。多胞胎生育的,每多哺乳 1 个婴儿,每次哺乳时间增加 30 分钟。女员工每班劳动时间内的两次哺乳时间,可以合并使用。哺乳时间和在本单位内哺乳往返途中的时间,算作劳动时间。婴儿满周岁后,经医疗单位诊断为体弱儿的,可延长哺乳期,但以不超过半年为限。

2. 女员工在哺乳期内上班有困难的,经本人申请,单位批准,可休半年的哺乳假。哺乳假期间按月发放本人基础薪酬或岗位工资,如低于当地社会在岗职工最低工资标准 80% 的,则按当地社会在岗职工最低工资标准 80% 计发, 正常享受福利待遇, 不享受各类津补贴。

3. 员工符合计划生育规定的, 可享受上述待遇。

（七）探亲假

1. 凡工作年限满 1 年的员工, 如与配偶或父母不住在一起, 又不能在公休假日团聚的, 可以享有一定天数的探亲假期。

2. 探亲假期标准

（1）员工探望配偶的, 每年仅一方享有探亲假一次, 假期为 30 天; 员工申请该假期时, 须提供配偶单位出具的当前未休探亲假的有效证明材料。

（2）未婚员工探望父母的, 原则上每年给假一次, 假期为 20 天; 如果因工作需要, 本单位当年不能给予假期或者员工自愿两年探亲一次的, 可以两年给假一次, 假期为 45 天;

（3）已婚员工探望父母的, 每四年给假一次, 假期为 20 天;

（4）员工探亲假期包括公休假日和法定节日在内。

（5）探亲假期一次休完, 且连续计算。

3. 员工探望配偶和未婚员工探望父母的往返路费, 由所在单位负担, 租车费用自理。已婚员工探望父母的往返路费, 在本人月基础薪酬或岗位工资的 30% 以内的, 由本人自理, 超过部分由所在单位负担。

4. 单位按照规定合理安排员工探亲, 不应妨碍运营管理和生产工作的正常进行。员工应当服从单位的统筹安排。

5. 劳务派遣人员不享有探亲假。

6. 休假期间, 员工正常享受工资报酬及福利待遇, 不享受各类津补贴。

（八）工伤假

员工因工作原因负伤或致伤残, 符合国务院《工伤保险条例》

第十四条、第十五条规定的应当认定为工伤或视同工伤的下列情形之一的,持劳动保障行政部门出具的工伤鉴定证明,经单位研究,确实不能出勤的,核给工伤假:

1. 应当认定为工伤的情形

(1)在工作时间和工作场所内,因工作原因受到事故伤害的;

(2)工作时间前后在工作场所内,从事与工作有关的预备性或者收尾性工作受到事故伤害的;

(3)在工作时间和工作场所内,因履行工作职责受到暴力等意外伤害的;

(4)因工外出期间,由于工作原因受到伤害或者发生事故下落不明的;

(5)在上下班途中,受到非本人主要责任的交通事故或者城市轨道交通、客运轮渡、火车事故伤害的(须提交行政主管部门的事故证明);

(6)法律、行政法规规定应当认定为工伤的其他情形。

2. 视同工伤的情形

(1)在工作时间和工作岗位,突发疾病死亡或者在 48 小时之内经抢救无效死亡的;

(2)在抢险救灾等维护国家利益、公共利益活动中受到伤害的;

(3)原在军队服役,因战、因公负伤致残,已取得革命伤残军人证,到单位后旧伤复发的。

伤情较轻,本人愿意放弃工伤鉴定,但确实不能正常上班的,经单位指定医院复查或人力资源部核查,按医院病假建议书或视伤情轻重核给工伤假。

员工发生工伤,须及时向本单位报告,并一般应在 7 个工作日内提交书面经过材料和必要的旁证材料；由于工伤职工本人不按时申报或者延期申报，致使工伤认定的证据缺失从而导致无法认定工伤的，由职工本人承当相应后果。

工伤员工停工留薪期间，工资福利待遇不变，按月计发。工伤假期期满，应主动复职，仍然不能上班的，应办理续假手续，否则按旷工处理。

员工符合上述认定工伤或视同工伤情形的规定，但是有下列情形之一的，不得认定为工伤或视同工伤：

1. 故意犯罪的；

2. 醉酒或者吸毒的；

3. 自残或者自杀的。

（九）事假

1. 各单位严格控制员工事假，在运营生产许可的情况下，员工方可申请事假；确因运营生产等原因不能批准休假的，员工应当自行与他人协商，向单位申请调班，经批准同意后可由他人代班。

2. 每月事假3天（含）以内的，按比例或分值扣除本人绩效薪酬（工资）的相应部分，正常享受福利待遇，不享受各类津补贴。

3. 每月事假超过3天（不含）的，除扣除绩效薪酬（工资）的相应部分外，每超1天扣除本人基础薪酬或岗位工资的相应部分，但扣除上述工资后，事假当事人工资收入不应低于当地社会在岗人员最低工资标准80%；单位不承担事假员工个人缴纳的社会保险费、住房公积金、职业（企业）年金。

4. 员工因加班产生的补休天数可以冲抵事假天数，事假天数超过补休天数的，按上述规定执行。

（十）病假

1. 医疗期

员工因患病或非因工负伤,需要停止工作医疗时,根据本人实际参加工作年限和在本单位工作年限,给予三个月到二十四个月的医疗期:

（1）实际工作年限十年以下的,在高管中心工作年限五年以下的为三个月;五年以上的为六个月。

（2）实际工作年限十年以上的,在高管中心工作年限五年以下的为六个月;五年以上十年以下的为九个月;十年以上十五年以下的为十二个月;十五年以上二十年以下的为十八个月;二十年以上的为二十四个月。

（3）医疗期3个月的按6个月内累计病休时间计算;6个月的按12个月内累计病休时间计算;9个月的按15个月内累计病休时间计算;12个月的按18个月内累计病休时间计算;18个月的按24个月内累计病休时间计算;24个月的按30个月内累计病休时间计算。

2. 员工因病或非因工负伤,办理请假手续时必须提供二级甲等及以上级别医院（精神类疾病需由专科医院）出具的有效材料:

（1）就诊病历和疾病诊断报告（疾病诊断证明）等;

（2）医院病休建议;

（3）病理检查单、报告单、化验单;

（4）用药明细清单;

（5）就诊用药、检查费发票等。

3. 病假期一律从医生开具病历之日起计算,如病休期间遇有公休日、法定节假日,其病假时间连续计算。

4. 女员工按计划怀孕，经过二级甲等及以上医疗单位开具证明，需要保胎休息的，或怀孕 7 个月（含）以上上班确有困难的，本人可申请休假，经单位批准，一般按照病假处理。

5. **病假跟踪**

（1）了解职工患病诊治信息。除女职工怀孕参照病假处理等特殊情形外，对连续休病假超过 15 天或一季度累计休病假超过一个月的，各单位需至职工就诊医院进行调查，了解该医院出具疾病的诊断证明或病休建议有关程序、权限等相关规章制度，了解职工的患病严重程度和病情真实性等信息，严防疾病诊断医治弄虚作假或违反程序出具病休建议等不良现象的发生，并将调查了解情况以书面形式向管理处报告。连续休病假超过 2 个月的，员工本人须到单位履行请假手续。

（2）做好病假人员跟踪管理。切实做好对长期病休人员的管理，密切关注其身体健康状况以及个人社会活动情况，采取家访、面谈等多种形式和渠道，定期或不定期了解实情；对身体条件许可的，动员其复岗；对休病假超过一年的职工，在单位集中组织年度职工体检时，采用异地形式，将申请病休的病情纳入体检范围；对采取不当手段骗假或者休假期间从事市场经营、专职炒股等有偿活动的，单位要认真做好相关调查和取证工作，停止批假休息，并对其进行严肃处理。

6. **按医疗期管理的病假期间待遇**

（1）病假在 2 个月（含）以内的，按其基础薪酬或岗位工资的 100%计发，正常享受福利待遇，不享受各类津补贴。

（2）病假超过 2 个月不满 6 个月（含），从第 3 个月起，工作年限不满 10 年的，按其基础薪酬或岗位工资的 90% 计发；工作满 10

年及其以上的, 按其基础薪酬或岗位工资的 100% 计发。期间, 正常享受福利待遇, 不享受各类津补贴。

（3）病假超过 6 个月, 从第 7 个月起, 工作年限不满 10 年的, 按其基础薪酬或岗位工资的 70% 计发; 工作年限满 10 年不满 20 年的, 按其基础薪酬或岗位工资的 80% 计发; 工作年限满 20 年及其以上的, 按其基础薪酬或岗位工资的 90% 计发。期间, 福利待遇按 50% 发放, 不享受各类津补贴。

（4）医疗期内, 员工病假工资待遇如低于当地社会在岗人员最低工资标准 80% 的, 可按当地社会在岗人员最低工资标准 80% 计发病假工资或疾病救济费, 单位承担患病员工个人缴纳的社会保险费、住房公积金、职业（企业）年金。员工在病假期间从事有偿收入活动的, 停发病假期间的一切工资、福利。

（5）病假超过 6 个月的, 从第 7 个月起, 病假人员各项社会保险、住房公积金和职业年金原则上以上一年度本人月平均工资为缴纳基础。

（十一）补休

1. 发生以下情形的, 单位可以给予员工合理的时间补休:

（1）在规定工作时间之外, 单位组织员工参加会议、学习、培训、考核等活动的;

（2）遇到法定节假日及可预见的流量增加等情况, 确需要安排应急加班的;

（3）遇分流、封道、交通事故、恶劣天气或系统故障等突发事件, 临时需要应急加班的;

（4）参与值班的部分员工按规定不享受值班费或本人主动放弃值班费而选择补休的;

（5）其他合理情形。

2. 以下情形，员工不可以申请补休：

（1）本岗位职责或交办任务未能在规定合理时间内完成导致工作时间滞后的；

（2）未经审批同意非工作时间自行到单位或到岗的；

（3）员工双方协商申请调班由代班人顶岗的；

（4）员工报名参加的学历考试；

（5）员工报名参加的专业技术职称、工勤技能等级以及有关职业资格准入许可的培训、考试、复审的；

（6）单位组织的全员性的会议、学习、培训、考核等活动；

（7）社会或单位组织的重要庆祝活动和公益活动；

（8）不可以申请补休的其他情形。

3. 每次实际超时或延迟下班不足 2 小时的，不予补休；每次超时或延迟下班多于 2 小时不足 4 小时的，按 0.5 天计算补休天数；每次超时或延迟下班多于 4 小时的，按 1 天计算补休天数。不享受值班费或自动放弃值班费的，平时值班享受补休 0.5 天，休息日及重要节假日值班享受补休 1 天。

4. 往返单位、工作场所、活动地点和出差目的地的途中时间，以及必要的休息和就餐时间，不折算为可以补休的时间。

5. 发生可作为补休的情形时，由所在单位（部门）严格把关，履行加班审批手续后，填写《通启高速公路管理处员工加班补休记录》。员工补休时，履行正常的请销假程序，并附《通启高速公路管理处员工加班补休记录》。

6. 因周末（休息日）加班及其他情形产生的补休天数，员工原则上应在六个月内补休完。员工补休应当服从本单位的统筹安排。

7. 员工补休期间,正常享受工资福利待遇。

三、请假审批

(一)法定年节和纪念日,高管中心根据国家和省有关规定统一安排放假。技能岗位员工(不定时工作制除外)因班次运转等特殊情况,在法定年节和纪念日上班的,可按加班计算,不再履行相关手续。

(二)员工申请休假,必须事先履行书面或 OA 请假手续,由本人亲自按以下规定程序办理,经批准后方可休假:

1. 请假 2 天(含)以下的,本人需在 1 天前提出请假申请,经审批后报本单位(部门)考勤人员备案。其中:

(1)部门、所属单位负责人由综合科负责人、处分管领导、处主要领导逐级审批,报备综合科劳资员,所属单位负责人同时报备调度中心;

(2)普通管理人员由所属单位(部门)负责人审批;

(3)调度员、收费员、排障员按班长、业务管理员、单位负责人逐级审批;

(4)班长按业务管理员、单位负责人逐级审批;

(5)辅助岗位人员按综合管理员、所属单位(部门)负责人逐级审批。

2. 请假 3 天(含)及以上的,本人需在 2 天前提出请假申请,经审批后报本单位(部门)考勤人员备案。其中:

(1)部门、所属单位负责人由综合科负责人、处分管领导、处主要领导逐级审批,报备综合科劳资员,所属单位负责人同时报备调度中心;

(2)部门、调度中心、排障大队普通管理人员按所属单位(部门)负责人、处分管领导、处主要领导逐级审批;

（3）收费站综合管理员按所属单位负责人、综合科负责人、处分管领导、处主要领导逐级审批；

（4）收费站征收管理员由所属单位负责人、调度中心负责人、处分管领导、处主要领导逐级审批；

（5）调度员、收费员、排障员按班长、业务管理员、所属单位负责人、调度中心负责人、处分管领导、处主要领导逐级审批；

（6）班长按业务管理员、所属单位负责人、调度中心负责人、处分管领导、处主要领导逐级审批；

（7）辅岗人员按综合管理员、单位（部门）负责人、综合科负责人、处分管领导、处主要领导逐级审批。

3. 确因急诊、意外等紧急情况，本人不能及时履行请假手续的，应当及时委托他人或电话向单位（部门）负责人说明情况，并在两日内或销假时完善相应手续。

4. 员工事假请休一次不超过 5 个工作日，病假请休一般不超过 7 个工作日。

5. 员工休假结束到岗后，应在 12 小时内至单位办理销假手续。

6. 请假人员按批准的时间、天数休假，确因特殊原因需延长假期的，必须在原假期到期前按上述程序办理申请续假手续。销假与续假如遇公休日或节假日时间顺延。

四、考核

员工劳动纪律和考勤及请销假制度执行情况纳入岗位考核，并与其本人工资薪酬直接挂钩。

1. 员工请销假不履行手续的、逾期不来单位报到上班或请假手续不完善，未经批准同意擅自休假的，一律视为旷工；病假期间从事有偿收入活动的，停发其病假期间的全部工资。

2. 未及时履行请销假手续,或请销假手续不全的,根据情节轻重和产生后果程度,每次视情扣 2—15 分;

3. 采取不正当手段骗取事假、病假的,月度岗位考核直接定为不合格;

4. 当月无正当理由迟到或早退累计达 2 次的;当月事假超过应出勤天数三分之一的,月度考核可直接定为基本合格。

5. 当月无正当理由迟到或早退累计达 3 次及以上的;当月旷工 1 天及以上的;当月事假超过应出勤天数二分之一的,月度考核可直接定为不合格。

6. 发生以下严重违反单位规章制度行为的,除月度考核直接定为不合格外,年度考核也直接定为不合格等次,其他（劳动关系等）根据中心相关规定处理:

（1）连续旷工超过 15 个工作日或者 1 年内累计旷工超过 30 个工作日的;

（2）因公外出或请假期满无正当理由逾期不归连续超过 10 个工作日的;

（3）全年累计请事假时间超过法定工作时间 30% 以上的;

（4）采取不正当手段,骗取事假、病假累计 15 天及以上的。

7. 当年因病（工伤除外）、事假累计超过半年的人员,不参加本年度考核,本考核年度不计算为按年度考核结果晋升级别和级别工资档次的考核年限,薪酬根据中心相关规定执行;病、事假累计超过考核年度应出勤天数 5% 的,不得确定为优秀等次。

8. 员工患病或非因工负伤,在规定的医疗期满后,不能从事原工作,也不能从事管理处另行安排的其他工作的,执行国家相关法律法规及高管中心有关规定,直至解除人事聘用或劳动合同。

9. 单位或个人违反管理处相关制度越权批假或把关不严的，根据管理处综合目标考核办法有关规定对个人给予考核扣分。

五、奖励

对年度满勤的员工，单位将予以适当奖励，有效激励员工遵章守纪、爱岗敬业、忠实履职。

六、其他

1. 各单位要正确处理单位运营生产与员工休息休假的关系，在确保生产运营正常有序的前提下，统筹安排好员工休息休假；如确因生产运营不允许，或可能导致生产运营产生不良影响的，则一律不得批假。

2. 政策性休假和病假的天数应当连续计算（法律法规另有规定的从其规定）。

3. 坚决制止休假投机行为，对平时长期休假、节假日却要求上班的，单位可以不同意其节假日上班要求；确需要求上岗的，视为能够正常上班履职，且一般不得再以同类身体病患原因申请病假。请假人除确定不能行走等特别原因外，本人应亲自到单位履行请假手续，非特殊原因不到单位请假的，单位不得批假。

4. 各单位（部门）严格执行高管中心、管理处劳动纪律和考勤请销假制度，落实考勤人员每日如实做好考勤纪律，每月进行汇总统计，并按时上报、定期存档。管理处对各单位劳动纪律和考勤请销假制度执行情况进行抽查考核。

5. 及时履行应尽告知义务。各单位要组织全体职工认真学习国家、省有关人事劳动法律法规和相关政策，学习高管中心和管理处有关人事管理制度，做到学习教育到位、宣传解释到位、贯彻执行到位，并留有学习签名记录。对累计病休达 3 个月以上的，要向其送达

《告知函》,敦促其履行续假手续或按期复岗,并告知其有关后果。

    6. 本规定自下发之日起执行。

    附件:1. 江苏省通启高速公路管理处生产、辅助岗位人员
             请（销）假单

        2. 告知函

        3. 通启高速公路管理处员工年休假休假记录

        4. 通启高速公路管理处员工加班补休记录

附件1

江苏省通启高速公路管理处
生产、辅助岗位人员请（销）假单

请假人姓名			职务（岗位）			
请（销）假时间	合计天数		请假时间		销假日期	
			___年___月___日至 ___年___月___日， ___个中班，___个夜班		___年___月___日	
其他请假类别	事假	病假	年休	补休	婚假	产假	丧假	其他（请注明）
请假事由				请假人签名：		
班长意见			管理岗位人员意见			
单位（部门）负责人意见					____年___月___日	
综合科或调度中心负责人意见					____年___月___日	
处分管领导意见					____年___月___日	
处主要领导意见					____年___月___日	
说明	请假单批准生效后交本单位（部门）考勤人员留存备案。					

282

附件 2

告 知 函

_____同志：

根据有关人事劳动法律法规和政策规定，以及江苏省高速公路经营管理中心（以下简称高管中心）和通启高速公路管理处（以下简称通启处）有关规章制度，现将有关事项告知如下：

一、你于__年_月_日起至今一直未到单位上班，请于__年_月_日前至本单位报到上班；如需休假，请根据通启处相关要求，提供完备齐全、真实有效的请休证明材料，你本人须于___年__月__日前至本单位履行请假手续（单次申请休假：事假不超过 5 个工作日，病假不超过 7 个工作日），待单位批准同意后方可休假。

二、逾期不来单位报到上班或未经批准休假的，按旷工处理。病假期间从事有偿收入活动的，停发其病假期间的全部工资。

三、如发生下列严重违反单位规章制度行为的，将按高管中心有关规定处理，直至解除人事聘用合同或劳动合同：

（一）连续旷工超过 15 个工作日或者 1 年内累计旷工超过 30 个工作日的；

（二）因公外出或请假期满无正当理由逾期不归连续超过 10 个工作日的；

（三）全年累计请事假时间超过法定工作时间 30% 以上的；

（四）采取不正当手段，骗取事假、病假累计 15 天及以上的。

四、患病或非因工负伤，在规定的医疗期满后，不能从事原工作，也不能从事管理处另行安排的其他工作的，执行国家相关法律法规及高管中心有关规定，直至解除人事聘用或劳动合同。

五、当年因病假（工伤除外）、事假累计超过半年的,不进行本年度考核,本考核年度不计算为按年度考核结果晋升级别和级别工资档次的考核年限,薪酬根据中心相关规定执行。病、事假累计超过考核年度应出勤天数 5% 的,不得确定为优秀等次。

专此函告。

单位（盖章）
___年__月__日

送达人：_____

收件人：_____（与____为____关系）

___年__月__日

本告知函一式叁份,送达壹份,单位留存贰份,涂改无效。

附件3

通启高速公路管理处员工年休假休假记录

（　　　　　　　）年

姓名		所在单位 （部门）		参加工作 时间	
累计工作年限		本年度可休假天数			
休 假 记 录					
休假时间		休假天数	本人签字	备　注	

附件 4

通启高速公路管理处员工加班补休记录

姓名：   单位（部门）：

加 班 记 录			
加班日期	事 由	天 数	单位（部门）负责人审批

补 休 记 录				
补休日期	天 数	本人签字	管理员签字	备 注

关于重申执行落实
职工带薪年休假制度的通知

（2020 年 11 月 17 日印发）

为进一步贯彻落实交通控股公司《所属单位执行职工带薪年休假制度的实施意见（试行）》（苏交控人资〔2008〕80 号）和《关于认真落实职工带薪年休假制度的通知》（苏交控人资〔2016〕41号）文件精神,确保带薪年休假制度在全中心范围内健康、规范和有序地运行,切实维护职工休息休假权利,经研究,现就重申执行落实职工带薪年休假制度通知如下:

一、高度重视,做好职工带薪年休假制度的保障落实

实行职工带薪年休假制度是国家确立的一项重要社会福利制度,是关心职工身心健康、调动职工积极性、提高工作效率的一项重要举措,对促进社会和单位和谐发展具有重要意义。享受带薪年休假是法律规定的劳动者权利,安排职工年休假是用人单位应当履行的义务。中心所属各单位（部门）要充分认识实行带薪年休假制度的重要意义,要把认真落实带薪年休假制度放在维护职工权益、维护单位和谐、维护国家政策的认识高度,增强执行带薪年休假制度的自觉性,妥善处理生产经营与干部职工休假的关系,保障职工带薪年休假权益的充分落实；特别是各级领导人员要带头执行带薪年休假制度,确保本单位全体职工带薪年休假制度的落实,实现"快乐工作、健康生活"的目标。

二、统筹安排,做好职工带薪年休假安排的规范管理

1. 各单位（部门）要结合生产经营实际和职工意愿,统筹安排好职工年休假计划,提倡集中一次性休完,也可分段安排休假；各单位（部门）职工年度带薪休假安排计划,经履行相应内部程序后,于每年第一季度末向高管中心报备。

2. 在保证工作正常开展的前提下,各单位（部门）根据本人年休假申请（书面）,有计划地安排好干部职工轮流休假;要向职工下达书面带薪年休假通知,明确告知职工当年应（未）休天数,要求其在年度内全部休完。每年第四季度,各单位（部门）应就当年职工带薪年休假情况进行专项清理,及时以书面形式提醒督促并安排职工完成年度休假计划。

3. 职工带薪年休假申请应当服从单位统筹安排;确因工作原因不能安排年休假的职工,由本人提前提出书面申请并说明不予休假的理由,报职工所在单位（部门）审批（所属单位一般由职工所在管理处或公司审批）,履行相应程序批准后方可不予休假。

4. 单位已经书面通知职工休假,或者已经书面批准职工休假的,非单位工作原因,职工仍不能休完应休天数的,应书面向员工书面告知,并由职工签字确认。

5. 各单位（部门）负责人要带头执行年休假制度,以实际行动带动和支持年休假制度的落实。按人事管理权限,履行职工年休假报批手续。每年年初,各单位应就当年度单位领导层人员年休假计划安排报高管中心,由高管中心人事教育处汇总经相关程序批准后执行。休假前的报备手续按高管中心相关要求办理。

6. 各单位不得以发放报酬的形式代替年休假安排。

三、明确责任,做好职工带薪

年休假情况的检查监督

1. 各单位（部门）要切实做好职工带薪年休假制度的保障落实工作,应定期对本单位制度执行情况进行督促检查,采取措施积极推动制度落实,维护干部职工的合法权益。各单位就职工带薪年休假计划落实情况,每年上半年和下半年,分别形成专题报告上报高管中心。

2. 各单位(部门)要将国家相关政策法规、控股公司和高管中心相关制度文件宣传到位(可采取集中学习签字形式),做到人人知晓,全员遵照执行。

3. 中心人事教育处要加强政策指导、管理与督促,定期进行检查考核,以推动全中心职工带薪年休假制度的认真贯彻落实。

内部培训师管理暂行办法

(2019 年 6 月 18 日印发)

为科学搭建江苏省通启高速公路管理处（以下简称：通启处）内部教育培训体系，有效促进内部资源可持续开发运用，进一步增强内训机制的实效性和导向作用，经管理处研究，结合上级部署，决定建立一支热爱本职、业务精通、经验丰富、成果突出的内部培训师（以下简称"内训师"）队伍，承担全处职工教育培训相关课程的开发和讲授，服务理论知识和实践经验传导落地，有关办法（暂行）如下：

一、指导思想

以习近平新时代中国特色社会主义思想和党的十九大精神为指导，深入贯彻落实习近平总书记关于人才培养的指示精神，契合《江苏交通控股有限公司"十三五"人才专项发展规划》，紧紧围绕交通控股公司、高管中心发展战略，强化内部人力资源挖潜、教育培训机制体制创新，营造全处干部职工争先创优的良好氛围。

二、总体原则

（一）分类开展，统筹推进。根据不同类别和岗位要求，按照经营管理人员、专业技术人员、生产技能人员、通启大讲堂特约教员等四大类，选拔相应内训师，增强教育培训工作的针对性和有效性。

（二）与时俱进，创新机制。不断探索符合单位实际的内训师管理机制体制，建立科学的选拔、考核、激励机制，激发人才热情，让人才引领单位发展。

（三）联系实际，学以致用。结合单位生产经营和发展需要，立足当前, 着眼长远, 开展符合单位发展和员工需求的内训师教育培训工作。

三、组织分工

在通启处党总支领导下, 由综合科负责内训师管理工作的统筹协调、制定办法、管理考核等工作。负责队伍建设、人员遴选及推荐, 为内训师参与学习研修、课程开发、履行授课任务等提供一定的便利条件。

四、选拔条件

（一）人员范围

原则上为通启处在职员工及 65 周岁以内的退休人员。

（二）综合条件

1. 政治立场坚定, 坚持党的领导, 遵守国家法律法规, 具有良好的职业道德和敬业精神, 具备较好的群众基础, 认同并接受管理处、中心及控股公司的企业文化。

2. 在职人员应在本岗位工作 2 年及以上, 在相关领域有丰富的管理经验或深厚的专业积累, 工作业绩突出。退休人员按照退休前工作岗位条件对应。

3. 具有良好的文字能力、语言能力、沟通能力、组织能力、现场反应能力和自我学习能力, 有较好的普通话水平, 能熟练使用各类办公软件。

4. 热爱培训师职业, 具有较强的服务意识和奉献精神, 愿意承担作为内训师的责任。

（三）具体条件

1. 经营管理人员内训师

具有较强的理论功底、政策水平和实践经验, 对相关专业或管理领域有较深入研究,推广先进经营管理工作经验方面业绩显著,具有培养经营管理人才的能力。

2. 专业技术人员内训师

具备中级及以上专业技术职称,长期从事本专业技术管理工作,系统掌握本专业基础理论知识,了解本专业国内外最新技术状况和发展趋势,能将新技术成果应用于工作实践,独立解决本专业复杂疑难技术问题,具有培养专业技术人才的能力。

3. 生产技能人员内训师

具有本职业(工种)较高的技术理论知识、专业技能和综合操作技能,在技术革新、技术改造、工艺改进、质量攻关方面,在解决本职业生产技术问题方面,在学习、推广和应用国内外先进技术等方面成绩显著,具有培养技术工人的能力。

4. 通启大讲堂特约教员

具有一技之长,实践经验丰富,且得到员工广泛认可,可指导、拓展员工工作、生活等多方面技能。

五、报名选拔

(一)申请报名。内训师报名采取个人报名或所在单位、部门推荐的方式进行。凡符合条件的人员,均可报名,填写《江苏省通启高速公路管理处内部培训师推荐表》,并附相关证明材料,由所在单位、部门初审后报综合科

(二)资格审核。综合科对报名人员的工作经历、工作业绩及专业知识水平等进行审核评估,确定内训师初选人员。

(三)综合测评。综合科会同相关部门组成评审小组,对内训师初选人员进行综合测试、课程试讲,侧重考核人员的综合素质、管理能力和专业水平。根据测试情况,评审小组得出评审结果,报通启处

党总支审核确定最终人选。

（四）入库聘用。经评审通过的内训师人选，根据类别分别纳入经营管理类、专业技术类、生产技能类、通启大讲堂内训师库，根据内训需求予以择优聘任、使用与管理。

六、继续教育

（一）组织参加内训师专业培训。开展有针对性的内训师专业辅导培训，如培训师职业形象训练、授课技巧、临场能力训练及培训课程亮点展示训练，提升内训师授课能力和水平。

（二）组织参加管理或专业技术知识培训。每年组织内训师参加至少一次相关管理或专业类培训，并鼓励内训师结合本岗位工作需要和培训任务需要，有选择地参加相关培训，促进自身知识体系更新。

七、考核评价

（一）绩效考核

通常在内训课程培训结束后五个工作日完成，一般以课程设置、讲师评价、授课效果等学员意见反馈作为考核因素，并结合授课方向、参培人数等，综合确定考核等第。绩效考核由综合科组织并建立详细档案，作为年度考核依据。

（二）年度考核

通启处于每年 12 月底组织对内训师年度考核，考核评价指标以年度课程开发数量、授课次数及课时、年度绩效考核中课程评价及授课效果均分等考核因素确定。

八、管理使用

（一）通启处根据培训需求和培训计划，统筹安排内训师开展培训工作。内训师应合理分配时间，妥善协调好本职工作和培训教学任务关系，服从教育培训总体计划安排并积极开展培训工作，所在单位应给予支持与协助。

（二）内训师应结合单位发展需求,掌握运用现代化教育培训理念和手段,研究符合发展实际和员工需求的教育培训方向,策划开发教育培训项目和课程,制定实施教育培训计划,按要求开展教育培训工作,并不断更新专业知识,改进教育培训方式方法,提高教育培训效果。

九、相关待遇

（一）培训期间,内训师除享受正常工资待遇外,给予适当的授课津贴,从培训项目经费中予以列支。

（二）因制作培训课件过程中产生的相关费用,经向单位事先审批,可视其用途予以报销。

（三）同等条件下,考核结果优秀的在职内训师享有公派研修、薪资调整、岗位晋升、评优评先等活动的优先权利。

十、其他

（一）本办法由通启处综合科负责解释。

（二）本办法自印发之日起执行。

江苏省通启高速公路管理处
内部培训师推荐表

姓　名		性　别	
出生年月		专业技术职称	
所在部门		职　务	
最高学历（毕业院校及专业）			
所持相关证件			
手机/办公电话		电子邮箱	
申报类别	□经营管理人员内训师 □生产技能人员内训师		□专业技术人员内训师 □通启大讲堂特约教员
个人简历			
主讲方向、课程内容及特色	可推荐一项主讲，一项辅讲课程。也可根据专业特长，多课程推荐。可条目式，提纲式。（不少于400字，可另附页）		

主要成果（可另附页）		
本人声明	本人承诺所有申报材料均属实。 本人签名：　　　　　　年　　月　　日	
所在单位（部门）意见	（盖　章） 年　　月　　日	管理处意见　　（盖　章） 年　　月　　日

重点工作督查管理办法

（2018 年 6 月 19 日印发）

第一章 总 则

第一条 为切实转变工作作风，全面提高通启处重大决策、重要工作部署和领导批（交）办事项的办理质量及效率，建立有效的重点工作督查督办工作机制，使通启处工作进一步制度化、规范化和科学化，结合工作实际，特制定本办法。

第二章 督查目标及内容

第二条 督查工作的目标任务：紧紧围绕交通控股公司、高管中心的工作部署及管理处营运管理工作，通过督促、检查、协调、反馈等手段，及时了解情况、反映问题、协调关系、妥善解决，维护政令畅通，确保各项决策部署的有效落实。

第三条 督查工作的主要内容：

（一）上级政策文件、重要会议精神、分解落实的目标任务在本单位的贯彻落实情况；

（二）处党总支会、处长办公会、处工作研讨会、专题会议决定或布置的重要事项贯彻落实情况；

（三）管理处年度重点工作任务、年度主要工作目标、处领导特别关心的重大问题推进情况；

（四）上级和处领导交办、批办、查办的事项；

（五）上级机关及有关部门签转的重要事项；

（六）处领导交办的其他督查事项。

第三章 督查管理及职责

第四条 处综合科是重点工作督查的组织实施部门，督查管理工作的主要职责为：

（一）负责督查督办事项的登记编号、备案立项，转交有关单位（部门）办理；

（二）组织协调开展督查督办活动，直接参与重要督查督办事项的查处工作；

（三）撰写办结报告，报送交办分管处领导或主要处领导；

（四）调研、收集督查督办工作信息，向领导提供情况和建议；

（五）负责督查督办工作过程中形成的文件材料的立卷归档和保密工作；

（六）在督查过程中，通过对重大决策和重要工作部署贯彻落实中存在的问题进行综合分析，找出原因和症结，提出意见或建议。对于在督查督办过程中发现的落实不力的人和事，依据相关规定，向管理处提出相应处理意见或建议。

第四章 工作制度和程序

第五条 工作制度

（一）**重大事项专报制度。**上级部门下发的重要文件、指示，处领导做出的重大决策、重要工作部署和签发的重要文件,各部门(单位)必须按要求将落实情况报综合科,综合科将各部门(单位)的工作落实情况及时上报。

(二)**重大决策督促检查制度。**对交通控股公司、高管中心重点工作、处领导重大决策、重要工作部署和涉及面广、落实时间长的督促检查事项,由综合科组织有关职能部门(单位)参与,分阶段、有重点地进行专项督查,推动工作的落实。

(三)**处领导指示、批示和交办事项督办制度。**凡处领导指示、批示和交办的事项,各承办部门(单位)必须按处领导要求认真落实,并在规定时限内向处领导报告、反馈办理情况,并报备综合科,做到批必办、办必果,事事有着落、件件有回音。

(四)**督促检查情况通报制度。**综合科要对各部门(单位)贯彻落实处领导重大决策、重要工作部署的情况适时进行通报。对工作落实好的,总结推广经验,并通报表扬;对工作落实差的,要帮助分析原因,属主观不努力的要通报批评;对因客观因素短时间内落实有困难的,要及时向管理处报告,协助解决,并督促其尽快落实。

第六条 工作程序

(一)**拟办:**在处领导做出重大决策、重要工作部署后,或在接到处领导的指示、交办事项之后,综合科要及时提出拟办意见。拟办意见包括承办部门(单位)、承办时限和工作要求等,对于重大和复杂事项,在提出初步拟办意见后,应征求有关方面的意见,在与承办部门沟通后,报处领导审定。

(二)**立项:**办理意见确定后,即可立项。立项要坚持一事一项的基本原则,一个工作部署或一项决策,立为一项。

(三)**交办:**交办一般采取发《重点工作督查通知》的形式,把督查督办事项交有关部门（单位）办理；特殊情况采用口头（电话）的形式交办时，应作出书面记录，注明交办时间、承办人。综合科在交办时要做到任务量化、时限具体化、责任明确化。

（四）办结：承办部门（单位）在工作任务完成后，应采取报告的形式，及时回复办理情况。综合科将对承办部门（单位）的回复情况进行检查，对不符合交办要求的，要退回承办部门补办或重办；对符合交办要求的，呈处领导阅知。

（五）反馈：一项具体督查督办任务完成后，要按照事事有结果，件件有回音的原则，及时向批示领导报告结果，做到批必办、办必果、果必报。

（六）归档：督查督办事项办结后，应将各种有关的文字材料，包括处领导批示、办结报告、检查反馈等，整理归档。

第七条　承办部门（单位）提交的办理情况报告，必须坚持全面、及时、实事求是的原则，详细说明承办事项落实情况、工作推进情况，真实准确地反馈工作过程中存在的重点难点问题和困难，并提出有针对性、可操作性的建议，为领导决策提供科学依据。报告存在情况不清、事实不详、敷衍应付的，将予以退回重办。

第八条　对超过完成时限又无故不提交办理情况报告的，处综合科向承办部门（单位）发出《催办通知》，催办后仍不按时提交回复的，给予通报批评。

第九条　确因客观原因或不可抗外界因素造成督查督办事项不能按时、按要求完成的，承办部门（单位）可提出缓办申请，经管理处研究同意后重新下发督查通知单。

第十条　涉及两个及以上承办部门（单位）的事项，由主办部门（单位）牵头办理，协办部门（单位）要积极配合，主动与主办部门（单位）协商，共同做好督查督办事项的办理工作。办理结果的报告由主办部门（单位）负责。

第十一条 承办部门（单位）在办理过程中出现意见分歧时，由主办部门（单位）负责人协调解决。经协调仍不能取得一致意见的，由主办部门（单位）将意见分歧、协调经过、解决建议等以书面形式报请分管领导协调处理。

第五章 工作要求和纪律

第十二条 工作要求和纪律

（一）督查工作应本着实事求是的原则和一丝不苟的精神，深入调查研究，及时、全面、准确地了解和反馈有关情况，并对涉密事项严格保密。

（二）工作过程中，督查人员要加强与被督查部门（单位）之间的沟通与联系。对涉及几个部门（单位）的事项，部门（单位）之间有意见分歧不能解决时，应做好协调工作。

（三）凡列入督查的事项，都应当有明确的督查结论；凡未按时并保质完成的工作，应如实向处领导汇报以便做出决策，并责成有关部门（单位）限时完成。

第六章 奖惩制度和问责办法

第十三条 实行督查工作通报制度。综合科每月将督查工作运行情况、工作质量和办理落实情况以《督查信息》的形式予以通报，表扬先进、督促后进、交流经验，提高督查督办工作质量和效率。

第十四条 实行重点督查工作责任追究制度。对执行不力造成严重后果的,有下列情形之一的,将启动问责程序,根据有关规定追究相关责任部门(单位)、责任人的责任。

(一)被立项督查督办的单项工作经 2 次书面催办,仍没有按要求办结的;

(二)被立项督查督办的单项工作完成不及时,对管理处造成重大经济损失和负面影响的;

(三)对上级要求的督查事项办理不及时,受到通报批评的。

第十五条 被立项督查督办的单项工作涉及几个部门(单位)的,承办部门(单位)负主要责任,协办部门(单位)负次要责任。

第七章 附 则

第十六条 本办法由处综合科负责解释。

第十七条 本办法自印发之日起施行。

关于发展党员工作的实施细则（试行）

（2017 年 11 月 20 日印发）

第一章 总 则

第一条 为了规范发展党员工作，保证新发展的党员质量，保持党的先进性和纯洁性，提高党组织的战斗力，依据党的十九大新修改的《中国共产党章程》、中共中央组织部《中国共产党发展党员工作细则（试行）》和党内有关规定，结合高管中心实际，制定本实施细则。

第二条 党的基层组织应当把吸收具有马克思主义信仰、共产主义觉悟和中国特色社会主义信念，自觉践行社会主义核心价值观的先进分子，作为一项经常性重要工作。

第三条 发展党员工作应当贯彻党的基本理论、基本路线、基本纲领、基本经验、基本要求，按照控制总量、优化结构、提高质量、发挥作用的总要求，坚持党章规定的党员标准，始终把政治标准放在首位，经过党的支部，坚持个别吸收的原则。

第二章 积极分子的培养、教育和考察

第四条 中心所属各级党组织要通过宣传党的政治主张和党的路线、方针、政策，提高党外群众对党的认识。要把工作的重点放在具有较高政治素质和业务素质的骨干身上，放在积极进取和思想进步的中青年员工身上，放在党员数量少、党的力量比较薄弱的单位，优化党员队伍结构。通过深入细致的思想政治工作，不断扩大入党

积极分子队伍。

第五条 入党申请人应当向所在单位党组织提出入党申请。

第六条 党组织收到入党申请书后,应当在一个月内派人同入党申请人谈话,了解基本情况;介绍入党条件和程序;加强教育引导。

第七条 在入党申请人中确定入党积极分子,应当采取党员推荐、群团组织推优等方式产生人选,由支部委员会研究决定,并报上级党组织备案。

第八条 党支部应当指定两名正式党员作入党积极分子的培养联系人。采取吸收积极分子听党课、参加党内有关活动,以及定期培训等方法,对他们进行培养、教育和考察。要求他们经常以书面或口头形式向党组织汇报自己对党的路线、方针、政策的认识,对重大政治事件的看法,以及业务学习和工作生活等方面的情况。

第九条 党支部每半年要对入党积极分子进行一次考察。基层党总支每年要对入党积极分子的状况进行一次全面的分析,针对存在的问题,采取有效的改进措施,并适时调整入党积极分子的队伍。

第十条 入党积极分子工作所在单位发生变动,应当及时报告原单位党组织。原单位党组织应当及时将培养教育等有关材料转交现单位党组织。现单位党组织应当对有关材料进行认真审查,并接续做好培养教育工作。培养教育时间可连续计算。

第三章 发展对象的确定和考察

第十一条 对经过一年以上培养教育和考察、基本具备党员条件的入党积极分子,在听取党小组、培养联系人、党员和群众意见的基础上,支部委员会讨论同意并报上级党组织备案后,可列为发展对象。

第十二条　发展对象应当有两名正式党员作入党介绍人。入党介绍人一般由培养联系人担任,也可由党组织指定。受留党察看处分、尚未恢复党员权利的党员,不能作入党介绍人。

第十三条　入党介绍人的主要任务是:

(一)向发展对象解释党的纲领、章程,说明党员的条件、义务和权利;

(二)认真了解发展对象的入党动机、政治觉悟、道德品质、工作经历、现实表现等情况,如实向党组织汇报;

(三)指导发展对象填写《中国共产党入党志愿书》,并认真填写自己的意见;

(四)向支部大会负责地介绍发展对象的情况;

(五)发展对象批准为预备党员后,继续对其进行教育帮助。

第十四条　党组织必须对发展对象进行政治审查。

政治审查的主要内容是:对党的理论和路线、方针、政策的态度;政治历史和在重大政治斗争中的表现; 遵纪守法和遵守社会公德情况; 直系亲属和与本人关系密切的主要社会关系的政治情况。

政治审查的基本方法是:同本人谈话、查阅档案资料、找有关单位和人员了解情况,以及必要的函调或外调。在听取本人介绍和查阅有关材料后,其主要社会关系情况清楚的可不函调或外调。

凡是未经政治审查或政治审查不合格的,不能发展入党。

第十五条　党组织应当对发展对象进行短期集中培训。培训时间一般不少于三天(或不少于二十四个学时)。培训主要学习《中国共产党章程》、《关于党内政治生活的若干准则》等文件,以及围绕这些文件开展的专题讲座等。使他们懂得党的性质、纲领、宗旨、组织原则和纪律,懂得党员的义务和权利,帮助他们端正入党动机,忠诚于共产主义事业,确立为共产主义事业奋斗终生的信念。

未经培训合格的,不能发展入党。

第四章　预备党员的接收

第十六条　接收预备党员必须严格按照《中国共产党章程》规定的程序办理。

第十七条　支部委员会应当对发展对象进行严格审查,经集体讨论认为合格后,向上级党组织报备,并报具有审批权限的中心党委预审。

中心党委对发展对象的条件、培养教育情况等进行审查,根据需要听取党建、纪检等相关部门的意见。预审合格后,向发展对象发放《中国共产党入党志愿书》。

第十八条　经中心党委预审合格的发展对象,由支部委员会提交支部大会讨论。

召开讨论接收预备党员的支部大会,有表决权的到会人数必须超过应到会有表决权人数的半数。

第十九条　支部大会讨论接收预备党员的主要程序是:

(一)发展对象汇报对党的认识、入党动机、本人履历、家庭和主要社会关系情况,以及需向说明的问题;

(二)入党介绍人介绍发展对象有关情况,并对其能否入党表明意见;

(三)支部委员会报告对发展对象的审查情况;

(四)与会党员对发展对象能否入党进行充分讨论,并采取无记名投票方式进行表决。赞成人数超过应到会有表决权的正式党员的半数,才能通过接收预备党员的决议。因故不能到会的有表决权的正式党员,在支部大会召开前正式向党支部提出书面意见的,应当统计在票数内。

支部大会讨论两个或两个以上的发展对象入党时,必须逐个讨论和表决。

第二十条 党支部应当及时将支部大会决议写入《入党志愿书》,连同本人入党申请书、政治审查材料、培养教育考察材料等,一并报上级党组织审议,并报中心党委审批。

支部大会决议主要包括:发展对象的主要表现;应到会和实际到会有表决权的党员人数;表决结果;通过决议的日期;支部书记签名。

第二十一条 预备党员必须由中心党委审批。党总支不能审批预备党员,但应当对支部大会通过接收的预备党员进行审议。

为切实保证发展党员的质量,在发展对象离开岗位前三个月内,一般不办理接收预备党员的手续。

第二十二条 中心党委审批前,应当指派党委委员或党群部门人员同发展对象谈话,作进一步的了解,并帮助发展对象提高对党的认识。谈话人应当将谈话情况和自己对发展对象能否入党的意见,如实填写在《中国共产党入党志愿书》上,并向中心党委汇报。

第二十三条 中心党委审批预备党员,必须集体讨论和表决。

中心党委主要审议发展对象是否具备党员条件、入党手续是否完备。发展对象符合党员条件、入党手续完备的,批准其为预备党员。中心党委审批意见写入《中国共产党入党志愿书》,注明预备期的起止时间,并通知报批的党支部。党支部应当及时通知本人并在党员大会上宣布。对未被批准入党的,应当通知党支部和本人,做好思想工作。

中心党委会审批两个或两个以上的发展对象入党时,应当逐个审议和表决。

第二十四条　中心党委对党支部上报的接收预备党员的决议,应当在三个月内审批。如遇特殊情况,可适当延长审批时间,但不得超过六个月。凡无故超过规定时间还未予审批的,要追究有关人员的责任。

第五章　预备党员的教育、考察和转正

第二十五条　接基层党组织应当及时将中心党委批准的预备党员编入党支部或党小组,对预备党员继续进行教育和考察,并将考察情况填入《预备党员考察表》

第二十六条　预备党员必须面向党旗进行入党宣誓。入党宣誓仪式,一般由基层党总支(党支部)组织进行。

第二十七条　基层党组织应要求预备党员每三个月将自己的政治思想、业务学习、本职工作、社会工作等方面的情况进行一次全面的书面总结汇报。通过听取本人汇报、个别谈心、集中培训、实践锻炼等方式,对预备党员进行教育和考察。党支部每三个月要讨论一次,发现问题要及时与本人谈话,进行帮助教育。

第二十八条　预备党员的预备期为一年。预备期从支部大会通过其为预备党员之日算起。

预备党员预备期满,党支部应当及时讨论其能否转为正式党员。认真履行党员义务、具备党员条件的,应当按期转为正式党员;需要继续考察和教育的,可以延长预备期,但不能超过一年;不履行党员义务、不具备党员条件的,应当取消其预备党员资格。预备党员转为

正式党员、或延长预备期,或取消预备党员资格,都应当经支部大会讨论通过、上级党组织审议和中心党委批准。

第二十九条 预备党员转正的手续是: 本人在预备期满前半个月向党支部提出书面转正申请; 党小组提出意见; 党支部征求党员和群众的意见; 支部委员会审查; 支部大会讨论、表决通过; 报上级党委审批。无正当理由预备期满一个月不提出申请的,取消预备党员资格。

讨论预备党员转正的支部大会,对到会人数、赞成人数等要求与讨论接收预备党员的支部大会相同。

第三十条 中心党委对党支部上报的预备党员转正的决议,应当在三个月内讨论审批。审批结果应当及时通知党支部。党支部书记应当同本人谈话,并将审批结果在党员大会上宣布。

党员的党龄,从预备期满转为正式党员之日算起。

第三十一条 预备期未满的预备党员工作所在单位发生变动,应当及时报告原所在党组织。原所在党组织应当及时将对其培养教育和考察的情况,认真负责地介绍给接收预备党员的党组织。

第三十二条 预备党员转正后,党支部应当及时将其《中国共产党入党志愿书》、入党申请书、政治审查材料、转正申请书和培养教育考察材料,存入本人人事档案。无人事档案的,建立党员档案,由所在党组织保存。

第六章 发展党员工作的领导和纪律

第三十三条 中心所属各级党组织必须把发展党员工作列入重要议事日程,纳入党建工作责任制,作为党建工作述职、评议、考核和党务公开的重要内容。

重视从青年员工中发展党员，优化党员队伍结构。对具备发展党员条件但长期不做发展党员工作的基层党组织，上级党委应当加强指导和督促检查，必要时对其进行组织整顿。

第三十四条 中心所属各级党组织每年应当向中心党委组织部门报告发展党员工作情况和发展党员工作计划，要如实反映带有倾向性的问题和对违规现象的查处情况。

第三十五条 中心所属各级党组织对发展党员工作中出现的违纪违规问题和不正之风，应当严肃查处。对不坚持标准、不履行程序、超过审批时限和培养考察失职、审查把关不严的党组织及其负责人、直接责任人应当进行批评教育，情节严重的给予纪律处分。典型案例应当及时通报，对违反规定吸收入党的，一律不予承认，并在支部大会上公布。

对采取弄虚作假或其他手段把不符合党员条件的人发展为党员，或为非党员出具党员身份证明的，应当依纪依法严肃处理。

第七章 党员的管理

第三十六条 每个党员，不论职务高低，都必须编入党的一个支部、小组或其他特定组织，参加党的组织生活，接受党内外群众的监督。党员领导干部还必须参加党委、党组的民主生活会。不允许有任何不参加党的组织生活、不接受党内外群众监督的特殊党员。

第三十七条 党员有退党的自由。党员要求退党，应当经支部大会讨论后宣布除名，并报上级党组织备案。

党员缺乏革命意志，不履行党员义务，不符合党员条件，党的支部应当对他进行教育,要求他限期改正;经教育仍无转变的,应当劝他退党。劝党员退党,应当经支部大会讨论决定,报上级党组织审议,并报中心党委批准。如被劝告退党的党员坚持不退,应当提交支部大会讨论,决定把他除名,报上级党组织审议,并报中心党委批准。

党员如果没有正当理由,连续六个月不参加党的组织生活,或不做党所分配的工作,就被认为是自行脱党。支部大会应当决定把这样的党员除名,报上级党组织审议,并报中心党委批准。

第三十八条 党员有向党组织交纳党费的义务,一般应当向其正式组织关系所在的党支部交纳党费。预备党员从支部大会通过其为预备党员之日起交纳党费。

对不按照规定交纳党费的党员,其所在党组织应及时对其进行批评教育,限期改正。对无正当理由,连续 6 个月不交纳党费的党员,按自行脱党处理。支部大会应当决定把这样的党员除名,报上级党组织审议,并报中心党委批准。

第八章 附 则

第三十九条 本实施细则由高管中心党委负责解释。凡与上级的规定相抵触的以上级的规定为准。

第四十条 本实施细则自印发之日起施行。

党总支所属党支部
标准化建设实施方案（试行）

（2019 年 8 月 7 日印发）

　　为深入贯彻落实全面从严治党要求，牢固树立党的一切工作到支部的鲜明导向，全面规范和加强新形势下基层党支部工作，根据《中国共产党章程》《中国共产党支部工作条例（试行）》及省国资委、交通控股公司、高管中心党委标准化党支部建设有关规定，结合通启处党总支所属基层党支部实际，特制定本实施方案。

　　一、指导思想和工作目标

　　以马列主义、毛泽东思想、邓小平理论、"三个代表"重要思想、科学发展观和习近平新时代中国特色社会主义思想为指导，深入学习贯彻新时代党的建设总要求，坚持和加强党的全面领导，坚持党要管党、全面从严治党，按照《中国共产党支部工作条例（试行）》关于党支部"三大定位""七项职责"要求，围绕党建工作规范化、标准化管理目标，全面实施基层党支部组织建设、组织生活、党员管理、保障机制、党建台账、活动阵地等"六个标准化"建设，不断提升基层支部的凝聚力、组织力、战斗力。充分发挥基层党支部教育党员、管理党员、监督党员和组织群众、宣传群众、凝聚群众、服务群众的重要作用，把基层党支部建设成为宣传党的主张、贯彻党的决定、领导基层治理、团结动员群众、推动改革发展的坚强战斗堡垒。认真落实"1+5"党的基层支部工作法，坚持党对群团组织、运营主业的绝对领导，牢牢抓住基层党支部书记、普通党员、生产岗位班长、工会组长、团支部书记五类"关键少数"，有效发挥示范、激励、辐射、融合效应，积极推动党建工作与阵地建设、品牌创树、文明创建、文化强企、人才培育有机结合,逐步形成"1+5+N"党的基层支部工作体系,努力实现党建引领立体化、党建覆盖全方位,为推动通启事业高质量发展提供坚强的思想、政治和组织保证。

二、工作任务

围绕"1+5"党的基层支部工作法,从组织建设、组织生活、党员管理、保障机制、党建台账、活动阵地等六个方面,全面推进基层党支部标准化建设,促进党支部基础管理更加规范、工作落实更接地气、活动开展更有特色、党建引领更富成效。

(一)组织建设标准化

1. 支部设置

坚持党的组织与行政机构同步设置原则,正式党员 3 人以上的单位(含处机关)或其他内设机构应成立党支部;正式党员不足 3 人的,应与邻近或业务相近单位的党员联合成立党支部,确保应建尽建。

为期 6 个月以上由通启处负责管理实施的工程、工作项目,符合条件的,应当成立党支部。党员 3 人以上集体外出公务且地点相对集中的,应设立临时党支部。

2. 支委设置

按照"应设必设"原则,党员人数超过 7 人的,设立支部委员会,设委员 3 名,其中: 书记兼组织委员(或副书记兼组织委员)1 名、宣传委员 1 名、纪检委员 1 名,做到分工明确、责任到人、团结协作、优势互补,整体功能得到充分发挥。党员人数不足 7 人的,不设支部委员会,设支部书记(或副书记)1 名,纪检(或行政)监督员 1 名(原则上由管理岗位人员兼任)。

3. 支部委员、书记产生

党支部委员会由支部党员大会按照《中国共产党基层组织选举

工作暂行条例》的规定选举产生。党支部委员会每届任期 3 年, 届满按时换届改选。如需延期或提前进行换届选举, 须报上级党组织批准, 延期一般不超过 1 年。任期内, 委员如有缺额, 由党员大会及时补选。

4. 支部书记配备

规范党支部书记配备, 坚持把最优秀的党员选拔到党支部书记岗位, 注重选拔思想作风正派, 敢于坚持原则, 善于团结同志, 在党员和群众中威信高, 并有较强的组织领导和解决实际问题能力的同志担任党支部书记。及时调整不称职的党支部书记。基层党支部书记原则上由具有 1 年以上党龄的单位行政负责人兼任。

5. 党小组设置

坚持因地制宜原则, 党员人数较多、工作相对分散的党支部, 可划分若干党小组, 每个党小组不得少于 3 名党员, 其中至少要有 1 名正式党员, 同时应选举党小组长 1 名。党员数量较少或党员比较集中的党支部可不划分党小组。

6. 党支部动态调整

党支部的成立: 所属单位新成立党支部, 严格执行《中国共产党支部工作条例 (试行)》关于支部成立的 " 两个程序 " 规定, 处党总支向高管中心党委提出申请, 经高管中心党委批复后, 由所属单位召开党员大会选举产生党支部委员会或不设委员会的党支部书记 (或副书记)。所属单位将批复和选举结果报处党总支审核后, 处党总支报高管中心党委组织部门 (党群工作处) 备案。

党支部的调整和撤销: 根据《中国共产党支部工作条例 (试行)》关于支部撤销的 " 两个程序 " 规定, 对因支部党员人数或者所在单位、区域等发生变化, 不再符合设立条件的党支部, 上级党组织应当及时予以调整或者撤销。党支部的调整和撤销程序：由所属党支部向处党总支提出申请，经处党总支研究同意后，由处党总支报高管中心党委批准；也可以由处党总支向高管中心党委提出党支部撤销或调整意见，报高管中心党委批准。临时组建的机构撤销后，临时党支部自然撤销。

（二）组织生活标准化

1. "三会一课"制度

（1）支部党员大会

参加范围：支部全体党员，党员领导干部以普通党员身份参加。根据会议内容可吸收入党积极分子和党员发展对象列席。大会原则上由支部委员会召集，支部书记主持。

召开频次：每季度至少召开1次，根据工作需要可随时召开。

主要任务：学习传达上级党组织的决议、指示，制定党支部贯彻落实的计划、措施；听取、讨论和审查支部委员会的工作报告；讨论接收预备党员和预备党员转正，讨论决定对党员的表彰和处分；选举支部委员会，推选上级党代会代表；讨论需要由支部大会决定的其他重要事项。

程序步骤：

第一步：会前准备。支部委员会确定议题和时间，将议题、时间和要求通知全体党员，同时支部委员会要准备好议案。

第二步：召开会议。清点人数、宣布议题，围绕议题开展讨论，进行表决、形成决议，详细做好会议过程记录。

第三步：会后工作。及时报告上级党组织，按照分工抓好决议贯彻落实，做好资料整理归档工作。

议事规则：一是发扬党内民主，保障党员权利，充分开展讨论，按照少数服从多数的原则作出决议,决议必须有应到会半数以上的有表决权和选举权的党员赞同方可有效。二是如果决议的问题多于1个,应逐项表决。三是对于经过讨论暂不能统一认识的问题,不急于作出决议,下次会议再议,必要时可以报告上级党组织。

注意事项:如需讨论决定有关事项,参加党员大会的正式党员超过应到会人数的半数方能开会;接收预备党员时,应严格按照《中国共产党发展党员工作细则》规定的程序进行,采取无记名投票的方式逐个表决。选举时,应严格按照《中国共产党基层组织选举工作暂行条例》明确的程序要求进行,有选举权的到会党员超过应到会党员的五分之四,会议方为有效。

(2)支部委员会会议

参加范围:支部委员会全体委员,根据需要可吸收党小组长和党员代表列席。会议原则上由支部书记主持。

召开频次:每月至少召开1次,根据工作需要可随时召开。

主要任务:学习党的政治理论和制度规章、基本知识,研究贯彻上级党组织的指示、决定和工作部署,执行支部党员大会的决议和意见;研究支部工作计划和总结;分析党员思想状况,研究思想政治工作和党员教育工作;听取党小组工作汇报;讨论确定入党积极分子、发展党员、预备党员转正和对党员的奖惩;讨论需由支部委员会研究的其他事项。

程序步骤:

第一步:会前准备。支部书记与委员充分沟通、酝酿,确定会议议题和召开时间;支部书记做好初步意见方案;通知各委员参会。

第二步:召开会议。宣布议题,展开讨论,形成决议,明确分工,详细做好会议过程记录。

第三步：会后工作。必要时向上级党组织汇报，按照分工具体抓好贯彻落实，做好资料整理归档工作。

议事规则：讨论决定有关问题时，必须执行少数服从多数的原则，决议必须有应到会半数以上的支部委员赞同方可有效，防止在重大问题上以个人意志代替集体决定。如遇重大问题需要作出决定，必须提交党员大会讨论。

注意事项：如需讨论决定有关事项，支部委员会全体委员参会方能开会。

（3）党小组会议

参加范围：党小组全体党员，党员领导干部以普通党员身份参加，可吸收入党积极分子和党员发展对象列席。党小组会原则上由党小组组长主持。

召开频次：每月至少召开 1 次，根据工作需要可随时召开。

主要任务：传达学习党组织的指示、决议，研究落实措施；组织党员学习政治理论和党的基本知识；讨论对入党积极分子的培养教育和发展党员、预备党员转正；讨论对党员的表彰和处分；听取党员思想、工作和学习情况汇报，开展批评和自我批评；讨论需由党小组研究的其他事项。

程序步骤：

第一步：会前准备。与党支部沟通确定会议内容，提前通知党员做好准备。

第二步：召开会议。宣布议题，展开讨论，统一思想，明确责任，同时做好会议记录。

第三步：会后工作。负责具体事项的组织实施和贯彻落实。

注意事项：一是支部党员人数较多，且党员分布较分散，不便于支部活动开展的,须合理设置党小组。二是议题一般围绕党的中心工作和党支部的近期工作,结合本小组实际情况确定,研究解决有关问题。

（4）上党课

参加范围：党支部全体党员,也可吸收入党积极分子、党员发展对象和表现突出的同志参加。

组织频次：每季度至少安排讲 1 次党课。

主要任务：向党员宣讲党的形势任务,讲解上级党组织的重大决策部署,解读中央和各级党组织重要会议及政策文件精神。

程序步骤：

第一步：课前认真制定党课计划,结合上级有关精神要求和党员思想状况,精心选择主题,确定授课内容和授课人,并认真备课。

第二步：课上可借助信息手段,制作 PPT 课件,使讲课内容图文并茂,增强党课生动性；也可采取互动式讲课方式,针对一些问题进行研讨,引发党员思考。

第三步：课后要运用灵活多样、务实管用的方式,组织党员围绕党课内容开展讨论,并联系思想和工作实际进行对照检查,提高党课教育效果。

有关要求：一是党员非特殊情况不得请假,参会人员不少于应到会党员的半数。二是支部委员要带头讲党课,党支部书记每年至少讲 1 次党课,其他党员可采取"微党课"形式讲党课。三是根据需要可邀请上级领导、理论专家、先进典型作党课辅导报告。四是对因故未能参加党课的党员,党支部组织委员要及时安排对其补课。五是原则上党支部书记形成的党课材料,需报上一级党组织备案。

2. 主题党日活动制度

参加范围：党支部全体党员,可视情况吸收入党积极分子、党员发展对象参加。党员外出期间应参加有关基层党组织的活动。

活动频次：按照"日子好记、活动方便、时间集中"的原则,每月固定1天开展主题党日活动,每次不少于半天,可与"三会一课"结合进行。一般在单位内部统一固定活动时间,如遇节假日或确有特殊情况,可适当前移或顺延,但原则上必须在当月内完成。

主要任务：突出学习党的十九大精神、学习习近平新时代中国特色社会主义思想、学习党章党规；深入开展形势政策教育、法律法规教育和业务技能培训；组织党员进行思想汇报,开展重温入党誓词等主题教育活动；围绕贯彻上级党组织工作部署和决议指示,研究决定贯彻落实措施；以"转作风、严管理、强服务"为主线,组织党员开展为民服务志愿活动；深化推进"党员进一线"、党员示范岗、党员责任区、江海志愿者等活动。

有关要求：每次活动要制订活动方案或计划,明确活动主题和要求,可结合落实"三会一课"、党员组织生活会、民主评议党员、党员政治生日等基本制度,统筹安排党员活动日内容,活动结束后要进行小结,按照"一表、一照、一信息"的要求做好记录。要积极探索运用信息平台开展党日活动的有效方法,以信息化提高党员参加组织生活的保障力。党员领导干部要带头参加主题党日活动,发挥好示范作用,党员领导干部每年至少为基层党员讲一次党课。

3. 党员政治生日制度

党员政治生日就是党员入党周年的纪念日。

时间安排：对于党员人数较少的支部,每季度安排1次,为同一季度入党的党员过集体政治生日；对于党员人数较多的支部,每月安排一次,为当月入党的党员过集体政治生日。

主要内容：主要开展"5+X"活动：即在完成"赠送一份生日

礼物、重温一次入党誓词、开展一次谈心谈话、畅谈一次体会感悟、办理一件实事好事"等"五个一"规定动作的同时,各支部可结合主题党日开展个性化的活动。

有关要求：认真组织调查摸底,了解党员的基本信息,核准每名党员的入党时间,按入党时间先后顺序,建立健全党员政治生日档案,实行动态管理,随时进行更新,切实掌握底数。根据党员人数、特点、兴趣爱好和工作实际,每年年初统筹谋划安排,制定年度党员政治生日活动方案。结合主题党日或重要纪念日开展政治生日活动,并形成相关台账资料。

4. 党员定期汇报制度

主要内容：党员本人政治、思想、工作、学习、生活等情况,需要党组织帮助解决的问题；群众对党组织和党员的意见建议；其他需要请示报告的事项。

有关要求：一是党员每季度至少向党支部或党小组汇报 1 次思想和工作情况。重要事项随时汇报。二是发现自己在思想、工作上出现问题,可随时向党支部或党小组请示汇报；遇有离职辞职、婚丧嫁娶等个人重大事项应及时书面请示报告。三是党员应按时足额交纳党费,如遇外出等情况不能及时交纳,要向党支部或党小组报告,若交纳党费存在困难需少交、免交,要提出书面申请。四是入党积极分子一般每季度书面向党支部汇报一次自己的思想和工作情况。五是党员领导干部要带头执行请示报告制度。六是请示报告事项原则上由党支部书记或党小组长受理,负责作好答复,并及时备案。

5. 党支部（党小组）报告制度

主要内容：贯彻执行党的路线、方针、政策和上级党组织决议、指示的情况；需要向上级党组织说明、解释的问题；工作中的经验教训或遇到的新情况新问题；改进工作的办法措施和计划打算；其他需要请示报告的事项。

有关要求：党支部每年至少向处党总支就全面工作进行 1 次汇报。支委会或支部书记每年年终向党员大会报告工作。遇有重要问题或超越职权范围事项要及时书面请示报告。请示报告事项原则上由党支部书记或党小组长汇报，上级党组织书记受理，负责作好答复并备案。

注意事项：一是党员向党支部或党小组、党支部或党小组向上级党组织请示报告，除需以书面形式请示报告的情形外，其他可采取口头、电话、网络（QQ、微信）等方式进行。二是对党员干部离岗外出、本人婚姻变化、发生违纪违法行为等情形，党组织和党员应第一时间报告。

6. 谈心谈话制度

（1）集中性谈心谈话

参加范围：党支部全体党员。

组织频次：每年至少开展 1 次，一般结合年度组织生活会进行。

主要任务：深入谈心交心，沟通工作生活情况，互相听取意见，指出问题和不足，指明努力方向，达成思想共识，促进共同提高。主动征求职工群众对支部班子的意见。

方法步骤：党支部提前发出通知，拟定谈心谈话提纲，要求每名党员做好准备。谈心谈话时，党支部委员之间、委员和党员之间、党员相互之间，要出以公心开展同志式的谈话，采取"一对一、面对面"的方式进行。谈话后，党支部和党员针对问题列出清单并抓好整改。

（2）经常性谈心谈话

组织形式：根据需要，灵活安排，可采取个别谈话、集体座谈等方式进行。

主要任务：党支部委员之间、委员和党员之间、党员相互之间，交流思想、交换意见、解决问题。对流动党员可通过电话、网络（QQ、微信）等方式，定期了解其思想和工作情况，听取意见建议。对困难党员、退休、年老体弱党员，要视情上门谈心，疏导思想，帮助解决问题。

有关要求：党支部书记要做到"四必谈"，即党员思想出现波动时必谈，党员犯错误或受处分时必谈，党员遇到困难或挫折时必谈，党员无故不参加组织生活时必谈。党员领导干部要带头和党员谈心谈话，主动接受党员、干部约谈。

注意事项：一是原则上处党总支书记每年与党支部书记进行一次谈心谈话。二是经常性谈心谈话对方法步骤不必提硬性要求，可不拘泥于形式。

7. 组织生活会制度

参加范围：党支部或党小组全体党员。原则上由党支部书记或党小组长主持。

召开频次：每年至少召开1次，根据工作需要随时召开。

主要任务：检查本支部党员贯彻党的路线方针政策和上级决议情况、贯彻执行民主集中制原则情况、党员政治思想工作学习生活等方面的情况、上次组织生活会查摆问题整改落实情况等。

程序步骤：

第一步：会前认真制定会议方案，确定会议主题，提前通知每名党员做好准备；通过个别谈话、集体座谈、上门走访等多种方式，深入开展谈心谈话，广泛征求意见建议；结合工作和自身实际，党支部班子和党员要认真查摆问题，列出问题清单。

第二步：会上严肃开展批评和自我批评，支部书记或者党小组长要带头作对照检查,其他党员依次提出意见,支部书记或党小组长进行表态;每名党员依次作对照检查,其他党员分别提出批评意见,作对照检查的党员进行表态。

第三步:会后党支部和党员分别列出整改清单、明确整改事项和具体措施,党员要作出整改承诺。整改内容和完成情况要在一定范围公示,自觉接受党员群众监督。

有关要求:一是设立支部委员会的党支部要提前单独召开支部委员会班子组织生活会。二是党员领导干部要严格落实双重组织生活制度,以普通党员身份参加所在党支部或党小组的组织生活会。三是开展批评和自我批评,对每个人提出的批评意见要一针见血,原则上不少于2条。四是处党总支可派员参加并指导党支部或党小组组织生活会。五是处党总支建立经常性跟踪督查机制,确保问题整改到位。

8. 民主评议党员制度

参加范围:党支部全体党员,根据情况可吸收入党积极分子、党员发展对象和部分群众代表参加。原则上由党支部书记主持。

组织频次:每年至少开展1次,通常结合年度组织生活会进行,也可根据实际需要进行。上级文件有要求的按照上级要求执行。

主要任务:督促党员对照党章规定的党员标准、对照入党誓词,联系个人实际进行党性分析,达到自我教育、相互教育的效果。

程序步骤:

第一步:前期准备。党支部制定实施方案,认真组织学习,提高思想认识,通知党员准备好总结。

第二步:民主评议。一是个人自评。在学习讨论的基础上,组织党员对照党员标准,总结个人在政治、思想、工作、学习等方面的情况,肯定成绩,找出差距,明确努力方向。二是党员互评。实事求是地对每名党员作出评价,直截了当提出批评意见。三是民主测评。采取发放测评表的方式,按照"优秀""合格""基本合格""不合格"四种等次,对党员进行投票测评。四是组织评定。党支部结合评议情况,综合分析党员日常表现,给每名党员评定等次并向本人反馈。

第三步:结果运用。对评为优秀的党员要通过口头或书面形式进行表扬;对评为合格的党员要肯定优点、提出希望和要求;对评为基本合格的党员要指出存在问题、帮助改进提高;对评为不合格的党员要调查核实其具体表现,按照《江苏省处置不合格党员实施办法》(苏组发〔2014〕11号)规定的办法程序,作出相应组织处置。

有关要求:要根据党员特点,细化评议内容,制定评议具体标准。要将评议结果与党员评先树优、绩效考核、提拔使用等联系起来,发挥导向作用。

注意事项:一是党员人数较多、设置党小组的党支部,个人自评和党员互评可分党小组进行。二是民主评议要与评先树优区分开,评议等次不唯票数,评为"优秀"的比例一般不超过三分之一。三是根据需要可邀请职工群众代表参加民主测评。

9. 党务公开制度

按照中共江苏省委印发《关于贯彻〈中国共产党党务公开条例(试行)〉实施细则》的通知精神(苏发〔2018〕15号),明确公开内容和范围,程序和方式,时间和时限,落实党务公开,不断拓展党员和职工群众参与党务公开的广度和深度。

公开内容:学习贯彻习近平新时代中国特色社会主义思想、贯彻落实党中央及上级组织决策部署、落实"两个维护"要求情况;任期工作目标、阶段性工作部署、重点工作任务及落实情况;加强思想政治工作、开展党内学习教育、组织党员教育培训、执行"三会一课"制度等情况；换届选举、党组织设置调整、发展党员、民主评议、考核奖惩、召开组织生活会、保障党员权利、党费收缴使用管理以及党支部自身建设情况；联系服务党员和群众情况；落实党要管党政治责任情况；加强党风廉政建设、对党员作出组织处理和纪律处分情况；根据实际情况或党员、群众认为有必要公开的不涉及党内秘密的党内其他事项等。

公开程序：党支部提出拟公开的事项及范围、形式、时限等具体方案；集体讨论决定需公开的内容和方式，属特别重大、敏感的事项，应报上一级党组织审核批准；具体责任人应将经审核后的党务公开内容，按照规定程序按时进行公开；党务公开期间要明确专人负责收集、整理群众通过各种渠道反映的意见和要求，接受群众监督。

公开方式：在党内公开的，一般采取召开会议、制发文件、编发简报、在 OA 系统发布、党务公开栏、党员活动等方式。向社会公开的，必须报上级党组织批准后实施。

公开时限：自党务信息形成或变更之日起 20 个工作日内予以公开。重大突发事件处置情况一般应及时公开，并根据事态发展和处置工作进展，持续公开有关情况。

10. 党风廉政建设制度

积极落实"两个责任"和"一岗双责"，建立责任清单，党员干部带头反腐倡廉，带头执行中央"八项规定"和省委"十项规定"，保持党员队伍风清气正。贯彻《中国共产党党内监督条例》，党内监督正常开展，"四种形态"有效运行。

（三）党员管理标准化

1. 党员发展

认真执行《中国共产党发展党员工作细则》有关规定，严格按照《中国共产党发展党员工作流程图》的25个步骤流程,坚持把政治标准放在首位,按照"总量控制、优化结构、提高质量、发挥作用"总要求,科学、严谨、有计划地做好党员发展工作。完善落实发展党员计划管理、发展公示、讨论票决、发展预审、全程记录、分析督查和责任追究等制度。发展对象须经过脱产培训,培训时间一般不少于3天或24学时,经考核合格方可接收为预备党员。开展"把营运生产管理骨干培养成党员、把党员培养成营运生产管理骨干"的"双培养"工作,注重在营运生产一线、业务骨干、优秀青年和高知人群中发展党员,保证关键岗位、艰苦岗位和重要部位有党员,实现党员在各种岗位的全覆盖。

2. 党员教育

(1)保证教育时间。完善党员教育培训制度,党员每年参加所在支部和上级党组织集中教育学习时间应不少于12天或96学时。推进"两学一做"学习教育常态化制度化,积极运用网络党课、手机报、中宣部"学习强国"学习平台、交通控股"先锋荟"党建云平台和江苏国资党建、交通控股党建、高管中心党建、通启高速微信公众号等新媒体,增强学习教育的效果和吸引力。

(2)确保教育质量。应采取集中学习、脱产培训、网络教育、个人自学等多种形式,运用专题辅导、案例分析、现场观摩、现身说法、交流研讨等多种方法,确保学习教育质量。党支部每年应为每名党员提供1本专用学习教育记录本。

3. 党员管理

(1)严肃组织生活。及时将党员编入党支部管理,按规定严肃组织党员参加"三会一课"、主题党日、民主评议党员等党的组织生活。

(2)严格组织管理。严格党员组织关系管理,健全党员管理台账,规范党员档案管理,确保每个党员都纳入党的一个支部之中。规范党员组织关系转接,及时更新完善全国党员信息管理系统,确保信息真实准确。

(3)规范党费收缴。严格执行处党总支《关于规范做好党费收缴工作的通知》(通启党〔2019〕3号)文件精神,规范抓好党员党费收缴工作。党员应主动按月按规定缴纳党费,支部组织委员或指定党员做好党费测算确认、收缴登记工作。遇有特殊情况,经党支部同意,可每季度交纳一次党费。补交党费的时间一般不得超过6个月。

(4)从严党员处置。党员如果没有正当理由,连续6个月不参加党的组织生活,或不交纳党费,或不落实党分配的工作,按自行脱党处理。

4. 党员承诺

为强化党员的宗旨意识、责任意识,激发党员活力,保持党支部的战斗力、凝聚力和党员先进性,推行党员承诺制。

(1)承诺内容:党员根据各自的岗位职责,结合自己的实际情况,重点从理想信念、工作态度、工作作风、工作目标、组织纪律、职业道德、遵纪守法等方面作出个人承诺。

(2)程序步骤:党员承诺要遵循提出承诺、组织审诺、公开明诺、督查践诺、民主评诺的程序步骤进行。

提出承诺。每个党员按照党员承诺制度的总体要求,紧密结合本人实际,确定承诺内容,每年年初向所在党支部递交共产党员承诺书。

组织审诺。党支部对每个党员的承诺书进行认真审核,力求承诺内容符合本单位和本人实际,具有现实意义,目标具体,可操作性强。

公开明诺。党支部召开党员大会,每个党员都在大会上作出本年度的承诺,党支部对党员的承诺书备案存档。

督查践诺。对党员落实承诺的情况,个人一月一自查,党支部一季度一检查,处党总支每半年一检(抽)查,发现问题及时解决。同时,通过职工座谈、发放征求意见表等形式,接受基层和群众的监督,做到有诺必践,违诺必究,保持和维护党员承诺制的严肃性。

民主评诺。把党员承诺的兑现情况,作为每年年底民主评议党员的一项重要内容,集中进行评议。对承诺兑现好的党员,列入优秀党员评选对象,对没有实现承诺的党员,进行批评教育,提出今后努力的方向。评议情况作为党员年度评议结果使用,并作为干部职工年度考核的参考依据。

5. 党员监督

定期召开组织生活会,认真开展批评和自我批评;党员定期向党支部汇报思想、工作;实行个别谈话或诚勉谈话,有针对性地解决党员思想、工作中存在的具体问题;对在职党员的评先评优、提拔任免提出意见和建议;批评和举报党员违纪违法行为。

6. 党员服务

健全党内激励、关怀、帮扶机制,注重人文关怀和心理疏导,从政治、思想、工作和生活上关心、爱护、帮助党员;建立健全走访慰问机制,做好谈心谈话以及对生活困难党员和老党员的走访、慰问和帮扶工作。

7. 创优争先

争创政治引领力强、推动发展力强、改革创新力强、凝聚保障力强的"四强"党支部。认真探索落实"1+5"党的基层支部工作法,围绕"一支部一特色""一支部一品牌"支部建设目标,开展品牌党建创建活动,打造支部党建工作特色品牌。开展争做政治素质优、岗位技能优、工作业绩优、群众评价优的"四优"共产党员活动。开展"五亮五比"活动,引导党员戴党徽、亮身份,开展公开承诺,设立

"党员先锋示范岗""党员责任区",组建共产党员先锋队,鼓励党员为单位事业发展献言献策。

（四）保障机制标准化

1. 民主决策机制

按照"集体领导、民主集中、个别酝酿、会议决定"的原则,坚持民主集中制,党支部委员会建立完善议事规则和决策程序。涉及单位发展全局的重大问题,广泛征求党员、职工代表的意见。通畅党员参与党内事务渠道,落实党员民主权利。

2. 责任落实机制

党支部认真履行主体责任,党支部书记履行第一责任人的责任,支部委员落实"一岗双责"。

3. 示范导向机制

根据上级党组织建立的标准化党支部考评办法、指标、细则,积极抓好标准化党支部示范点创建,推进线上标准化党支部建设,实现面上党支部全部达标。

4. 项目管理机制

上级党组织围绕中心工作,坚持问题导向,采取专题调研、实地了解、座谈讨论等方式,每年对基层党支部工作的难点问题和薄弱环节进行论证。基层党支部作为党建工作主攻方向,切实将每一个党建课题作为一个党建项目,根据项目申报、立项、实施和评估的具体流程进行专题推进。

5. 履职问责机制

党支部书记不履行党建工作第一责任人职责,维护党的政治纪律、组织纪律、廉洁纪律、群众纪律、工作纪律、生活纪律不力,对本支部党员违反纪律行为放任不管的,上级党委应当对其约谈,对党支部出现严重问题,党员、群众反映强烈的,应当按照有关规定严肃问责。

6.　经费保障机制

努力探索筹集基层党支部党建工作经费的有效途径,党建工作经费原则上按党员年人均不低于 500 元的额度,作为管理费用纳入年度预算。

7.　阵地建设机制

加强活动阵地建设,按照"标识统一、设施完善、功能齐全、管理规范、活动经常、作用明显"的要求,建设多功能的党建阵地,确保学习有场所、活动有设施、服务有保障。规范设置党建活动室,应有党旗誓词、组织架构、基本制度、党内生活、主题活动、创先争优等内容。有条件的单位要推进活动场所的达标升级,建设特色鲜明的党建活动室,使每个党建阵地都有标识、有形象、有温度、有色彩。扎实推进"智慧党建"建设,配备必要的多媒体设施,建好网上党支部。

8.　台账管理机制

按照全面细致、内容丰富、条目清晰的原则,建立组织建设类、队伍建设类、活动建设类、制度建设类、保障建设类、计划总结类、群团文化类等七类台账,做到分类规范,全面、系统地反映党建工作开展情况,并探索建立电子台账。

（五）党建台账标准化

1.　会议（学习）记录（1+X）

配备统一印制的党支部会议记录本 1 本,党员个人笔记本每人 1 本,记录党支部"三会一课"、组织生活会、支部活动、谈心谈话等内容,反映党员活动的方式、次数和特色。党支部会议记录本应载明党组织简介、参会人员签名等信息。会议记录本应按年度一年一换,做好移交与归档。

2. 党费交纳（1 表 1 据 1 本）

配备支部党员党费交纳《收据》及《党费交纳记录本》（中共江苏省委组织部印制），根据经党员本人签字确认的党费收缴额度测算表，按月做好党员《党费交纳记录本》党费交纳情况记录，同时向党员开具支部盖章、经办人签字的党费交纳《收据》。

3. 党建台账档案（7 类 35 盒）

（1）组织建设

组织设置（1-1）：存放支部成立、组织设置的资料；班子成员分工的资料。

配备调整（1-2）：存放支部换届选举的资料（每届 3 年）；支部书记、委员和党务工作者培训的资料（每年一次）。

考核评价（1-3）：存放支部书记述职考核材料；年度绩效考核相关资料；评先评优、选拔任用材料。

健全群团（1-4）：存放工会概况、团青概况资料；工会、团青近两年获得地市级或江苏交控（含）以上荣誉的为 A、获得所属单位党委（总支）荣誉的为 B。

上述资料应分类装盒，建立目录，如文件盒空间不足，增加文件盒并依次三级编号。（下同）

（2）队伍建设

党员发展（2-1）：存放党员发展资料（上级年度发展党员计划、发展党员花名册等）；入党积极分子资料（含入党积极分子花名册）。

教育培训（2-2）：存放党员年度学习计划、党员教育培训资料；（每年参加集中教育学习活动时间累计不少于 12 天或 96 学时）；党员"先锋荟"APP 使用情况（积分）；党员"学习强国"APP 使用情况（积分）。

党费收缴（2-3）：存放党员党费收缴制度及党费额度测算、交纳记录、交纳收据等资料。

组织管理（2-4）：存放党员的档案资料；党员组织关系接转资料；党员承诺制相关资料；全国党员信息管理系统资料，日常党员监督、管理资料，关爱困难党员、退休党员、年老体弱党员资料，其他党员管理相关资料。

（3）活动建设

组织引领（3-1）：存放单位的管理制度和工作规范、党建工作相关制度；开展主题教育活动的相关资料。（如"不忘初心、牢记使命"主题教育的资料）。

思想保证（3-2）：存放宣传思想政治工作队伍设置、工作开展、成果报告相关资料（公众号的发布、宣传思想工作总结、宣传思想工作荣誉表彰等）。

践行文化（3-3）：存放对江苏交控、高管中心企业文化宣贯落实资料；本单位自有文化体系资料；职工文体活动资料（信息、影像等）。

创先争优（3-4）：存放支部品牌创建资料（既是完成项，又是加分项）；推行党员佩戴党徽和窗口单位挂牌示范行动；设立"党员先锋示范岗""党员责任区""党员突击队""党员服务队"等；支部、党员（员工）创先争优资料（弘扬劳模精神、工匠精神，选树典型；大力宣传、表彰先进典型，荣誉表彰等）。

员工关怀（3-5）：存放走访慰问及员工关怀的制度文件；走访关心、慰问帮扶的资料。

群团促进（3-6）：存放文明创建：开展工人先锋号、青年文明号、青年志愿者服务等创建、活动资料；劳动竞赛：开展各类岗位练兵、技能比武等活动资料；文体活动：开展群众性文化体育活动资料。

（4）制度建设

三会一课（4-1）：存放党员大会（扩大会）：（每季度一次）会议记录；支委会：（每月一次）会议记录；党课：（支部书记每年至少上一次党课）会议记录；党课：（党委（党总支）班子成员每年至少到所在党支部或党建联系点上一次党课）会议记录；"先锋荟"云平台使用记录。

民主评议（4-2）：存放支部民主评议党员资料；"先锋荟"云平台使用记录。

组织生活（4-3）：存放支部组织生活会资料（文件、学习材料、征求意见表、会议记录、专题报告等）（每年一次）。

主题党日（4-4）：存放召开党的会议、进行学习教育、开展组织生活、民主议事、处理党务工作等（每月至少安排一次，每次不少于半天）。

交流报告（4-5）：存放党员每季度向党支部汇报思想、工作、学习和生活等情况；支委会、支部班子成员每年向上级党组织和党员大会述职述责（每年的年度工作总结或述职报告）；其他党支部按流程、按要求报告工作或相关事项。

党务公开（4-6）：存放党的基层组织应当公开以下内容：学习贯彻党中央和省委以及上级组织决策部署，坚决维护以习近平同志为核心的党中央权威和集中统一领导情况；任期工作目标、阶段性工作部署、重点工作任务及落实情况；加强思想政治工作、开展党内学习教育、组织党员教育培训、执行"三会一课"制度等情况；换届选举、党组织设立、发展党员、民主评议、召开组织生活会、保障党员权利、党费收缴使用管理以及党组织自身建设等情况；防止和纠正"四风"现象，联系服务党员和群众情况；落实管党治党政治责任，加强党风廉政建设，落实党内监督制度，对党员作出组织处理和纪律处分情况；其他应当公开的党务。

党风廉政（4-7）：存放党风廉政建设目标责任书；警示教育（每年至少组织开展或参加一次）；严格执行中央八项规定、省委十项规定、江苏交控九项规定、高管中心八项规定精神相关资料；党内监督资料：广泛听取群众意见，坚持每年开展一次党内外群众评议党员领导干部活动；制定群众举报制度，设立举报电话、意见箱、电子信箱，由专人负责。认真处理好群众对党组织、党员的检举、控告；定期开展与群众对话活动；对于群众在评议、举报、座谈对话中提出的意见，党支部要定期研究、认真归纳整理，对号入座，并制定出切实可行的改进措施，并要把党组织处理群众意见的情况及时向群众反馈；对积极负责地行使监督权利的党内外群众，要表扬和鼓励，对压制民主、打击报复的行为，要追究责任、严肃处理。

（5）保障建设

民主决策（5-1）：存放支部委员会议事规则；"三重一大"会议记录；员工意见建议征集资料。

责任落实（5-2）：存放目标规划：党支部建设目标规划（年度工作要点）；考核评价：党支部年度工作总结；每半年至少对党支部工作进行1次考核点评（纳入半年度工作会议内容）；专题研究：每年至少专题研究1次支部建设工作或组织1次支部建设工作调研，每两年召开1次支部建设工作会议等资料。

示范导向（5-3）：存放标准化党支部示范点创建、单位标准化党支部考评办法等资料。

项目管理（5-4）：存放党建课题、党建项目专题推进资料（每年明确一个党课课题作为党建项目按流程推进）。

履责问责（5-5）：存放支部从严治党、管党治党资料；支部履责问责资料。

阵地建设（5-6）：现场察看、检查党建阵地建设、党建活动室建设情况；"智慧党建"建设情况（"先锋荟"的使用）。

台账管理（5-7）：包含以上所有台账。

（6）计划总结

工作计划（6-1）：存放党支部年度、月度工作计划等资料。

工作总结（6-2）：存放党支部月度、年度工作小结、总结资料。

文件资料（6-3）：存放上级党组织、本级支部有关文件资料。

（7）特色亮点

书记抓党建（7-1）：存放《书记抓党建工作突破项目申报表》等资料。

党建品牌（7-2）：存放党建品牌资料。

创新做法（7-3）：存放支部工作法案例等。

荣誉典型（7-4）：存放完成临时突击性指定任务成绩突出的（受到上级党组织或控股公司党委表彰）；获得国家、省、市、县（区）党建工作的先进集体荣誉称号；应急维稳涉及单位,每参加一次处突应急事件或综合演练的（受到上级党组织或控股公司党委表彰）等相关资料。

（六）活动阵地标准化（3+X：一室一栏一群＋其他）

加强活动阵地标准化建设,要按照"标识统一、设施完善、功能齐全、管理规范、活动经常、作用明显"的要求,建设多功能的党建活动阵地。建设过程中,要坚持"因地制宜、简约实用、物尽其用、避免浪费"的原则,科学规范建设活动阵地。已经建成的活动阵地,且具备基本元素的,应继续保留使用,避免重复建设；不具备基本元素的,应在原来基础上完善,避免大拆大建。尚未建设活动阵地的,应参考管理处给定的基本元素、内容和样式,结合本支部(单位)实际情况,稳妥推进活动阵地建设,避免闲置和浪费。

1. 党建工作室(五个一)

各党支部根据本支部实际,建立本支部党建工作室,确保达到"五个一"标准。一牌:悬挂醒目"支部名称+党建工作室"标识牌,支部名称用规范简称。一旗:配备党旗1面。组建了共产党员先锋队的支部可增配1面先锋队队旗。一版:上墙图板(或版块)1块,须有入党誓词、组织架构、基本制度、党内生活、创优争先等内容。一柜:设置荣誉展示及理论书籍摆放展柜。一架:摆放一个报刊架。各党支部要购置并定期更新报刊、党建杂志和相关书籍,指派专人管理。扎实推进"智慧党建"建设,具备条件的支部可提档升级,配备投影仪、电脑等必要的多媒体设备,努力建好网上党支部。

2. 党支部党务公开宣传栏

根据党务公开制度,结合办公区域廊道特点,设置党支部党务公开宣传栏,包括支部简介及组织架构、党员风采、活动剪影、公示栏等内容。

3. 党支部微信群

依托"学习强国"学习平台及"先锋荟"智慧党建平台,建立党支部微信群,用于党支部工作安排和党员学习交流。

(1)规范管理。微信群由支部书记或一名支部委员负责管理。群名称与党支部全称或规范简称保持一致。群成员为党员、预备党员、入党积极分子,成员名称为"姓名",以上人员进群率达到100%以上。坚持弘扬主旋律、传播正能量,原则上不发布与党务工作无关的言论或信息,保证发布内容的纯洁性。

(2)拓展功能。党支部要紧扣"三会一课"、主题党日等理论学习主题,突出时效性、针对性、生动性,每月至少集中推送学习资料 1 次,鼓励群成员分享学习资料。鼓励党员参与支部活动策划、组织、宣传等工作。

4. 其他

有条件的党支部还可因地制宜建设其他活动阵地,过程中须融入党徽、党旗等党建元素。

三、实施步骤

（一）统一标准,制订方案（2019 年 7 月—8 月上旬）

1. 拟订方案。处党总支依据党内有关制度法规和各党支部党建工作实践成果,制订标准化建设方案和各类参考样本。（2019 年 7 月中旬前）

2. 确定方案。提前征求党支部意见建议,形成务实管用、可操作性强的实施方案和参考样本,以正式文件印发。（2019 年 7 月下旬—8 月上旬）

（二）规范建设,改进提高（2019 年 8 月中旬—9 月上旬）

1. 全面建设。各党支部对照方案要求和参考样本开展标准化建设。（2019 年 8 月底前）

2. 改进提升。各党支部结合自身实际对建设内容和标准进行改进提升,总结提炼典型经验。（2019 年 9 月上旬）

（三）检查考核,全面达标（2019 年 9 月）

1. 检查考核。处党总支将通过实地检查、适时抽查等方式对各党支部标准化建设情况进行考核评价,确保 9 月底前所属各党支部标准化建设全部达标（2019 年 9 月）

2. 持续完善。持续完善党支部标准化建设方案、配套制度、样本等,固化党支部标准化建设实践经验。（2019 年 10 月起）

四、工作要求

（一）**加强领导，落实责任**。开展党支部标准化建设，是落实全面从严治党要求，推进党组织工作精益规范管理的重要举措，各党支部要把党支部标准化建设摆上重要议事日程，切实加强组织领导。党支部书记要亲自抓、深入抓，认真研究制定工作计划，有领导、有计划地精心组织实施，推动工作落实。处综合科要经常深入支部了解情况，帮助解决工作中的困难和问题，确保工作质量和成效。

（二）**强化保障，激发动力**。处党总支为各党支部标准化建设提供必要的人财物保障，各党支部在党建台账标准化、活动阵地标准化建设中要坚持因地制宜、物尽其用。通过标准化建设，各党支部要切实将组织生活严肃起来，党员活动经常起来，党建台账规范起来，有效发挥党支部教育党员干部和凝聚职工群众的重要作用，不断激发党员干部职工干事创业热情和强大动力。

（三）**统筹兼顾，注重实效**。标准化建设过程中，各支部要深入落实交通控股公司《党支部"强基提质"三年行动计划（2019—2021年）》指导安排及要求，全面实施"365"行动计划，突出政治导向、问题导向和群众导向，着力在"六个更强、六个质量"上下功夫，认真落实"1+5"党的基层支部工作法，主动把党支部标准化建设与营运管理工作有机衔接、深度融合，注重支部特色、亮点打造，切实形成"责任在支部落实、党性在支部锤炼、力量在支部凝聚、业绩在支部创造"的融合式党建工作新局面，以党的建设新成效、新作为推动通启事业和谐、健康、高质量发展。

关于规范做好党费收缴工作的通知

（2019 年 3 月 28 日印发）

一、党费收缴基数

根据中组部《关于中国共产党党费收缴、使用和管理的规定》(中组发〔2008〕3 号)、《江苏交通控股有限公司党费收缴、使用和管理工作细则（试行）》（苏交控党〔2017〕164 号）及高管中心党费收缴有关要求,确定通启处党员党费收缴基数（即：每月工资收入）为：

1. 在职党员：岗位工资 + 绩效工资 - 失业保险 - 养老保险 - 医疗保险 - 公积金 - 职业（企业）年金 - 个人所得税,为党费计算基数；

2. 退休党员：每月以实际领取的基本退休费总额或养老金总额为党费计算基数；

3. 根据党费收缴有关规定,通启处当年党费收缴,统一以上一年度 10 月份工资作为计算基数。

二、党费收缴比例

1. 在职党员：每月工资收入（税后）在 3000 元以下（含 3000元）者,交纳月工资收入的 0.5%；3000 元以上至 5000 元（含5000 元）者,交纳 1%；5000 元以上至 10000 元（含 10000 元）者,交纳 1.5%；10000 元以上者,交纳 2%。

2. 退休党员：每月以实际领取的基本退休费总额或养老金总额为计算基数,5000 元以下（含 5000 元）的按 0.5% 交纳党费,5000 元以上的按 1% 交纳党费。

三、党费收缴要求

1. 为确保党费测算、收缴标准的统一,每年度党员党费测算工作由处党总支负责实施,各党支部配合组织好党员本人对党费收缴额度的签字确认。原则上各党支部在党费测算额度下发后,5 个工作日内完成确认工作。

2. 各党支部要根据党员本人签字确定的党费收缴额度,按月足额收缴党费,按规范填写《党费交纳记录本》,按要求向党员开具党费收缴收据。各党支部不得垫交或扣缴党员党费,不得要求党员交纳规定以外的各种名目的"特殊党费"。

3. 全体党员要增强党员意识,主动按月交纳党费,原则上每月上旬交纳当月度党费。遇特殊情况,经党支部同意,可以每季度交纳一次党费,也可以委托其亲属或者其他党员代为交纳或者补交党费。补交党费的时间一般不得超过 6 个月。对不按照规定交纳党费的党员,其所在党支部应及时对其进行批评教育,限期改正。对无正当理由,连续 6 个月不交纳党费的党员,按自行脱党处理。

4. 党员自愿多交党费不限,自愿一次多交纳 1000 元以上的党费,全部上缴中央组织部。具体办法是:由各党支部代收,并提供该党员的简要情况,逐级通过处党总支、高管中心党委、控股公司党委、省国资委党委、省委组织部,转交中央组织部。中央组织部给本人出具收据。

5. 各党支部要及时对党费收缴情况进行公示,接受党内外监督。公示内容包括党员姓名、应交数额、实交数额等。

6. 各党支部原则上每半年(6 月 20 日、12 月 20 日前)向处党总支汇缴一次党费,处党总支按要求向党支部开具党费收缴收据。

工会慰问职工管理办法

(2018 年 8 月 17 日印发)

第一章 总 则

第一条 目的

为全面履行工会维护、建设、参与、教育的社会职能,进一步建立完善江苏省高速公路经营管理中心(以下简称高管中心或中心)慰问职工机制,增强工会组织凝聚力和职工的归属感,推进高管中心事业的和谐稳定发展。

第二条 适用范围

中心全体职工,包括退休职工。

第三条 职责分工

在高管中心党委集体领导下,实行中心工会法人管理、所属各单位工会具体负责的原则,分层级管理慰问职工工作。

(一)中心工会负责慰问职工工作领导管理

1. 负责中心慰问职工工作的全面管理、协调和服务工作;

2. 承担对所属各单位工会慰问职工的管理、指导、监督、检查等日常工作;

3. 中心工会职能部门负责所属各单位主要负责人及中心领导、中心机关人员的慰问工作。

(二)所属各单位工会(工会小组)是慰问职工工作的主要执行部门

1. 中心所属各单位工会负责做好本单位领导、机关人员及下属

单位主要负责人的慰问工作;

2. 各收费站、服务区、养排中心等工会小组负责做好本单位职工的慰问工作。

第四条 慰问范围

本指导意见所称慰问活动,限于职工结婚、生育、生日、生病、退休、去世,职工直系亲属丧亡、重病、家庭遭受灾难等慰问。

本指导意见未明确的慰问事项或特殊情况需增加慰问金等事项,由中心工会提出方案报请中心党委会议研究决定。

第五条 慰问经费

1. 慰问经费从中心工会经费中列支。

2. 本指导意见中所列慰问标准均为上限,在经费不足情况下,具体慰问标准由各级工会委员会研究确定。

第二章 慰问类别及标准

第六条 生日慰问

职工生日,由工会以单位名义发放生日蛋糕等实物慰问品,或发放指定蛋糕店的蛋糕券,标准为不超过 400 元 / 人。

第七条 婚嫁慰问

职工结婚,由工会以单位名义给予不超过 1000 元 / 人的慰问品,再婚不享受。

第八条 生育慰问

职工生育子女,符合国家和地方计划生育政策的,由工会以单位名义一次性给予职工不超过 1000 元 / 人的慰问品。

第九条 生病慰问

1. 职工因一般疾病或意外事故住院五天以上，由工会以单位名义给予一次性不超过 1000 元 / 人的慰问金；

2. 职工因患重大疾病或遭受重大事故住院十五天以上的，由工会以单位名义给予一次性不超过 2000 元 / 人的慰问金；

3. 慰问、探望购买鲜花、水果等费用不超过 300 元；

4. 职工患病在一年内只慰问一次。

第十条 工伤慰问

1. 职工因工伤住院，由工会以单位名义给予一次性不超过 2000 元 / 人的慰问金，前往医院探望购买鲜花、水果等费用不超过 300 元；

2. 职工发生工伤，且伤情特别严重的，由单位工会提出方案经本单位主要领导同意后，上报中心工会批准安排慰问。

第十一条 温暖费慰问

对在高温、寒冷和高污染环境等恶劣条件下坚持工作的一线职工可进行慰问，报经中心工会批准后购买防暑降温防寒保暖、防污用品及食品饮料等，标准为每人每年不超过 300 元。

第十二条 丧葬慰问

1. 职工去世，由工会以单位名义赠送慰问金不超过 3000 元，祭送的花圈等祭品费用控制在 500 元以内；

2. 职工直系亲属（包括父母、配偶、子女）去世，由工会以单位名义赠送慰问金不超过 2000 元，祭送的花圈等祭品费用控制在 500 元以内。

第十三条 退休慰问

职工光荣退休时，由工会以单位名义给予一次性不超过 1000 元的退休慰问品，并组织座谈会予以欢送，座谈会可购买适当的干鲜水果等食品。

第十四条 特殊困难家庭补助

（一）补助原则：

1. 困难补助的原则。对于生活确有特殊困难的职工给予必要的帮助，体现单位的关爱，激发职工工作热情；

2. 平等公开的原则。防止特殊化和重复补助等不合理现象。

（二）慰问对象 凡符合以下条件之一，可予以慰问：

1. 职工因病、因灾等造成家庭生活特别困难的；

2. 主要家庭成员（指父母、配偶和子女）患有重大疾病，且家庭收入较低、医疗费用较大的；

3. 去世职工的配偶、未满 18 周岁或已年满 18 周岁尚在校学习的子女；

4. 职工配偶下岗或无经济收入，又遭遇重大变故的。

（三）符合上述慰问条件的，可申请不超过 2000 元的困难补助，特殊情况可参照江苏省总工会《关于贯彻落实全国总工会＜基层工会经费收支管理办法＞的实施细则》（苏工发 [2018]13 号），但最高不超过该实施细则中所列标准。困难职工一年内只能享受一次困难补助，职工应于每年度的 12 月 1 日之前提出申请。如有特殊情况可于具体情况发生时提出。

第十五条 其他重大事项慰问

其他重大事项需组织慰问的由工会提出方案经本单位主要领导同意后，报中心工会批准后统一安排慰问。

第三章 慰问及困难补助相关要求

第十六条 慰问要求

（一）申请程序

职工本人或分工会填写《江苏省高速 公路经营管理中心工会委员会职工慰问申请审核表》（详见 附件1），并附相关证明材料→工会小组初审意见→工会部门复核→经审委审核→工会主席审批。

（二）提供相关证明材料

1. 申请新婚补助的需提供：《结婚证》复印件；

2. 申请生育慰问的需提供：《结婚证》及婴儿《出生医学证明》复印件；

3. 申请生病慰问的需提供：《住院证明或出院记录（小结）》复印件；

4. 申请重大伤害慰问的需提供：《户口簿》、《住院证明或出院记录（小结）》复印件；

5. 申请丧葬慰问的需提供：《死亡证明》复印件；

6. 其他相关材料。

第十七条 困难补助要求

（一）申请程序

职工填写《江苏省高速公路经营管理中心职工困难补助申请审核表》（详见附件2），并提交相关证明材料→工会小组初审→工会部门复核→经审委审核→工会主席审批（所有申请表应报中心本级及所属单位党群部门（工会）备案）。

（二）提供相关证明材料

1. 职工因病、因灾等造成家庭生活特别困难的：因病者提供身份证复印件、医院疾病证明、临床病例、住院结算清单复印件、保险和医保结算清单复印件、家庭或成员收入状况证明（家庭成员有工作单位的，由所在单位提供，无作单位的，由所在社区或村委会提供）等；因灾者提供消防、公安等部门的相关证明材料、相关财产损失评估报告、家庭或成员收入状况证明等；

2. 主要家庭成员（指父母、配偶和子女）患有重大疾病，且家庭收入较低、医疗费用较大的：提供《家庭户口簿》复印件、医院疾病证明、临床病例、住院结算清单复印件、保险和医保结算清单复印件、家庭或成员收入状况证明等；

3. 去世职工的配偶、未满18周岁或已年满18周岁尚在校学习的子女：提供死亡证明、《家庭户口簿》复印件；

4. 职工配偶下岗或无经济收入，又遭遇重大变故的：提供《家庭户口簿》复印件、下岗证明或家庭经济状况证明、重大事故相关证明等；

5. 其他相关材料。

第四章 附 则

第十八条 本办法由高管中心工会负责解释。

第十九条 本办法自 2018 年 1 月 1 日起执行。

附件 1. 江苏省高速公路经营管理中心慰问职工申请审核表
　　　2. 江苏省高速公路经营管理中心职工困难补助申审核表

附件1

江苏省高速公路经营管理中心工会
慰问职工申请审核表

编号：W _____

姓　名		性　别		出生年月	
部门/单位		岗位/职务		入职时间	
申请事由				申请人：　年　月　日	
工会小组初审意见				签名（盖章）：　年　月　日	
工会部门复核意见				签　名：　年　月　日	
经审委审核意见				签　名：　年　月　日	
工会主席审批意见				签　名：　年　月　日	
备　注					

附件2

江苏省高速公路经营管理中心
职工困难补助申请审核表

编号：K _____

姓 名		性 别		出生年月	
部门/单位		岗位/职务		入职时间	
直系亲属情况	姓名	关系		年龄	年收入情况
困难情况	（可另附附件） 申请人： 年 月 日				
工会小组初审意见	签名（盖章）： 年 月 日				
工会部门复核意见	签名： 年 月 日				
经审委审核意见	签名： 年 月 日				
工会主席审批意见	签名： 年 月 日				
备 注					

工会会员困难补助管理办法（试行）

（2020 年 2 月 25 日印发）

第一条 为进一步规范江苏省高速公路经营管理中心（以下简称"高管中心"）工会会员生活困难补助工作程序，增强会员的归属感和凝聚力，体现组织温暖关怀，营造和谐温馨氛围，根据《江苏省总工会关于贯彻落实全国总工会〈基层工会经费收支管理办法〉的实施细则的通知》精神，结合高管中心实际，特制定本办法。

第二条 为保证困难会员补助工作正常开展，高管中心工会成立工作领导小组，由工会主席任组长，工会委员为小组成员。高管中心工会负责困难职工补助工作，所属各单位工会负责协助办理。

第三条 困难补助的对象

高管中心所有工会会员。

第四条 困难补助的原则

（一）坚持用于确实需要帮助的会员身上的原则，对于生活确有困难的会员，给予必要的帮助，体现高管中心工会的关爱。

（二）一视同仁的原则，防止特殊化和重复补助等不合理的现象。

第五条 困难补助的范围

（一）本年内本人、供养的直系亲属（指父母、配偶、子女）患严重疾病（看病所需费用自费达到 2 万元以上的），造成家庭生活困难的会员。

（二）本年内家庭发生火灾、水灾等自然灾害，造成家庭生活困难的会员。

（三）本年内因工亡等原因造成家庭重大变故，造成家庭生活困难的会员。

（四）本年内因其他特殊原因造成生活难以为继的会员。

第六条 困难补助的标准

会员生活困难补助原则上按每人每年补助标准不超过 4000 元标准执行；特殊情况下,视会员生活困难的实际情况,经工作领导小组讨论,报高管中心工会委员会研究同意后增加补助标准。

第七条 困难补助程序

会员填写《高管中心工会会员困难补助申请表》,并提供相关证明材料经审批后实施。生活困难补助每年发放一次,会员应于每年度的 11 月 20 日之前提出申请。如有特殊情况可于具体发生时提出。

（一）申请及证明

1. 由会员本人填写《高管中心工会会员困难补助申请表》,并提供:《家庭户口簿》复印件,家庭或成员收入状况证明（家庭成员有工作单位的,由所在单位提供,无工作单位的,由所在社区或村委会提供）等相关材料。

2. 会员申请因直系亲属患病住院治疗或去世造成生活困难补助的,需提供:《家庭户口簿》复印件,医院疾病证明、临床病历、住院结算清单复印件；保险、医保结算清单复印件；死亡证明等相关材料。

3. 会员申请因家庭发生水灾、火灾等自然灾害（损失达 2 万元以上的）困难补助的,需提供：消防、公安等部门的相关证明材料,或所在社区或村委会提供相关材料。

（二）审核、审定

由所属单位工会上报,高管中心工会部门进行审核,报高管中心工会委员会研究审定。

第八条 未列申报项目,参照同类别困难会员补助标准,经高管中心工会委员会研究同意后执行。

第九条 高管中心所属事业单位,所申报的困难会员补助项目,经中心工会委员会研究同意后,由申报人所在单位工会组织实施;企业单位参照本办法执行,所申报的困难会员补助项目,报经中心工会委员会研究同意后,各企业独立核算、工会自行组织实施。

第十条 困难会员补助经费从工会经费账户中列支。

第十一条 本办法由高管中心工会部门负责解释,本办法自2020年1月16日起试行。

附件1

高管中心工会会员困难补助审批表

姓　　名	单　　位	岗　　位
申请事由		年　月　日
所属单位 工会意见		年　月　日
高管中心 工会部门意见		年　月　日
高管中心 工会意见		年　月　日
高管中心 主要领导 批　示		年　月　日
备　注		

差旅费管理办法

（2020 年 6 月 9 日印发）

第一章 总 则

第一条 为加强和规范江苏省通启高速公路管理处（以下简称通启处）国内差旅费管理，推行厉行节约反对浪费，根据《江苏省省级机关差旅费管理办法》（苏财行〔2014〕16 号）、《转发财政部办公厅关于印发〈中央和国家机关差旅费管理办法有关问题的解答〉的通知》（苏财办行〔2015〕3 号）、《关于规范差旅伙食费和市内交通费收交管理有关事项的通知》（苏财办行〔2019〕8 号），参照《江苏交通控股有限公司差旅费管理办法》（苏交控办〔2016〕55 号）、《江苏省高速公路经营管理中心差旅费管理办法（2020 年修订版）》，结合通启处实际，制定本办法。

第二条 本办法适用于通启处各部门、各单位。

第三条 差旅费是指工作人员临时到常驻地以外地区公务出差所发生的城市间交通费、住宿费、伙食补助费和市内交通费。

第四条 严格执行公务出差审批制度，出差必须按规定报经批准，从严控制出差人数和天数；严格差旅费预算管理，控制差旅费支出规模。各部门、各单位应根据工作需要安排出差，提高出差效率，严禁无实质内容、无明确公务目的的差旅活动，严禁以任何名义和方式变相旅游，严禁异地单位间无实质内容的学习交流和考察调研。

各部门、各单位负责人因公出差（内部会议及培训除外）应向通启处主要领导报告,并向综合科报备。单位主要领导因公出差(内部会议及培训除外)应向中心主要领导报告,并向办公室报备。

第二章 城市间交通费

第五条 城市间交通费是指工作人员因公到常驻地以外地区出差乘坐火车、轮船、飞机、客车等交通工具所发生的费用。

第六条 出差人员应当按规定等级乘坐交通工具。乘坐交通工具的等级见下表。下表所列交通工具等级为出差人员可以乘坐交通工具的上限。降等级乘坐交通工具的,不得给予补助费用。未按规定乘坐交通工具的,超支部分由个人自理。

交通工具 职　级	火车(含高铁、动车、全列软席列车)	轮船(不包括旅游船)	飞　机		其他交通工具(不包括出租小汽车)
			国内航班	国际航班	
中心领导	火车软席(软座、软卧),高铁/动车一等座,全列软席列车二等软座	三等舱	经济舱	经济舱	凭据报销
其余人员	火车硬席(硬座、硬卧),高铁/动车二等座,全列软席列车二等软座	三等舱	经济舱	经济舱	凭据报销

第七条 到出差目的地有多种交通工具可选择时,出差人员在不影响公务并确保安全的前提下,应当优先选乘相对经济便捷的交通工具和席位或舱位。所乘交通工具席位或舱位等级划分与上表不一致的,可乘坐同等水平的席位或舱位,所乘交通工具未设置上表所列

本职级人员可乘坐席位或舱位等级的,应乘坐低一等级席位或舱位。

乘坐全列软席列车时,原则上应乘坐软座,但在晚 8 时至次日晨 7 时期间乘车时间 6 小时以上的,或连续乘车超过 12 小时的,经领导批准,可以乘坐软卧。

第八条 乘坐火车、轮船、飞机、客车等交通工具的,每人次可以购买交通意外保险一份。

第三章 住宿费

第九条 住宿费是指工作人员因公到常驻地以外地区出差期间入住宾馆(包括酒店、饭店、招待所、服务区,下同)发生的房租费用。

第十条 工作人员出差,应当坚持勤俭节约原则,在职级对应的住宿费限额标准内,选择安全、经济、便捷的宾馆住宿。不作定点宾馆、具体房型以及 2 人 1 间等硬性规定,在限额标准内据实报销。

省内出差住宿费限额标准为:南京市、苏州市、无锡市、常州市、镇江市:厅局级及相当职级人员 490 元 / 人 / 天,其余人员 380 元 / 人 / 天;其他地区:厅局级及相当职级人员 490 元 / 人 / 天,其余人员 360 元 / 人 / 天。出差至其他地区住宿标准执行江苏省财政厅《江苏省省级机关国内差旅住宿费标准明细表》公布的分地区住宿限额标准。

第四章 伙食补助费

第十一条 伙食补助费是指对工作人员在因公到常驻地以外地区出差期间给予的伙食补助费用。

第十二条　工作人员出差伙食补助费按出差自然（日历）天数计算,每人每天 100 元包干使用。

第十三条　工作人员在通启处常驻地范围内的外单位公务时间较长,影响就餐的,每人每天 50 元包干使用。

第十四条　出差期间,除第二十四条规定的情况以及按规定安排的一次工作餐外,出差人员用餐费用自行解决。出差人员需接待单位协助安排用餐的,应当提前告知控制标准,并向伙食提供方缴纳伙食费。

在单位内部食堂等非餐饮服务单位用餐,有对外收费标准的,出差人员按标准缴纳；没有对外收费标准的,早餐按照日伙食补助费标准的20% 交纳,午餐、晚餐分别按照日伙食补助标准的40% 交纳。在宾馆、饭店等餐饮服务单位用餐的,按照餐饮服务单位收费标准缴纳相关费用。

接待单位应向出差人员出具接收费凭证；也可通过电子收费方式,出差人获取电子交易记录。收费凭证和电子交易记录由个人保存备案,不作报销依据。收取的伙食费用于抵顶接待单位的招待费支出。

第五章　市内交通费

第十五条　市内交通费是指工作人员因公到常驻地以外地区出差期间发生的市内交通费用。

第十六条　工作人员出差市内交通费按出差自然（日历）天数计算,每人每天 80 元包干使用。

往返常驻地（出差目的地）和机场、车站、码头的交通费在市内交通费内统筹解决,不再另外报销。

由通启处派车（含租赁车辆,下同）随行出差的,或者驾驶通启处车辆出差的,不得报销市内交通费。

第十七条 出差期间,除第二十四条规定的情况由接待单位或其他单位协助提供交通工具外,市内交通应由出差人员自行解决。接待单位如协助提供交通工具并有收费标准的,出差人员按标准缴纳,最高不超过日市区交通费标准；没有收费标准的,每人每半天按照日市内交通费标准的 50% 缴纳。

接待单位应向出差人员出具接收费凭证；也可通过电子收费方式,出差人获取电子交易记录。收费凭证和电子交易记录由个人保存备案,不作报销依据。收取的交通费用于抵顶接待单位的车辆运行支出。

第六章 报销管理

第十八条 出差人员应当严格按规定开支差旅费。不得向所属单位、关联企业或其他单位转嫁。

经高管中心批准同意的上挂下派人员差旅费在上挂下派驻地单位报销,不得至原人事关系所在单位重复报销。

第十九条 出差人员应在差旅活动结束后 1 个月内办理报销手续。差旅活动结束后超过 3 个月未申请报销的视作个人放弃,不再予以报销。

差旅费报销时应当提供《出差审批单》、机票、车船票、住宿发票等相关凭证,出差人员对其真实性负责,并在相关凭证上签字确认,出差人员没有签字的不予报销。

第二十条 财务部门和相关职能部门应严格按规定审核差旅费各项开支,未按照规定开支的差旅费,超支部分由个人自理。

城市间交通费按照乘坐交通工具的等级凭据报销。订票费、经批准发生的签转或退票费、交通意外保险费凭据报销。乘坐飞机的,民航发展基金、燃油附加费、机场建设费、托运费等凭据报销。使用实名制乘坐交通工具,姓名不符的票据不得作为报销凭证。

住宿费在批准的出差天数和规定的限额标准之内凭发票据实报销。

伙食补助费、市内交通费应以城市间交通费票据、住宿费发票为凭据按规定标准计算报销。无城市间交通费票据或住宿费发票的,可凭出差审批单报销。当天来回的按 1 天计算报销。

第二十一条 工作人员出差期间回家省亲办事的,需事先向本单位报备。城市间交通费按不高于从出差目的地返回常驻地按规定乘坐相应交通工具的票价予以报销,超出部分由个人自理;伙食补助费和市内交通费按扣除回家省亲办事的天数,按规定标准予以报销。

第七章 监督检查

第二十二条 通启处综合科会同财务科、纪检负责对差旅费管理和使用情况进行检查、审计和监督。主要内容包括:

(一)出差活动是否按规定履行审批手续;

(二)差旅费开支范围和开支标准是否符合规定;

(三)差旅费报销是否符合规定;

(四)是否存在向所属单位、关联企业或其他单位转嫁差旅费现象;

(五)差旅费管理和使用的其他情况。

各单位应当自觉接受通启处对出差活动及相关经费支出的检查、审计和监督。

各单位应加强对各部门、各单位出差活动及相关经费支出的检查监督。

第二十三条　出差人员不得向接待单位提出正常公务活动以外的要求,不得在出差期间接受违反规定用公款支付的宴请、游览和非工作需要的参观,不得接受礼品、礼金和土特产品等。

第二十四条　违反本规定,有下列行为之一的,追究相关人员的责任:

(一)出差审批把关不严的;

(二)差旅费报销审核不严的;

(三)弄虚作假,虚报冒领差旅费的;

(四)违规扩大差旅费开支范围,擅自提高开支标准的;

(五)不按规定报销差旅费的;

(六)转嫁差旅费的;

(七)其他违反本办法行为的。

发生上述行为,责令当事人严肃整改,违规资金予以追回。对直接责任人和相关负责人追究相应责任;涉嫌违法的,移交司法机关处理。

第八章　附　则

第二十五条　工作人员到常驻地以外地区参加会议、培训,举办单位统一安排食宿和市内交通的,会议、培训期间的食宿费和市内交通费由会议、培训举办单位按规定统一开支,不予报销;往返会议、培训地点的差旅费按照规定报销,其中伙食补助费和市内交通费按往返各1天计发,当天往返的按1天计发。

第二十六条　根据组织安排,到常驻地以外地区单位实(见)

习、挂职工作、支援工作以及参加各种工作队的人员,在途期间(仅指首次前往和期满返回)的差旅费用回原单位按本办法规定报销;工作期间的出差差旅费用按规定由驻地单位承担。

第二十七条 各部门、各单位应坚持内外有别的原则,严格控制在单位内部跨区域执行公务时的补贴标准。

第二十八条 本规定由通启处综合科会财务科负责解释。

第二十九条 本办法自印发之日起施行。《江苏省通启高速公路管理处差旅费管理办法》(通启〔2016〕48 号)同时废止。

江苏省通启高速公路管理处出差审批单

申请处室		出差人			
出差日期	年　月　日　至　　　年　月　日，共　　　天				
目的地单位		是否控股系统内单位	是□ 否□	途经地	
出差事由					
交通工具	中心派车□　飞机□　高铁/动车□　火车□　公共汽车□　其他□				
部门审批意见			批准人： 年　　月　　日		
分管领导审批意见			批准人： 年　　月　　日		
主要领导审批意见			批准人： 年　　月　　日		
车管员派车	如管理处派车，由车管员填写：随行司机　　人，姓名：				
备　　注					

通启处相关人员通信费按月补贴标准表

岗　位	补贴标准（元）
处主要负责人	450
副处长、副书记	400
主任工程师 工会主席 调度中心主任	350
科长 调度中心副主任 站长 副站长（正科级）	300
副科长 调度中心主任助理 副站长、主管 排障大队大队长	250
站长助理 副主管	150
科员（正股级）	120
其他管理人员 排障大队副队长	100
排障班长、排障员 驾驶员	50

关于调整精准扶贫专项工作
领导小组成员的通知
（2020年9月4日印发）

　　根据人员变动和工作需要，经研究，决定调整通启处精准扶贫专项工作领导小组组成人员，现将调整后人员名单通知如下：

　　组　　长：刘建华

　　副组长：王易清

　　成　　员：张菊林、陈伟华、李春宏、程雪梅、毛晓霞、印建军、秦文峰、韩梅、杨劼、周海科、王琳、于丽敏、孙小刚、施雪飞、钱军

　　精准扶贫专项工作领导小组下设办公室，负责扶贫项目的联络协调，人员、资金的对接以及项目推进过程的后勤保障、宣传报道等工作。成员：张菊林、秦文峰、陈伟华、于丽敏、周海科、毛晓霞、张杰荣、吕双双。

关于印发《江苏省通启高速公路管理处精准扶贫专项工作领导小组工作职责》《江苏省通启高速公路管理处精准扶贫专项资金管理办法》的通知

（2020 年 9 月 4 日印发）

为有序推进我处精准扶贫专项工作, 规范精准扶贫专项工作领导小组的日常工作以及专项资金的管理, 经研究, 制定了《江苏省通启高速公路管理处精准扶贫专项工作领导小组工作职责》、《江苏省通启高速公路管理处精准扶贫专项资金管理办法》, 现予印发。

　　附件：1. 江苏省通启高速公路管理处精准扶贫专项工作领导小组工作职责

　　　　　2. 江苏省通启高速公路管理处精准扶贫专项资金管理办法

　　　　　3. 通启处精准扶贫基金使用审批单

附件1

江苏省通启高速公路管理处
精准扶贫专项工作领导小组工作职责

为全面推进江苏省通启高速公路管理处（以下简称"通启处"）精准扶贫专项工作进展,规范精准扶贫专项工作领导小组（以下简称"工作小组"）的日常工作,特制定工作小组工作职责。

一、认真贯彻落实通启处党总支扶贫工作部署,做好精准扶贫工作安排,根据实际对每个阶段工作制订实施计划并落实到位。

二、积极与贫困地区相关部门联系,多途径收集分析信息,科学选定扶贫对象。

三、组织协调开展精准扶贫工作的宣传报道、舆论引导、典型宣传等工作。

四、通过实地走访调研、定期联络相关部门,拟定年度专项扶贫资金分配方案,明确资金具体用途、补助标准、项目建设内容、资金用款计划等内容。

五、根据年度资金分配方案,结合实际情况,及时划转资金,并对资金的执行进度进行跟踪了解,充分发挥资金的使用效益。

六、及时掌握精准扶贫进展情况,研究分析存在的问题,提出方案加以解决。

七、定期公示专项扶贫资金的收支账目,接受职工监督。

八、完善扶贫项目档案、痕迹资料的收集和管理,分类建档,确保资金账簿、原始凭证、照片、录像等资料不流失,做到有证可查。

九、根据需要不定期召开工作小组会议,对工作的动态发展及时作出相应举措。

附件2

江苏省通启高速公路管理处
精准扶贫专项资金管理办法

一、为加强通启高速公路管理处（以下简称"通启处"）精准扶贫专项资金管理,提高资金使用效益,制定本办法。

二、专项扶贫资金以通启处在职职工自愿捐赠为主,职工家庭成员亦可参与。原则上每年集中安排一次捐赠活动。

三、专项扶贫资金通过在南通市慈善总会设立通启扶贫基金专户进行管理。

四、专项扶贫资金主要用于助学、助困、助医、助孤、资助社会福利和特困群众临时救助等慈善项目。

五、结合扶贫工作实际情况确定专项扶贫资金的使用范围,并遵循如下基本方向:

1. 改善资助对象生活条件,支持其添置基本生活必需品。

2. 减轻资助对象就学负担,给予教育补助。

3. 帮助资助对象积极创业,支持其发展特色产业。

4. 对身患重疾且经济困难的人员给予医疗资助。

5. 进行社会公益性资助。

六、精准扶贫专项工作小组通过实地走访调研、定期联络相关部门,拟定年度资金分配方案,明确资金具体用途、补助标准、项目建设内容、资金用款计划等内容。

七、精准扶贫专项工作小组根据年度资金分配方案,结合实际情况,提出领用专项资金申请报党总支批准,并对资金的执行进度进行跟踪了解,充分发挥资金的使用效益。

八、专项扶贫资金分配的因素主要包括扶贫对象的规模及比例、家庭人均纯收入、当地人均财力等客观因素。

九、专项扶贫资金年度使用计划、支持的项目和资金额度进展须进行公示,接受职工监督。

十、本办法由通启处精准扶贫专项工作领导小组负责解释。自印发之日起施行。

附件3

通启处精准扶贫基金使用审批单

资助项目	
基本情况	
资助标准 及方式	金额：　　　　元 其中：1. 现金资助：　　　　元 　　　　2. 物资资助：　　　　元 　　　　　　　　　　　经办人： 　　　　　　　　　　　　年　　月　　日
精准扶贫工 作领导小组 办公室意见	年　　月　　日
分管领导 意　见	年　　月　　日
主要领导 批　示	年　　月　　日